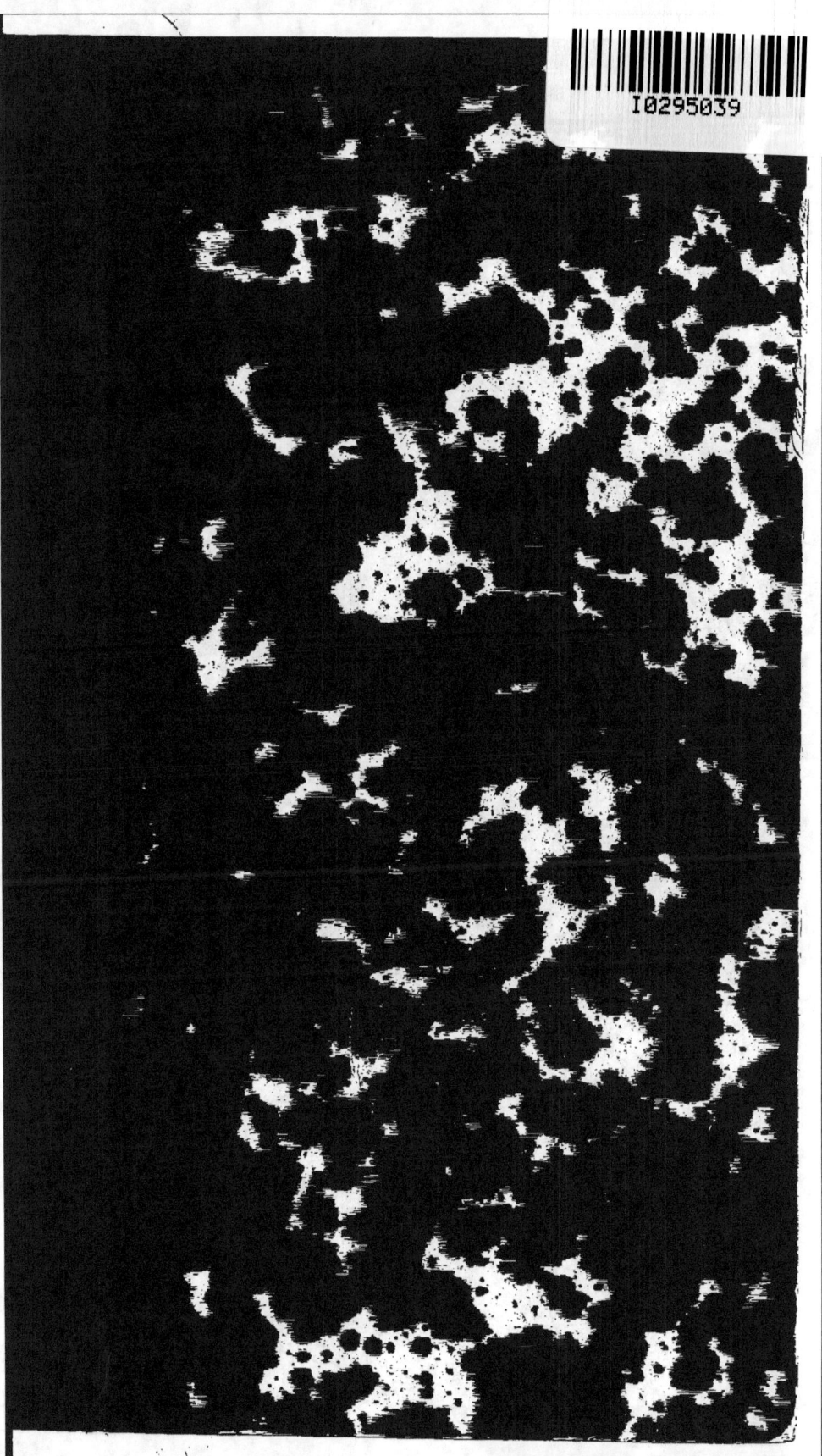

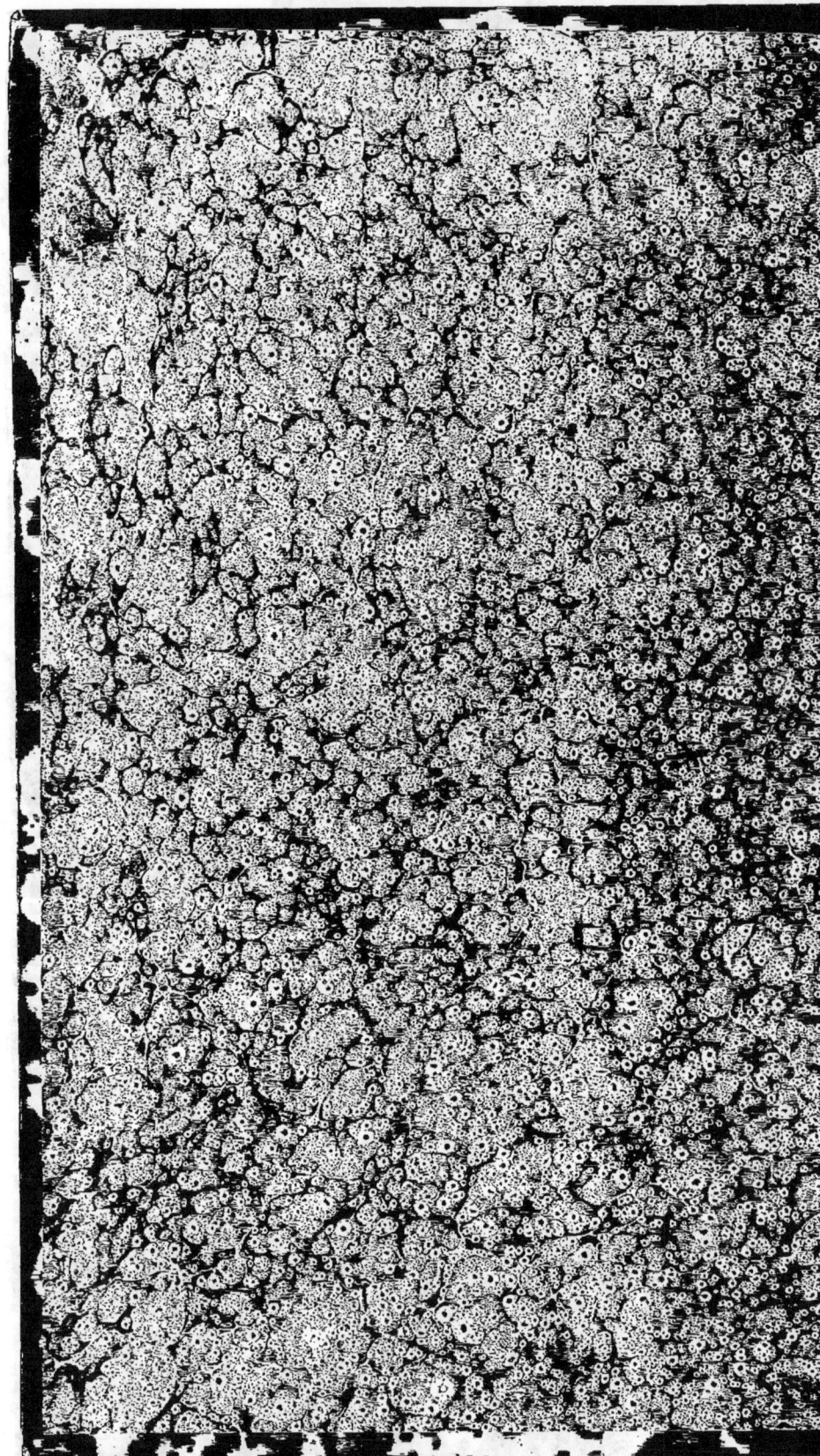

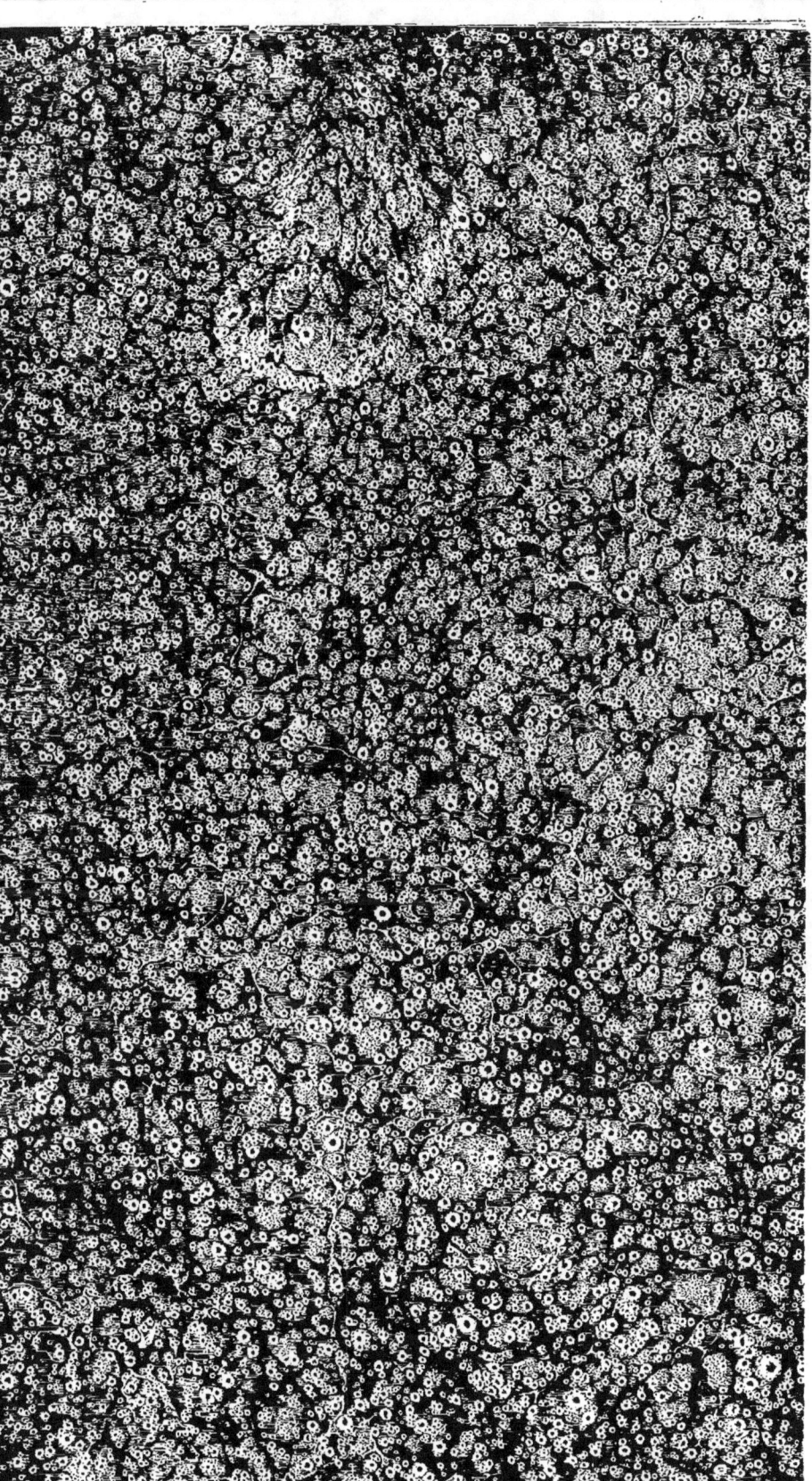

Lb³ 168

CONQUÊTE DE L'ALGÉRIE

DE

1830 A 1847.

PARIS. — IMPRIMERIE DE E. MARC-AUREL, RUE RICHER, 12.

HISTOIRE
DE LA
CONQUÊTE DE L'ALGÉRIE
DE 1830 A 1847,

PAR

M. DE MONT ROND,

Capitaine d'Artillerie.

TOME I.

PARIS,

IMPRIMERIE DE E. MARC-AUREL, ÉDITEUR,

12, Rue Richer;

Au Comptoir des Imprimeurs-Unis, 15, quai Malaquais.

1847.

HISTOIRE

DE LA

CONQUÊTE DE L'ALGÉRIE

DE 1830 A 1847.

LIVRE PREMIER.

Considérations générales. — Coup d'œil sur l'Afrique et l'Algérie. — Précis de son histoire avant 1830. — Causes de la guerre. — Hussein Dey, sa cour, son gouvernement. — Préparatifs de la France. — Le général en chef et l'amiral. — Embarquement des troupes. — Départ de France. — Naufrage de deux bricks. — Séjour à Palma. — Arrivée en Afrique. — Débarquement. — Bataille de Staouëli. — Deuxième bataille gagnée. — Prise du fort l'Empereur. — — Capitulation d'Alger. — Attaque sur mer.

Depuis les violentes secousses imprimées à la société européenne par la Révolution Française, depuis la disparution du Géant qu'elle avait enfanté, nul événement n'aura une plus large place dans les annales du monde que la prise d'Alger. C'est d'elle que datera l'envahissement de l'Afrique par la civilisation européenne, grande période de l'histoire, dont nous avons vu le commencement, et dont nos petits-fils ne verront pas la fin ; la France était destinée par la Providence à faire les premiers pas dans cette carrière, où d'autres nations la suivront sans doute ; elle accomplit sa mission avec ce dévoûment aux nobles idées, avec cette abnégation de ses intérêts matériels, qui la caractérise; mais le temps des dédommagements arrivera ; la guerre que nous soutenons en Afrique sera aussi grande par ses résultats, qu'elle est héroïque dans ses épisodes. Nous avons conquis une foi inébranlable dans notre œuvre, du premier jour, où en 1831, nous avons mis le pied sur ce rivage régénéré par le pavillon français; les mains laborieuses des Européens féconderont ces vallées fertiles, mais incultes, où l'Arabe conduit ses maigres troupeaux; chaque course de nos soldats trace sur cette terre sauvage une route qui se couvrira plus tard de voyageurs paisibles; chaque camp devient le noyau d'une ville puissante dont nos généraux auront la gloire d'avoir été les véritables fondateurs; honneur donc à notre armée qui poursuit sa tâche avec tant de courage et d'intelligence; honneur à tous ceux qui concourent à une œuvre plus utile à l'humanité, que tout ce que nous avons fait depuis un siècle. Qu'est-il advenu de tous les gigantesques triomphes de la Révolution et de l'Empire? La tempête suscitée en France a balayé les libertés dont jouissaient alors plusieurs petits États, et si, quand le sol s'est raffermi, on a trouvé quelques idées de plus semées sur la surface de l'Europe, qui oserait affirmer qu'elles n'étaient pas la suite des progrès que le temps amène toujours avec lui? Cependant que de sang versé, que de ressources prodiguées dans ces grandes guerres européennes, tandis que dans nos modestes expéditions d'Afrique, avec des armées de 9,000 hommes, nous gagnons des batailles destinées à renouveler la face d'un continent tout entier; le jour n'est pas éloigné, je l'espère, où les États européens comprendront qu'une guerre entr'eux n'a, le plus souvent, d'autres résultats que de ruiner pour longtemps les puissances belligérantes, et de laisser les choses à peu près dans la position où elles étaient avant la lutte; qu'il y a un but plus noble et plus avantageux offert à leur activité et à leurs communs efforts, celui de les consacrer à étendre sur tout le globe les bienfaits de leur civilisation et de leur industrie supérieures. Que tous les hommes passionnés pour le bien de l'humanité se réunissent pour détruire, avec l'aide du temps, les vieux ferments de jalousie et de rivalité qui divisent encore les nations les plus avancées du monde; que la grande voix de la France retentisse dans toute l'Europe, pour proclamer cette vérité si féconde, si nouvelle, et encore si mal comprise, que la prospérité d'un peuple, quand il ne s'en sert pas pour opprimer ses voisins, bien loin de leur nuire, est pour eux une chance de plus de bonheur et de richesses. Mais autant une guerre est fâcheuse et généralement absurde entre deux peuples également avancés, autant elle est avantageuse à l'humanité, lorsqu'elle met la barbarie aux prises avec la civilisation, avec toutes les chances de triomphe pour cette dernière ; le soldat vainqueur n'est alors que le missionnaire armé d'un nouvel ordre d'idées et d'organisation. Malgré toute l'éloquence de J.-J. Rousseau, l'expérience a prouvé que plus un peuple se civilise, plus il devient supérieur à ceux qui restent barbares, sous tous les rapports physiques et moraux ; on a dit, et je le croirais volontiers, que pour les naturels de l'Inde, le plus mauvais gouverneur anglais valait mieux que le meilleur gouvernement indigène ; applaudissons donc aux triomphes de l'Angleterre en Asie, mais que, de son côté, elle rende la même justice à notre domination sur les Arabes, à mesure que les nations s'éclaireront, la bienveillance, la justice, la vérité, prendront une plus grande place dans leurs mutuels rapports. Les discussions de tribune qui éclairent les questions et soumettent les gouvernements à l'opinion publique de toute l'Europe, les relations de commerce qui tendent constamment à l'agrandir et à l'affranchir de toute entrave, sont des juges constants de paix et de concorde. Un autre plus puissant encore, peut-être, se trouve dans ces congrès que les grands États ont pris l'habitude de réunir à toute occasion un peu importante ; quoique ces assemblées de plénipotentiaires aient presque toujours été impopulaires, il serait peut-être à désirer, qu'elles se réunissent à des époques fixes et déterminées ; elles deviendraient, par la seule force des choses, sans que les États despotiques s'en doutassent, une véritable représentation constitutionnelle de l'Europe. Alors elles ne s'occuperaient pas uniquement d'un incident passager, mais elles imprimeraient à la politique du monde une marche générale, vers un but d'utilité et d'avenir; alors on laisserait les Anglais percer l'Isthme de Suez, immense avantage et pour eux et pour tous les peuples. La Russie pourrait poursuivre ses succès en Turquie ; une autocratie européenne doit toujours mieux valoir que le despotisme oriental ; on nous rendrait les limites que le Rhin et la nature nous ont tracées au nord ; on nous permettrait de poursuivre sans obstacle et sans jalousie la régénération de ces plages africaines, si justement appelées jusqu'à ce jour du nom de Barbarie.

L'attrait de ces grandes questions nous entraîne ; revenons à notre Afrique, où l'avenir nous réserve de si grandes destinées, où quoiqu'on en dise, nous avons déjà fait beaucoup ; je voudrais réunir, dans une esquisse rapide, les événements qu'elle a vu surgir depuis 1830 ;

bien des noms, qui me furent chers et familiers
dès ma première jeunesse, viendront se mêler à
mes récits; heureux je serai de voir des contemporains et des amis se couvrir d'une gloire si méritée; malheureux de ne pouvoir en prendre moi-
même ma part !

La vaste terre d'Afrique, jetée tout d'une pièce
au milieu des mers, paraît être le dernier boulevard que la barbarie doit opposer à la civilisation :
aucun grand golfe ne pénètre profondément cette
étendue immesurée de sables, de plaines, de montagnes, habitée par de sauvages populations, chez
lesquels un étranger est presque sûr de trouver la
mort; aucun fleuve gigantesque, semblable à celui
des Amazones qui traverse de part en part l'Amérique du Sud, ne peut porter un nouvel Orellana au
centre de pays inconnus, et tracer la route découverte à ceux qui voudraient imiter son audacieux
exemple; aussi quand on jette les yeux sur une
mappemonde, l'Afrique tout entière apparaît-elle
comme un vaste désert, à peine entamé sur ses
bords pour quelques contrées un peu plus connues,
où les Européens ont jeté des comptoirs plutôt que
des Colonies; le continent de Colomb fut tout entier parcouru et conquis presque aussitôt que
trouvé, et aujourd'hui nous n'en savons guère plus
que les anciens sur l'intérieur de l'Afrique. Tout ce
qui nous vient de ces régions inexplorées, les productions, les fleuves, les vents même ont quelque

chose d'extraordinaire et d'effrayant : le siroco en Algérie, les vents d'est au Sénégal, avec leurs influences pernicieuses et leurs propriétés particulières que toute notre physique a peine à expliquer, apportent comme un parfum de mystère et de terreur des solitudes brûlantes qu'ils ont traversées.

L'Algérie, située en regard de l'Europe, à l'extrémité nord de l'Afrique, en est la partie qui, par son aspect et ses productions, a le moins de rapport avec le continent auquel elle appartient ; l'air y est généralement sain et tempéré ; les plantes et les arbres plutôt européens que tropicaux ; le blé, dont la culture caractérise les zônes moyennes, paraît être là dans sa terre natale, et c'est, sans contredit, sous une pareille latitude que sa production est la plus abondante et la plus facile. Mais par la disposition du sol et la configuration des côtes, l'Algérie est une terre toute Africaine ; aucun accident un peu notable ne rompt la monotonie de sa rive inhospitalière, qui court de l'est à l'ouest sur une étendue de 250 lieues, en ligne droite presque continue. A peu près au milieu de cette ligne, une découpure demi-circulaire dont le diamètre mesure environ cinq lieues, échancre la terre, en laissant une côte presque plate à l'orient, formée à l'ouest par des collines aux flancs abruptes et déchirés. C'est au bas de ces collines, baignant ses pieds dans les flots, que s'appuie la ville d'Alger, tandis que ses maisons échelonnées gravissent la hauteur, et que sa tête, couronnée par le Casbah, repose sur un mamelon situé à mi-chemin de la pente totale, et élevé de quelques deux cents mètres au-dessus du niveau des mers; de l'extrémité d'un cap, formé par quelques maisons de la ville, s'élance dans les ondes une jetée, partie naturelle, partie faite par la main des hommes, qui, se courbant ensuite au sud, embrasse un port presque fermé. Son entrée, à l'abri des coups de la haute-mer, semblerait devoir être très sûre, si par les vents du nord-est, terribles dans ces parages, la vague violemment refoulée par le fond de la baie, ne venait s'y briser avec fureur; il était du reste rétréci et peu profond lors de la conquête; il était réservé à la France de l'agrandir et de l'assurer.

A partir des bords de la mer, le sol est couvert de collines inégales, qui augmentent graduellement d'élévation, à mesure qu'on s'avance dans l'intérieur, jusqu'à 25 ou 30 lieues de distance, où se rencontrent les croupes les plus élevées qui se prolongent de l'est à l'ouest, presque constamment parallèles à la côte. Les anciens leur avaient donné le nom d'Atlas, aujourd'hui entièrement oublié dans toute la Régence. Le sol sur lequel repose tout ce système de hauteurs, s'élève en même temps que les hauteurs elles-mêmes, et très souvent par des pentes excessivement brusques, de sorte que le versant de l'Algérie, du côté de la Méditerranée, peut assez bien se figurer par une suite de gradins superposés, sur lesquels on aurait semé des inégalités de terrain sans ordre et irrégulières; la chaîne culminante de ces gradins forme de grands plateaux, s'inclinant au nord ou au sud par des pentes très douces, et parsemés de quelques pics qui dominent toute la région, mais qui n'atteignent presque jamais la limite des neiges perpétuelles; ils donnent naissance à une multitude de torrents et de rivières dont les unes après un cours plus ou moins long, tombent au nord dans la Méditerranée, tandis que les autres, se dirigeant au sud, se perdent bientôt dans les sables du grand désert qui les engloutit comme une mer véritable, ou dans un grand fleuve du nom d'Adjedi, qui prend sa source à Aïn-Madhi, coule à l'est et disparaît enfin elle-même dans un de ces lacs saumâtres peu profonds, si communs dans l'Algérie. Quoique presque à sec durant l'été, plusieurs de ces rivières sont assez poissonneuses; les tortues d'eau douce y abondent; une bordure de lauriers roses en décore presque toujours les rives; elles sont animées par une foule d'oiseaux de marais, affectionnées par les sangliers qui trouvent une abondante pâture dans les herbes qu'alimente la fraîcheur des eaux.

On se tromperait fort du reste, si d'après quelques récits laissés par les anciens, on se figurait les pays dont nous parlons, comme ravagés journellement par des animaux féroces, ou infectés de reptiles énormes et vénimeux; partout où l'homme a établi sa race avec quelque puissance, ses ennemis les plus dangereux ont rapidement disparu; les serpents dans l'Afrique du Nord ne sont ni plus gros, ni plus communs que dans le midi de la France; je n'y ai jamais vu de scorpions quoique je pense qu'il doit s'y en trouver. Les seuls animaux qui s'y montrent réellement dangereux sont la panthère et le lion, encore n'attaquent-ils jamais l'homme à moins d'être positivement provoqués, et l'espèce en diminue-t-elle si rapidement tous les jours, que bientôt seront-ils aussi rares dans la Régence que l'ours l'est maintenant en France, dont il peuplait jadis les forêts. Les chacals dont les bandes remplissent les fouillis et les broussailles sont plutôt utiles que nuisibles; leur voracité leur fait dévorer tous les débris d'animaux qui pourraient corrompre l'atmosphère. Les autres quadrupèdes de l'Algérie sont si faibles et si doux qu'ils sont devenus des esclaves soumis à notre luxe ou à nos besoins; si nous n'y trouvons plus l'éléphant qu'Annibal menait à la conquête de l'Italie, il est remplacé et probablement très avantageusement par le chameau, introduit par les Arabes, lors de leur irruption en Afrique, et qui est peut-être le seul présent réellement utile qu'ils aient fait à leur malheureuse conquête. Il s'y est parfaitement acclimaté, et on le trouve en égale abondance depuis les côtes de l'Océan, jusqu'à l'Isthme de Suez.

Nous avons dit que le climat de l'Algérie, à l'exception des parties marécageuses, qui par cela même, seraient dangereuses sous toutes les latitudes, était généralement sain et tempéré. Dans l'intérieur des terres, la température est modifiée par l'élévation du sol au-dessus du niveau de la mer; sur les côtes, par une brise du large qui s'élève ordinairement vers les neuf à dix heures du matin; rarement au milieu de l'été, le thermomètre s'élève-t-il au-dessus de 28 à 30 degrés centigrades, excepté quand souffle le siroco ou le vent du désert, et heureusement cette circonstance est-elle assez rare et toujours de courte durée : les rosées abondantes qui tombent toutes les nuits, remplacent assez bien les pluies qui manquent pendant trois ou quatre mois de l'année, et la végétation de l'Afrique, d'une nature il est vrai moins sensible que la nôtre à la sécheresse, en traverse ordinairement l'époque sans trop en souffrir; même aux mois d'août et de septembre, alors que les côtes de Provence n'offrent plus qu'un tableau uniformément grisâtre, les aloës et les cactus revêtent les collines d'Alger d'une verdure sombre et tranchée, qui, vue en mer, d'une certaine distance, représentent assez bien les teintes employées à l'Opéra de Paris pour rendre les arbres et les prairies. Mais c'est surtout au mois de mai et de juin, que la nature est dans toute sa pompe, et la température réellement délicieuse. Il est peu d'ensembles pareils à celui dont jouit le spectateur, quand du haut de la Casbah, par une belle matinée de printemps, et elles sont presque toutes belles dans cet heureux climat, il embrasse d'un coup d'œil la mer bleuâtre qui s'aplanit au nord, les blanches terrasses de la ville qui se déroulent à ses pieds par étages superposés, les vertes collines de Mustapha et d'Hussein-Dey dont les teintes s'adoucissent et se dégradent à mesure qu'elles s'éloignent, pour se noyer enfin dans l'uniformité de la plaine. D'un ciel d'un azur foncé, s'échappe par torrents une lumière étincelante, qui revêt, d'un air de fête et de splendeur, tous les objets qu'elle éclaire. Un horizon accidenté, découpé à larges festons, par les cimes neigeuses de l'Atlas, réunit dans un cadre immense ce tableau magique, où l'œil et la pensée trouvent constamment des impressions nouvelles; une atmosphère tiède et molle enveloppe les membres de l'homme, comme un léger bain de vapeur : s'ils perdent quelque chose de leur énergie, tous les mouvements en acquièrent plus de souplesse et de facilité : l'âme elle-même retrouve un moment toute sa jeunesse. Les perceptions douces et rapides à la fois sont semblables à celles qu'éprouve un convalescent, lorsque, à la suite d'une légère maladie, il sort une première fois pour respirer le grand air et essayer des forces longtemps oisives.

Mais un charme peut-être encore plus inconnu aux habitants des froides contrées du Nord est celui qui, sous cette lattitude, s'attache aux soirées qui terminent les chaudes journées de l'été : l'occident, revêtu d'une pourpre embrasée, où le soleil couchant a laissé une partie de ses feux, la lumière douce et argentée de la lune qui se marie lentement aux dernières lueurs du jour, les plaines du ciel qui se nuancent de mille teintes changeantes, et qui, se réflétant dans la mer, s'y diversifient encore, la brise qui fraîchit et verse dans la nature une vie et une force nouvelle, tout porte alors dans l'âme une impression de joie ineffable, que ceux qui l'ont une fois éprouvée regretteront toute leur vie ; alors exister, c'est jouir ; nul autre spectacle, nulle excitation extérieure ne doit venir troubler le calme délicieux qui règne dans l'âme ; à cette heure, elle se recueille et se replie sur elle-même pour y renfermer les sensations de bonheur qui l'inondent de toutes parts.

Ces jouissances si faciles et si douces sont la cause de cette paresse reprochée si souvent aux voluptueux habitants du Midi. Quel trésor acquis par un travail pénible vaudrait pour eux les biens que la nature leur prodigue avec tant d'abondance, et auxquels leur organisation les rend si sensibles ? Dans un air froid et humide l'existence n'est supportable qu'à force de soins et d'artifices. Un travail opiniâtre y semble l'éternel héritage de l'homme. L'activité du corps y est du reste nécessaire pour entretenir la circulation et la chaleur du sang. Mais la preuve que cette activité n'est qu'un remède et non le bien-être, c'est que la mélancolie et le dégoût de la vie sont des maladies endymiques de ces climats. L'Anglais se tue souvent au milieu des trésors accumulés par son travail, tandis que l'Espagnol attend tranquillement et sans souffrances le terme de ses jours au sein d'une pauvreté à laquelle les dédommagements d'une nature privilégiée ont su le rendre presque insensible. Je laisserai au moraliste le soin de décider ce qui vaut mieux pour le bonheur d'un peuple, ou des richesses qu'a su se créer le laborieux Anglais, ou des biens que le Méridional doit à l'influence du climat qu'il habite; pour moi il me semble que la réunion des deux avantages complèterait tout le bien-être réservé à l'homme ici-bas. En nous rapportant aux premières époques historiques, nous trouvons que les peuples du Midi ont été longtemps égaux, et même supérieurs à ceux du Nord dans les sciences, les arts et l'industrie. D'homme à homme cette supériorité semble subsister encore. Pourquoi donc les nations méridionales ne pourraient-elles pas reconquérir au moins une entière égalité ? Qu'elles jouissent des bienfaits de leurs délicieux climats, mais qu'elles ne s'endorment pas dans leur facile bonheur. Tout ce qui tend à les perfectionner leur est donc utile, et dans ce sens la guerre que nous soutenons contre les Arabes de l'Algérie, et qui ne peut se terminer que par leur complète soumission, aura en définitive des résultats plus avantageux encore pour les vaincus que pour nous.

Chacun sait que les contrées, aujourd'hui théâtres de nos succès, colonisées jadis par les Phéniciens, parvinrent sous la domination de Carthage à un tel degré de richesses et de pouvoir, qu'elles balancèrent quelque temps le destin de Rome elle-même; mais enfin, il leur fallut subir le sort qui attendait presque tous les peuples, et réduites en provinces romaines, elles eurent longtemps l'honneur de nourrir les maîtres du monde. Lorsque les barbares du Nord se partagèrent les conquêtes de Rome, elles échurent aux Vandales, dont la domination désastreuse fut heureusement de courte durée; Bélisaire vainquit et prit Gélimer; le dernier de leurs rois, et rattacha l'Afrique à Constantinople qui représentait alors l'empire Romain. Elle respira quelque temps sous les empereurs du Bas-Empire, jusque au moment où les Arabes, conduits par les successeurs de Mahomet, y établirent définitivement leur religion et leurs mœurs; le chef de ces conquérants fanatiques poussa son cheval dans les flots du grand Océan, sur les côtes du Maroc, en remerciant Allah du bonheur de ses armes, qui n'avaient plus d'autre limite que celle du monde. Différents souverains arabes se partageaient la domination de ces beaux pays, lorsque Chair-Eddin, surnommé Barberousse, fils d'un potier de l'Archipel, converti à l'Islamisme par le sabre des Turcs, d'abord amiral du sultan de Constantinople, ensuite conquérant pour son propre compte, s'empara d'Alger dont il fit périr l'ancien maître. Il s'y établit avec ses Turcs, et fonda le gouvernement qui a subsisté jusqu'à l'expédition française; méprisant les peuples conquis, il ne voulut pas même chercher chez eux des instruments du pouvoir, et confia les charges de l'État à des aventuriers de la Turquie d'Europe ou d'Asie qui affluaient en Afrique, attirés par l'espérance des richesses et du pouvoir.

Cet exemple fut imité par ses successeurs ; cinq ou six mille Turcs suffirent pour dominer des millions de naturels, comme si cette terre d'Afrique était impuissante à produire ses maîtres. Cette soldatesque indisciplinée élisait les souverains du pays et les siens, puis les assassinait quand elle en était mécontente; peu de Deys virent arriver naturellement le terme de leurs jours : dans une de ces révolutions si fréquentes dans les États despotiques, le même soleil vit élever sur ce trône sanglant, et massacrer tour-à-tour, trois de ces princes éphémères, et cependant on ne cite pas un seul élu qui ait décliné ce dangereux pouvoir, peut-être parcequ'il y aurait eu autant de péril à le refuser qu'à l'accepter. Hussein, le dernier Dey, régnait néanmoins depuis quinze ou seize ans lorsqu'il fut détrôné par nos armes; mais en 1830, il y avait dix ans qu'il n'avait osé sortir de sa forteresse, la Casbah, et la dernière fois qu'il avait traversé les rues de la ville pour se rendre à la Marine, deux coups de feu tirés sur lui l'avaient dégoûté pour jamais de recommencer une nouvelle expérience.

Différentes fois cependant, les Européens avaient attaqué l'État d'Alger avec des résultats plus ou moins avantageux; Charles-Quint enleva Tunis à Barberousse qui s'en était emparé, et vint ensuite descendre, en 1540, au fond de la rade d'Alger, et ne dût sans doute qu'à une tempête effroyable, qui ruina sa flotte et son armée, de ne pas détruire l'empire naissant du pirate. Quoi qu'il en soit, son expédition manquée, l'orgueil du barbare et l'effroi qu'il inspirait, ne purent que s'en augmenter encore; plus tard, néanmoins, les Espagnols attaquèrent et prirent Oran, et étendirent leur domination sur plusieurs autres villes de la Régence. Mais la force expansive de l'Espagne se portait alors principalement vers l'Amérique, où elle trouvait des ennemis moins redoutables que les belliqueux et fanatiques successeurs des conquérants arabes. Ses établissements en Afrique ne firent que languir sans jamais acquérir une prospérité réelle. Les souverains Turcs de la Régence faisaient chaque jour de nouveaux efforts. Peu à peu les Espagnols perdirent tout le terrain qu'ils avaient acquis sur cette côte ; enfin en 1740, le boulevart de leur puissance, Oran dont ils avaient fait une place fortifiée à la moderne, tomba sans retour entre les mains des Algériens.

Louis XIV fit aussi sentir le poids de sa puissance aux États barbaresques ; justement irrité de l'atrocité d'un Dey qui avait fait charger un mortier avec le corps d'un consul français, il ordonna, en 1683, à Duquesne, son amiral, d'attaquer la ville d'Alger. Celui-ci trouva le moyen d'établir des mortiers sur des navires flottants, bombarda la ville avec un tel succès, qu'effrayés des flammes qui dévoraient leurs habitations, les Algériens implorèrent la clémence du vainqueur ; l'amiral français ne se retira qu'accompagné de cinq cents esclaves chrétiens, arrachés par lui au plus dur esclavage. Il s'en suivit un traité glorieux pour la France, conclu en 1684 ; malheureusement il fut presque aussitôt violé que juré par les Mahométans ; les guerres continuelles que se faisaient les princes chrétiens ne permirent pas à la France de venger ce manque de foi, et les courses des Algériens recommencèrent jusques en 1816, où l'Angleterre pensa qu'il était de la dignité de sa marine de châtier à son tour ces barbares, qu'on ne voulait pas se donner la peine de détruire. Lord Exmouth, avec une escadre Anglaise, soutenue de quelques bâtiments hollandais, vint s'embosser à l'entrée du port, si près de la ville, que la proue de la Reine-

Charlotte, le vaisseau-amiral touchait, disait-on, les premières maisons d'Alger. Bientôt les batteries musulmanes, prises de revers, furent entièrement démolies, les vaisseaux de la Régence consumés, les habitations en ruine ; le souverain du pays accepta encore une fois toutes les conditions qui lui furent imposées ; les esclaves chrétiens furent délivrés, une paix conclue ; cette expédition anglaise semble faire le pendant de celle de Duquesne, et par la manière hardie et expéditive dont elle fut conduite, par le succès qu'elle obtint, et par le peu de durée du traité qui en fut la suite.

Indépendamment des tentatives armées dont nous avons donné une idée, les Français avaient acquis des Arabes en 1450, et par conséquent bien avant la conquête de Barberousse, une certaine étendue de côtes, situées à l'est de Bone, du côté de Tunis. Ce territoire cédé par les Mahométans, moyennant certaines redevances, a porté depuis lors jusqu'à nos jours le nom de *concessions d'Afrique*. Nos droits de propriété ont été formellement reconnus par les empereurs de Constantinople, qui avaient conservé la suzeraineté des États barbaresques ; les Deys eux-mêmes les avaient également sanctionnés par des traités conclus en 1694, 1801 et 1817. La situation avantageuse de ces possessions, leur fertilité, les facilités qu'elles offraient pour commercer avec l'intérieur du pays, avaient procuré de grands avantages aux compagnies auxquelles nos rois les avaient concédées avant 1789; la Restauration voulut renouveler cet état de choses par le traité de 1817, mais la mauvaise volonté du Dey qui survécut au traité, l'intention souvent manifestée par lui de détruire nos établissements, empêchèrent les négociants de Marseille de suivre des relations, qui exigent avant tout de la confiance et de l'avenir.

A la possession d'un territoire assez considérable se joignait pour nous le privilége exclusif de la pêche du corail, sur une étendue d'environ 60 lieues de côtes, droit également reconnu par nos traités avec la Porte et avec les souverains du pays; la somme à payer annuellement, consentie par nous pour ce privilége, fixée à 17,000 fr. avant 1789, fut portée à 60,000, lorsque le privilége exclusif nous fut rendu en 1817; mais deux ans s'étaient à peine écoulés que le Dey, sans motif apparent, voulut porter notre redevance annuelle à 200,000 fr. Pour ne pas priver ses sujets d'un commerce avantageux, le gouvernement y consentit, et comme toujours, un acte de faiblesse fit naître de nouvelles exigences. Le Dey ne respecta pas plus nos droits nouvellement sanctionnés, qu'il n'avait fait des précédents. En 1826 il fit publier un manifeste qui permettait à toutes les nations la pêche du corail sur les côtes de sa domination, et pour comble de mauvaise foi et d'absurdité, il voulait continuer de recevoir le prix d'un privilége qu'il venait de nous ravir. Tel était l'un des griefs de la guerre que nous entreprîmes contre Alger.

Un autre bien plus grave encore, qui détermina une rupture préparée depuis longtemps, fut l'insulte faite à notre consul à Alger, M. Deval : Deux riches juifs algériens, Bacri et Busnach, avaient fourni au Consulat et à l'Empire divers approvisionnements, dont le prix liquidé plus tard par la restauration avec sa bonne foi ordinaire, constituèrent, par une décision d'arbitres du 28 octobre 1819, le trésor débiteur à leur égard d'une somme de sept millions. Cette liquidation fut plus tard approuvée par le Dey d'Alger et Charles X, avec la condition de la part de ce dernier, que les Français créanciers des juifs algériens pourraient présenter eux-mêmes leurs comptes, et qu'une somme égale à leur montant serait tenue en réserve jusqu'à ce que les tribunaux français eussent prononcé sur la validité de ces titres. Jamais convention plus juste ne fut plus ponctuellement exécutée de la part de la France; quatre millions cinq cent mille francs furent payés à la Société Bacri et Busnach par l'État ; deux millions cinq cent mille francs, montant des réclamations des créanciers français à l'égard des deux juifs d'Alger, furent versés à la caisse des dépôts et consignations en attendant, qu'il fût décidé à qui cette somme appartiendrait en dernier résultat.

Mais l'avarice du Dey, créancier lui-même des sieurs Bacri et Busnach, s'accomodait mal des formes, des lenteurs ordinaires de la justice française. Il réclama plusieurs fois avec hauteur la remise des 2,500,000 fr., prétendant que les créanciers français pourraient tout aussi bien faire valoir leurs droits à son tribunal, qu'auprès des juges de leur patrie; enfin il adressa lui-même une lettre conçue dans ce sens à M. de Damas, alors ministre des affaires étrangères en France; lettre dans laquelle il faisait avec son insolence ordinaire, de la remise immédiate de la somme en litige entre ses mains, une condition nécessaire au maintien de ses relations avec la France; quelques jours après, la veille des fêtes musulmanes, M. Deval se rendit suivant l'usage au palais du Dey, et celui-ci lui demanda s'il n'avait pas une lettre à lui remettre de la part de son gouvernement; M. Deval répondit négativement, et là-dessus, le prince entra en fureur, voulut lui porter plusieurs coups d'un chasse-mouche qu'il tenait à la main, en lui ordonnant de sortir sur-le-champ de sa présence. En même temps il déclara publiquement qu'il ne voulait plus qu'il y eût un seul canon français sur le territoire d'Alger, et qu'il ne nous y reconnaissait plus que les droits généraux, dont jouissaient les autres nations qui viendraient y trafiquer; M. de Damas prescrivit à M. Deval d'exiger une réparation éclatante, ou de quitter immédiatement la capitale du Dey. La réparation fut refusée, le consul général quitta la ville, et le Dey envoya aussitôt au Bey de Constantine l'ordre de détruire les établissements français en Afrique. Cet ordre fut exécuté, et le fort la Calle, le plus considérable de nos entrepôts, ruiné de fond en comble, ainsi que tous les comptoirs qui en dépendaient. Dès lors toute transaction sembla impossible et la guerre exista de droit.

Néanmoins le gouvernement français ne pensait guère alors à un débarquement en Afrique. Dans leurs relations avec Alger, les États européens cherchaient avant tout, en sauvant tant bien que mal l'honneur de leur pavillon, à maintenir des relations commerciales avantageuses à leurs sujets; d'après ces principes, Charles X envoya simplement une escadre croiser devant la capitale du Dey, avec ordre de maintenir un blocus rigoureux; on espérait ainsi l'amener à quelque chose qui pût ressembler à une réparation; mais Alger n'était pas le seul port de la Régence, la côte d'Afrique est mauvaise. Ce blocus coûta vingt millions, et dura trois ans sans causer à l'ennemi un dommage assez réel pour l'engager à nous demander la paix. Il fallait en finir avec ces demi-mesures, inutiles et ruineuses. Cependant avant de pousser les choses à l'extrême, le roi et son conseil se déterminèrent à essayer encore une tentative de conciliation; dans le courant de juillet 1829, M. de la Bretonnière fut envoyé à Alger avec ordre d'entamer une négociation, si le Dey semblait disposé à entendre raison ; M. de la Bretonnière fut admis auprès de celui-ci, essuya un refus formel, et au moment où le vaisseau que montait l'ambassadeur français quittait le port d'Alger, chargé du pavillon parlementaire, une décharge générale de toutes les batteries voisines vint l'atteindre de 80 boulets ; le feu ne cessa que lorsque le bâtiment se trouva tout-à-fait hors de portée.

Quel était donc le prince qui se montrait à notre égard si féroce, si comptenteur de la justice et de la foi jurée ? Hussein-Dey cependant, d'après ce que nous en savons, n'était ni cruel, ni même injuste dans le sens que nous attachons ordinairement à ce mot ; le fond de son caractère semble plutôt avoir été une espèce de bonhomie mêlée de finesse et de fermeté ; né à Smyrne dans une condition inférieure, d'abord simple garçon de café, comme beaucoup de Turcs, il était venu chercher fortune à Alger, où il entra dans la classe des Ulémas ou docteurs de la loi ; à ce titre, il devait être plus instruit que la plupart de ses compatriotes. Bientôt son adresse le rendit le secrétaire intime et le confident d'Aly-Soco, son prédécesseur. Il sut néanmoins se ménager en même temps un parti dans la milice turque, contre laquelle Aly-Soco nourrissait quelque projet, de sorte qu'à la mort de ce dernier, enlevé par la peste, il fut élu Dey, sans opposition. Des largesses distribuées à la milice turque, le maintinrent jusqu'en 1830 sur le trône où sa politique l'avait élevé. Hussein entendait assez bien la position d'Alger à l'égard des puissances européennes; seulement les ménagements ordinaires, dont on usait à l'égard de sa principauté presque barbare, lui avaient donné une idée trop exagérée de sa force et de sa puissance. Il ne doutait pas que l'Afrique ne devînt le tombeau de toute armée européenne qui oserait venir l'attaquer. D'ailleurs, en qualité de bon Musulman, il méprisait souverainement les chrétiens, et ne se croyait pas tenu à leur égard aux règles ordinaires de la justice et du droit des gens; telle est l'explication la plus naturelle de l'anomalie qui semble exister entre son caractère connu et sa conduite à notre égard.

La Régence était alors divisée en quatre beylicks ou gouvernements; d'abord, ceux d'Alger et d'Oran, le premier soumis immédiatement à l'autorité du Dey, le second confié à un autre Hussein; ensuite celui de Constantine où régnait Achmet-Bey, et enfin le beylick de Titery, le dernier et le moins important de tous, situé au sud des environs d'Alger; suivant le genre du gouvernement invariablement adopté dans les États despotiques, les gouverneurs des trois derniers beylicks réunissaient tous les pouvoirs chacun dans le ressort de leur juridiction, et ne témoignaient de leur soumission à leur suzerain que par un tribut variable, accompagné de beaucoup de présents, lorsqu'ils voulaient se maintenir bien en cour, car un souverain turc mesure toujours la capacité de ses agents sur l'argent qu'il en reçoit. Le Bey d'Oran avait trouvé le moyen de satisfaire aux exigences de son maître, sans trop pressurer la province qu'il administrait depuis dix ans avec autant de justice que d'intelligence. Hadj Achmet, Bey de Constantine, était le fils d'un Turc et d'une Mauresque, c'est-à-dire en termes du pays un Colougli, race ordinairement éloignée des emplois de la Régence. Son père et son grand-père avaient eux-mêmes gouverné longtemps la province de Constantine : la famille entière fut exterminée par une de ces révolutions si communes chez les Musulmans : Achmet, épargné à cause de sa jeunesse, rentra plus tard en grâce auprès du Dey, protégé qu'il fut par l'homme qui en était, à la fois, et ministre de la guerre et le général en chef. Les massacres, dont les siens auraient été victimes dans son enfance, lui avaient donné un caractère soupçonneux et inquiet, mais il ne manquait ni de capacité ni d'énergie.

Indépendamment des Beys gouverneurs de province, le Dey d'Alger avait auprès de lui plusieurs officiers, qui formaient sa cour et remplissaient des fonctions diverses ; le Hazenagi, c'est-à-dire le ministre des finances ou grand trésorier, pouvait passer pour le premier Visir de ce petit Sultan. C'était un nommé Braham, homme fin et rusé; le poste de ministre de la guerre, commandant de la force armée, où Bach-Aga, était occupé par un jeune homme rempli de hauteur et de fierté du nom d'Ibrahim; le Wekil-Ardji, ou intendant général de la marine était violent et brave comme un marin d'Europe; il semble que dans tous les pays, les diverses fonctions marquent d'un caractère particulier ceux qui les occupent. Tels étaient les ennemis que nous préparait notre rupture définitive avec la régence.

On a voulu voir dans la résolution de Charles X, le projet de donner du lustre à ses armes, pour les préparer à une lutte plus importante qu'il prévoyait en France; je crois que cette considération fut très faible auprès de lui, si même elle y fut de quelque chose; une expédition qui avait quelque chose des anciennes croisades devait plaire au caractère un peu chevaleresque et surtout très religieux de Charles X. En envoyant une armée en Morée, il avait déjà prouvé qu'il ne redoutait pas les guerres lointaines; d'ailleurs une descente en Afrique était résolue bien avant qu'il fût question du coup d'État qui le précipita du trône; sous le point de vue social et politique, cette guerre n'avait rien de noble et d'avantageux. Elle vengeait une insulte faite à la France; elle lui donnait une colonie à trois jours de navigation de ses côtes ; elle affranchissait pour toujours les États européens du tribut honteux qu'ils payaient à une poignée de pirates (1). Enfin on devait trou-

---

(1) Voici la liste des tributs payés par les divers États de l'Europe au Dey d'Alger.

Les Deux-Siciles payaient un tribut annuel de 24,000 piastres fortes et fournissaient en outre des présents de la valeur de 20,000 piastres fortes environ.

La Sardaigne devait à l'Angleterre d'être libre de tout tribut; mais elle payait une somme considérable à chaque changement de consul.

L'État de l'Église, protégé par la France, ne payait ni tribut, ni présent consulaire.

Le Portugal avait conclu un traité avec Alger aux mêmes conditions que les Deux-Siciles.

L'Espagne n'est soumise à aucun tribut; mais elle devait des présents à chaque renouvellement de consul.

L'Autriche, par la médiation de la Porte, a été affranchie de tout tribut et de tout présent consulaire.

L'Angleterre doit un présent de 600 livres sterlings à chaque changement de consul, malgré les conditions datées en 1816, sous le canon de lord Exmouth.

La Hollande, qui avait coopéré en 1816 à bombarder Alger, fut comprise dans les stipulations du traité qui suivit; depuis ce temps, elle ne paie plus de tributs; aussi le Dey cherchait-il l'occasion de rompre avec elle.

Les États-Unis, par un traité conclu quelque temps après celui des Anglais, ont adopté le même arrangement que l'Angleterre.

ver dans le trésor de la Casbah un dédommagement aux frais de l'expédition ; la résolution une fois prise, les préparatifs furent poussés avec intelligence et rapidité ; il en était temps, car il ne restait que deux ou trois mois jusqu'à la saison favorable. Tout le monde était d'accord que la plus grande difficulté de l'expédition consistait dans le débarquement ; la côte d'Afrique, réellement mauvaise, passait pour l'être bien davantage encore. Dans les conseils qui furent tenus à ce sujet aux Tuileries, la plupart des amiraux déclinèrent le commandement de la flotte. L'a-

---

Il en est de même de Hanovre et de Brême.

La Suède et le Danemark paient annuellement un tribut consistant en munitions de mer et en matériaux de guerre pour une valeur d'à peu près 4,000 piastres fortes. Outre cela ces États paient à la rénovation des traités, c'est-à-dire tous les dix ans, un présent de 10,000 piastres fortes.

De plus leurs consuls en entrant en fonctions font des cadeaux au Dey. Il faut remarquer encore que le gouvernement Algérien, pour se dédommager des concessions qu'il a dû faire à quelques États d'un rang secondaire, s'étudie à amener de temps en temps des différends et des contestations entr'eux. Il en résulte toujours une nouvelle transaction qui nécessite de nouveaux présents, ou un changement de consul, ce qui revient au même.

Quoique la France ne doive rien payer suivant son traité, l'usage reste cependant maintenu de faire des présents aux États barbaresques, à l'occasion de la nomination de chaque nouveau consul.

miral Duperré fut plus hardi ; il se chargea de déposer l'armée sur les plages de la Régence, et son heureuse audace lui fournit l'occasion d'attacher à son nom une renommée impérissable. Afin de les aborder plus facilement, il ordonna la construction à Toulon de cinquante bateaux plats d'un très faible tirant d'eau, capables de porter chacun d'eux 120 hommes et une pièce de canon. Ces bateaux chargés sur les vaisseaux ne devaient être mis à la mer qu'au moment du débarquement ; ordre fut donné pour qu'ils fussent prêts vers le 30 avril ; la flotte devait partir dans les premiers jours de mai. De toutes parts on demandait des bâtiments du commerce pour transporter des troupes et des vivres ; quelques régiments, désignés pour l'expédition, avaient profité des premiers beaux jours pour s'acheminer vers le Midi de la France ; à Toulon et à Marseille on fabriquait des biscuits, on rassemblait des approvisionnements pour nourrir 30 à 35,000 hommes pendant quatre mois. La facilité avec laquelle s'opérait ce grand mouvement peut donner une idée des ressources qu'offre la France : aucun renchérissement sensible ne se fit sentir sur les objets de consommation qui venaient s'offrir d'eux-mêmes aux agents du gouvernement. La bourse, ce baromètre de l'opinion n'annonçait aucune inquiétude dans les esprits : seulement quelques navires du commerce des Colonies manquèrent un moment de matelots.

Déjà depuis quelque temps, la nouvelle de l'expédition, comme un coup électrique, avait parcouru tous les régiments de l'armée ; cette jeunesse bouillante, ennuyée de l'oisiveté de la paix, salua de ses acclamations l'espoir de montrer son courage sur un nouveau champ de bataille. Le ministre de la guerre était assailli de demandes qu'il ne pouvait satisfaire ; chaque officier et chaque soldat voulait faire la guerre d'Alger, et plusieurs sous-officiers remirent les insignes de leurs grades, pour entrer comme simples soldats dans les régiments désignés pour l'expédition. L'annonce d'une guerre sera toujours saluée avec bonheur par une armée française, surtout lorsqu'elle arrive après une paix de quinze ans.

Les projets de Charles X se répandirent bientôt dans toute l'Europe, et réveillèrent divers sentiments chez les différents gouvernements. L'Angleterre que nous trouvons trop souvent en opposition avec nous, lorsque nous méditons quelque entreprise utile pour notre patrie, ne vit pas nos préparatifs sans une jalousie mal dissimulée. Elle adressa plusieurs notes à M. de Polignac, qui répondit d'abord avec toute la politesse et la réserve d'un homme né à la cour, mais en laissant voir clairement, surtout dans les dernières dépêches, que le parti de son maître était irrévocablement pris, et qu'aucune menace ne pourrait le faire changer ; l'Angleterre, comme lors de la guerre d'Espagne, se résigna et attendit les événements ; l'Allemagne, moins envieuse de la prospérité maritime de la France, ne vit rien dans nos projets qui dût l'inquiéter, et ne montra à notre égard qu'une bienveillante neutralité ; les petits États des bords de la Méditerranée que la conquête d'Alger devait délivrer d'un tribut, aussi pénible qu'humiliant, virent nos préparatifs avec plaisir. Enfin la Russie, trop éloignée de la France et de l'Algérie, pour prendre ombrage de l'agrandissement de l'une, ou nourrir quelque prétention sur l'autre, applaudit sincèrement à nos efforts. D'ailleurs, cette dernière puissance qui voulait se ménager un allié puissant pour les projets d'agrandissement qu'elle méditait dans l'Orient, était depuis longtemps dans les meilleurs termes avec la cour des Tuileries.

La Turquie, dont le Dey reconnaissait la suzeraineté par quelques présents envoyés de loin en loin, que des liens de religion et de parenté unissaient à la race qui dominait Alger, ne pouvait voir qu'avec chagrin l'orage qui se préparait à fondre sur la Régence ; elle essaya même de le détourner en envoyant une commission à Hussein Dey pour l'engager à traiter avec la France ; mais elle connaissait trop son caractère pour espérer de grands résultats de sa démarche ; cette tentative avortée, elle abandonna son vassal à sa mauvaise fortune.

Le ministre de la guerre de Charles X, le général Bourmont, s'était réservé le commandement de l'armée d'invasion ; c'était un homme capable, prudent, mais dont la conduite politique dans nos discordes civiles, avait éprouvé des vicissitudes qui lui avaient aliéné l'opinion publique. D'abord laissé dans l'ombre par Louis XVIII qui avait trop d'intelligence pour se charger de son impopularité, il avait été appelé au ministère de la guerre par Charles X au moment où ce malheureux prince s'enfonçait tous les jours davantage dans la voie qui devait le conduire à sa perte, semblait prendre à tâche de s'entourer des hommes que la France réprouvait le plus.

Il est probable cependant que M. de Bourmont ne fut prévenu, ni du moment choisi pour les Ordonnances de Juillet, ni de la manière dont on devait en poursuivre l'exécution ; son intelligence eut bientôt découvert la folie d'une semblable tentative, et peut-être même en eut-il arrêté l'exécution ; mais on sait que la Restauration dans les derniers jours de son existence, en était venue au point de cacher ses projets, même aux agents les plus importants de leur exécution : Ainsi le maréchal Marmont, qui commandait les troupes dans les Journées de Juillet, n'avait été prévenu des ordonnances qu'en même temps que le public, par le Moniteur. Il est donc naturel de croire que M. de Bourmont, qui avait quitté Charles X dans le courant d'avril, qui faisait la guerre sur un tout autre théâtre, avait partagé son ignorance. Dans son voyage de Paris à Toulon, il avait visité avec soin et intelligence tout ce qui avait rapport à l'art militaire. Partout il avait reçu les honneurs qui se rattachaient au rang qu'il occupait dans l'armée et les sentiments qui devaient vivre dans le cœur des anciens soldats de l'empire, ne s'étaient trahis par aucun manifeste. Arrivé à Marseille le 26 avril, il s'était hâté de prendre le commandement en chef de l'expédition ; à la tête d'une armée brillante dont il était l'âme et la volonté, où tous les corps rivalisaient d'ardeur et d'obéissance, prêt à venger le nom français des insultes d'un barbare, qu'il devait se tenir assuré de vaincre avec les moyens dont il disposait, il dut penser qu'enfin le prestige du pouvoir et de la victoire allait effacer pour toujours les impressions défavorables qu'il sentait s'attacher à son nom. L'avenir lui réservait un terrible mécompte.

Le commandant de la marine, l'amiral Duperré, avait quitté Paris pour le Midi depuis le 28 mars et s'était arrêté deux jours à Marseille pour examiner les bâtiments de commerce nolisés pour le compte de l'État. Il s'était constamment occupé depuis son arrivée à Toulon des immenses préparatifs nécessaires pour l'embarquement de près de 40,000 hommes. Pour donner plus d'unité et d'ensemble à tous les ordres, il avait voulu remplir lui-même les fonctions de préfet maritime jusqu'au moment du départ de l'expédition. Une activité extraordinaire régnait à Toulon ; chaque jour on faisait des essais de débarquement avec des bateaux plats ; des officiers d'artillerie et de marine étudiaient l'effet des fusées à la Congrève qui donnèrent jusqu'à deux lieues de portée. Chaque commandant de navire exerçait ses marins à des manœuvres promptes et précises. Un air de fête et de bonheur caractérisait tous ces préparatifs éclairés du soleil du Midi. Après un hiver d'une rigueur inaccoutumée, le printemps s'annonçait serein et précoce ; le ciel lui-même prenait parti pour la France.

L'amiral Duperré recherchait surtout les hommes ayant quelques connaissances personnelles des côtes qu'on allait attaquer ; on lui avait déjà indiqué le capitaine Bavastro de Nice, qui, ayant fait longtemps une guerre maritime aux Algériens, jusque sous les murs de leur capitale, connaissait parfaitement les parages qui l'avoisinent. Il fut attaché à l'état-major de l'amiral et embarqué comme tel sur le vaisseau la Provence qui devait porter son pavillon. Il rendit quelques services à l'expédition et après la conquête fut attaché au port d'Alger où il mourut.

L'expédition qui devait partir à la fois de Marseille et de Toulon se composait de l'armée de bataille, de la réserve, d'un convoi formé de trois divisions, et enfin d'une flotille portant les vivres nécessaires à toute l'armée pendant une dixaine de jours.

Les navires du commerce français nolisés par l'État, comptant 170 voiles, étaient déjà réunis dans cette première ville ; ils y furent bientôt rejoints par 200 autres bâtiments Sardes, Italiens, Napolitains. Vingt mille hommes d'infanterie, la cavalerie étaient destinés à prendre place sur ces moyens de transports, qui, avertis par une dépêche télégraphique du départ de Toulon de la flotte militaire, devaient la rallier en mer, pour naviguer de conserve et sous sa protection. Il y avait sur la partie étrangère de la flotte des matelots de toutes les nations de l'Europe ; la guerre d'Afrique s'annonçait comme une nouvelle croisade, ces grandes expéditions européennes, dont le peuple français était le chef et le guide.

Le dauphin lui-même vint animer de sa présence les préparatifs de l'expédition. Le lendemain de son arrivée à Toulon, il visita le port et la rade qui, couverte de bâtiments pavoisés, éclairés par un brillant soleil, présentait un coup d'œil magnifique ; trois salves d'artillerie parties des batteries de la Provence, du Trident et de la Créole annoncèrent l'arrivée du prince. Une immense multitude couvrait les bords de la rade, et, en admirant le spectacle, en augmentait elle-même l'éclat. La plage du polygone était choisie, pour y simuler une descente analogue à celle qui s'exécuta plus tard sur les côtes d'Afrique. Cinq bateaux plats chargés de troupes et de pièces d'artillerie s'approchèrent de la côte. Les troupes sautèrent à terre, l'artillerie fut débarquée et commença sur-le-champ à faire feu ; les troupes se dispersèrent en tirailleurs, vinrent se réformer derrière des retranchements simulés tout en continuant un feu de mousqueterie vif et soutenu. Cet appareil servit d'exercice aux troupes et de fêtes à cette population méridionale, si amoureuse de mouvement et d'émotion. Le lendemain, 5 mai, les troupes de terre furent passées en revue solennelle sur les glacis de la place ; plusieurs fois elles y manifestèrent l'ardeur avec laquelle elles couraient à cet expédition aventureuse.

Le 10 mai, M. de Bourmont adressa à tous les corps de l'armée une longue proclamation, expression assez juste du caractère de son auteur, homme d'ordre et d'intelligence, mais réservé et ambitieux ; les troupes du reste n'avaient nul besoin d'être encouragées, et le jour de l'embarquement était attendu avec une vive impatience. Il commença le 12 mai. Dès le point du jour un mouvement extraordinaire avait commencé dans les quartiers habités par les troupes ; chacun des chefs, quelque subalterne qu'il fût, voulait faire l'appel et l'inspection des soldats confiés à ses soins. Les détachements d'un même régiment se réunissaient ensuite, et, le colonel en tête, se dirigeaient tous ensemble au lieu de l'embarquement ; les dépôts qui restaient à terre conservaient quelques hommes, qui disaient adieu à leurs camarades. Un grand fond de gaîté, une explosion de plaisanteries plus ou moins spirituelles, de temps en temps quelques serrements de main un peu plus graves, quelques élans d'une sensibilité vive mais passagère, caractérisaient ces adieux qui devaient être éternels pour plusieurs d'entre eux. Les troupes arrivées vis-à-vis de l'Hôtel-de-Ville de Toulon trouvaient amarrés le long du quai les bateaux qui devaient les prendre ; chaque corps avait son embarcation désignée, de sorte qu'on n'eut à déplorer ni le plus léger accident, ni même une apparence de désordre. Les soldats sautaient légèrement sur les bateaux lesteurs qui sur-le-champ les transportèrent à bord des bâtiments en rade. Le 2me léger, les 3e, 4e et 37e de ligne quittèrent la terre ce jour-là même. Vers les 2 heures de l'après-midi, un vent du nord-ouest assez violent arrêta l'opération qui fut reprise le 13. En même temps, différents corps de cavalerie cantonnés, dans les villages qui bordent la rade, s'embarquaient de leur côté. Les bâtiments de transport qui devaient partir de Marseille recevaient aussi leurs charges. Enfin, le 18 mai, une dépêche télégraphique de l'amiral Duperré annonça que toute l'armée avec son matériel était à bord, que l'homme

avait fini sa tâche, et que le reste devait être l'ouvrage du vent et de la mer. Ce même jour on publia sur tous les vaisseaux de la flotte l'ordre du jour suivant : « Officiers, sous-officiers et marins,
» appelés avec vos frères d'armes de l'armée expé-
» ditionnaire à prendre part aux chances d'une
» entreprise que l'honneur et l'humanité comman-
» dent, vous devez aussi en partager la gloire ;
» c'est de nos efforts communs, de votre parfaite
» union, que le Roi et la France attendent la répa-
» ration de l'insulte faite au pavillon français ;
» recueillons les souvenirs qu'en pareille circons-
» tance nous ont légué nos pères ; imitons-les et
» le succès est assuré : Partons, vive le Roi. »

L'armée expéditionnaire se composait de trois divisions, chaque division de trois brigades, chaque brigade de deux régiments, excepté la 1re brigade de la 1re division, qui en contenait trois, en tout 19 régiments. A ces troupes il fallait joindre :

3 escadrons de cavalerie ;

8 compagnies du génie ;

18 batteries d'artillerie ;

6 compagnies du train d'artillerie ;

100 gendarmes, dont 30 à cheval ;

98 employés aux vivres ;

2 compagnies d'ouvriers d'administration et d'ambulance.

Voici le tableau de la composition générale de l'armée :

M. de Bourmont, Lieutenant-Général, commandant en chef. M. Desprez, Lieutenant-Général, Chef d'État-Major.	1re Division Bar. de Berthezène	1re Brigade, Poret de Morvan, 2me Brigade, Achard. 3me Brigade, Clouet.
	2me Division, Comte de Loverdo.	1re Brigade, N........ 2me Brigade, Monck d'Uzer. 3me Brigade, Colomb d'Arcine.
	3me Division. Duc D'Escars.	1re Brigade, de Berthier. 2me Brigade, Hurel. 3me Brigade, de Montlivault.

Tout était prêt pour le départ, et le calme retenait la flotte dans la rade ; l'impatience des troupes s'accroissait de moment en moment ; du 20 au 23 mai les jours se passèrent dans des alternatives de crainte et d'espérance ; le 24, le temps fut plus contraire encore, et un fort vent est-sud-est empêchait tout-à-fait de songer à prendre la mer ; enfin le 25, vers les 2 heures du soir, après une légère pluie, le vent sauta tout-à-coup à l'ouest et devint favorable ; à un signal du vaisseau-amiral tous les marins sont à leurs postes, les manœuvres commencent, les bâtiments se couvrent de leurs voiles, et se préparent à prendre le large ; onze vaisseaux, dix-neuf frégates, vingt-une corvettes, quinze bricks, deux bâtiments à vapeur, cinquante-quatre bâtiments de transport, composant la première division de la flotte, partirent dans cette soirée du 25. La deuxième division, qui comptait quatre-vingt-dix navires de transport, sous l'escorte du bâtiment de guerre la Comète, appareilla le 26 au matin. Enfin la troisième division, forte de cent trente-six transports et deux bâtiments de guerre, le Daphné et la Cigogne, fut retenue en rade par un retour du vent d'est, et ne put partir que le 27 vers les trois heures, et déjà une frégate revenant d'Alger avait annoncé, quelques instants auparavant, qu'elle avait rencontré l'escadre de l'amiral Duperré, à vingt lieues de Toulon, faisant bonne route pour l'Afrique.

Ce retard qu'accusait l'impatience des troupes fut, cependant, un accident heureux pour l'expédition : pendant tout le mois de mai un temps affreux avait régné sur les côtes d'Afrique et la flotte en eût certainement souffert de graves avaries si elle se fût trouvée dans ces parages. Un début fâcheux décourage toujours au commencement d'une campagne, et les bâtiments dispersés par la tempête, forcés de se réfugier dans différents ports, n'auraient pu être ralliés qu'avec beaucoup de peine ; l'escadre qui bloquait Alger fut elle-même contrainte de prendre le large, et deux bricks, le Silène et l'Aventure, capitaines Bruat et d'Assigny se jetèrent sur la côte, à onze lieues à l'est d'Alger, auprès du cap Bingut ; cette nouvelle empoisonna la joie qu'avait causée à la France l'heureux départ de la flotte. On était dans les plus grandes inquiétudes sur les équipages des deux bricks, livrés à des peuplades fanatiques, chez lesquelles nous allions porter la guerre; une foule de bruits remplaçaient les rapports officiels qui manquaient; on annonçait la perte de plusieurs autres bâtiments; on disait que tous les équipages qui les montaient avaient été massacrés; enfin une lettre de l'amiral Duperré, datée le 2 juin, des environs de Mayorque, vint dévoiler de tristes événements, moins tristes cependant que l'incertitude où l'on était plongé; elle contenait un rapport de M. d'Assigny, écrit du bagne d'Alger, où cet officier se trouvait prisonnier depuis le 21 mai : il commençait ainsi :

« Monseigneur, j'ai l'honneur de vous rendre
» compte de la perte des bricks l'Aventure et le
» Sylène, événement funeste, dans lequel la for-
» tune s'est plu à nous accabler de toutes ses
» rigueurs; naufrage de nuit par un temps affreux,
» sur une terre ennemie, peuplée d'hommes fé-
» roces que craignent même les Turcs, qui ne
» traversent qu'en tremblant leurs sauvages de-
» meures. » Il annonçait ensuite que l'Aventure navigant de conserve avec la Bellone, en avait été séparée par un gros temps, au milieu de la nuit et de la brune; que le lendemain ayant aperçu le Sylène, brick de guerre français, elle s'en était approché autant qu'elle pouvait le faire, et que les deux commandants s'étant mutuellement fait part de leur point, avec le porte-voix, la malheureuse consonnance de mots est et ouest leur avait

fait penser qu'ils étaient d'accord : ils étaient à l'est du méridien d'Alger, ils se crurent à l'ouest. Ils couraient donc en toute sécurité pour rejoindre ce méridien qu'ils avaient dépassé quand l'Aventure, qui marchait en tête, ressentit tout-à-coup une secousse vers les 8 heures et demie du soir du 16 mai. Le navire venait de franchir l'acore d'un banc de sable. La vague en déferlant l'abandonna tout-à-coup sur la rive, et tous les efforts pour le remettre à flot furent inutiles; le Sylène, averti trop tard, avait éprouvé le même sort; les officiers des deux bricks, réunis sur cette plage inhospitalière, tinrent conseil. Il fut question de se retrancher sur le rivage de la mer et d'attendre que d'autres bâtiments de la croisière vinssent leur porter secours; mais les poudres étaient mouillées, il parut impossible de résister aux indigènes; les deux équipages se munirent de quelques vivres et marchèrent vers Alger, en suivant la grève : ici, nous laisserons parler M. d'Assigny lui-même.

« Il était environ quatre heures du matin; à
» peine avions-nous parcouru un quart de lieue
» qu'une troupe de Bédouins armés vint fondre
» sur nous. Parmi les hommes qui formaient
» l'équipage du Sylène, se trouvait un Maltais pris
» devant Oran, par ce brick, dans un bateau de
» pêche. Cet homme sachant l'arabe, et ayant
» longtemps navigué avec des hommes de la Ré-

» gence, se dévoua pour ainsi dire au salut de
» tous. Nous recommandant de ne point contre-
» dire ce qu'il allait avancer, il protesta à ces bar-
» bares furieux que nous étions anglais. Par trois
» fois on lui mit le poignard sur la gorge, pour
» tâcher de l'effrayer et de juger, par son émotion,
» si ce qu'il avançait était vrai ; sa fermeté en im-
» posa aux Arabes, et, bien qu'ils ne fussent pas
» entièrement convaincus, elle jeta un doute en
» leur esprit, qui contribua en partie à sauver les
» équipages. »

M. d'Assigny raconte ensuite que sous prétexte de les faire arriver plus promptement à Alger, les Arabes les conduisirent dans les montagnes, les pillèrent, les dispersèrent; puis il ajoute :

« Ici l'histoire de nos malheurs se complique,
» chaque village, chaque maison présente des
» scènes différentes, mais comme je craindrais de
» vous fatiguer par tant d'images douloureuses, je
» vais me borner à vous rendre compte de ce qui
» se passa sous mes yeux. Arrivés chez un bé-
» douin qui nous avait pris sous sa protection,
» les femmes se refusèrent à nous recevoir; nous
» fûmes rebutés encore par elles dans une autre
» case, puis elles finirent par s'attendrir sur notre
» sort, et la première maison dont nous avions
» d'abord été repoussés, devint notre asile. On
» nous alluma du feu, on nous donna à manger,

» et deux jours se passèrent sans trouble. Le pre-
» mier sujet d'inquiétude nous fut donné par quel-
» ques marins qui s'échappèrent des maisons voi-
» sines et coururent la campagne dans l'espoir de
» se sauver; ils furent arrêtés peu après, mais les
» Bédouins nous observèrent davantage, nous soup-
» çonnant tous d'avoir les mêmes intentions. Le
» 18, vers le soir, les frégates de la division et
» quelques bricks s'étant approchés des navires
» échoués, envoyèrent des embarcations pour les
» reconnaître. Ces dispositions de débarquement
» jetèrent la terreur de toutes parts; tous les
» Arabes s'armèrent et décendirent les montagnes
» en hurlant; les femmes mirent leurs enfants
» sur leur dos, prêtes à fuir; nous autres malheu-
» reux prisonniers, on nous enferma dans les
» cases les plus fortes, nous menaçant de mort,
» au moindre mouvement que nous ferions pour
» tâcher de nous sauver. Nous étions au moment
» d'être égorgés; un coup de canon que nous
» entendîmes nous parut à tous le signal du mas-
» sacre, car de quelque côté que tournât la for-
» tune, les Bédouins, vainqueurs ou vaincus,
» devaient nous immoler à leur fureur. Heureu-
» sement, la chance tourna plus favorablement
» qu'on ne devait l'espérer; la frégate rappela
» ses embarcations et tout rentra pour nous dans
» l'ordre accoutumé. » Mais le reste des prisonniers n'en fut pas quitte à si bon marché. Les
Arabes exaspérés par les démonstrations de la

frégate française égorgèrent plusieurs des marins de M. Bruat; enfin arrivèrent des officiers du Dey chargés de réclamer les prisonniers; dès lors, ils furent mieux traités et on les achemina sur Alger.

« Pendant la route, ajoute M. d'Assigny, un
» Turc qui parlait français, nous dit que nous
» étions bien heureux d'avoir échappé au mas-
» sacre, que déjà vingt têtes avaient été portées
» à Alger, qu'on parlait d'un plus grand nom-
» bre encore. Ces nouvelles nous navrèrent le
» cœur et furent, pendant toute cette triste
» marche, le sujet de nos douloureux entre-
» tiens. Nous passâmes la nuit au cap Matifoux;
» le lendemain, environ à quatre heures du
» soir, nous entrâmes à Alger, escortés de sol-
» dats turcs et suivis d'une populace nombreuse.
» On nous conduisit devant le palais du Dey, où
» le spectacle affreux de nos malheurs vint frapper
» nos yeux dans toute son horrible vérité; les
» têtes de nos camarades y étaient exposées aux
» yeux d'une populace effrénée; plusieurs de nous
» ne purent supporter ce spectacle de douleur et
» tombèrent évanouis; après dix minutes de
» pause, on nous conduisit au bagne, où nous
» trouvâmes douze des nôtres, qui, réunis à 74
» que j'accompagnais, sont jusqu'à présent les
» seuls débris que j'aie pu réunir de cet affreux
» naufrage; quelque horribles qu'en soient les
» suites, nous devons encore bénir la providence
» de nous avoir permis d'en recueillir autant de

» débris, car, jusqu'à présent, les équipages
» dont les bâtiments périrent sur ces côtes ont
» presque tous été entièrement massacrés; un
» navire même de la Régence n'y éprouverait
» pas un sort moins funeste. »

Ces détails répandirent une teinte de gravité et de tristesse dans l'armée, sans rien diminuer de de son ardeur. Chacun mit un surcroît de vigilance, s'il était possible dans l'accomplissement de ses devoirs, sentant que, du succès de l'expédition, dépendait un nouveau résultat, la délivrance de Français et de compagnons gémissant dans un dur esclavage.

Nous avons laissé l'amiral Duperré à vingt lieues de Toulon, navigant à pleines voiles au sud-ouest; si le temps se maintenait favorable, il devait directement attaquer la côte d'Afrique, pour opérer sur-le-champ le débarquement. Dans le cas contraire, la baie de Palma dans l'île de Mayorque était désignée comme rendez-vous général de la flotte. La division marchait ralliée et en bon ordre, quand dans la nuit du 27 mai, elle fut assaillie par un violent coup de vent est-sud-est, à la hauteur des îles Baléares. Elle chercha un abri sous le vent de ces îles, se rallia de nouveau et reprit la route d'Alger; le 29 mai elle était en vue de la terre; le temps était beau, quoiqu'un vent un peu fort soufflât de l'est. L'amiral manœuvra pendant la nuit, pour se trouver le lendemain au lieu de débarquement derrière le cap Caxine, à l'ouest d'Alger. Ces mesures étaient bien prises; mais le temps changea dans la nuit. Le matin, vers les quatre heures, la côte parut enveloppée d'un épais brouillard, l'horizon était chargé, la force du vent augmentait graduellement. Un débarquement semblait impossible; l'amiral prit sur-le-champ son parti. Il ordonna de gouverner sur Palma pour y réunir de nouveau toutes les parties de la flotte, et attendre que le temps fût remis au beau, d'une manière un peu stable : cette mesure était sage. La troisième division partie le 27 de Toulon, saluée à la sortie de la rade par un violent coup de vent du nord-est, en avait été dispersée; rassemblée de nouveau à Palma, elle y retrouva la première division. Enfin, dans l'espace de huit jours l'amiral parvint à rallier dans la baie de Palma les bâtiments de la réserve, les trois divisions du convoi, et surtout la plus grande partie de la flottille qui portait les dix jours de vivres nécessaires au débarquement. Il repartit le 10 juin pour Alger, par un vent favorable, et le 12, à la pointe du jour, on n'était plus qu'à trois ou quatre lieues de la côte. La flotte venait d'être ralliée par la Syrène, frégate attachée au blocus, montée par l'officier qui en commandait l'escadre, M. de Rosamel. Mais la fortune et la mer voulaient encore nous faire acheter nos succès; la force toujours croissante du vent et l'agitation des flots firent craindre que le débarquement ne pût s'effectuer facilement, dans un mouillage très resserré, sur une côte à peu près inconnue, en face d'un ennemi préparé à nous recevoir. Déjà la flotte avait fait quelques avaries heureusement peu considérables; mais pour la tenir bien ralliée, il fallut reprendre le large, et l'on s'éloigna encore une fois de ce rivage tant désiré; vers la soirée le vent tomba, la mer s'embellit, l'amiral s'estimait à 40 milles de l'Afrique; la flotte vira de bord et manœuvra pour se trouver le lendemain à la pointe du jour à 12 milles de la côte.

Enfin le 13, le soleil en se levant découvrit à l'armée les montagnes de cette terre, que nous ne devions plus perdre de vue. Bientôt tous les regards dirigés vers la côte distinguèrent la ville, ses remparts et ses forts. M. Duperré se mit en communication avec l'escadre du blocus et en prit avec lui trois ou quatre bâtiments, pour l'aider dans le combat qu'il croyait imminent. La flotte ainsi renforcée se forme rapidement en ordre de bataille; la frégate la Syrène qu'avait quittée M. de Rosamel, pour prendre poste sur le Trident, s'avance en tête, commandée par M. Massieu de Clerval; elle marche à petites voiles pour que les bâtiments qui la suivent puissent bien conserver leurs postes; la réserve, le convoi et la flottille naviguent dans les eaux des bâtiments de guerre;

à six heures du matin, toute la flotte défile devant les forts et les batteries de la ville, deux bâtiments légers sont détachés pour aller rapidement reconnaître le lieu choisi depuis longtemps pour le débarquement. C'était une petite presqu'île située à sept lieues à l'ouest d'Alger, connue sous le nom de Sidy-Ferruch, ou de Torre-Chica (petite tour); le reste de l'armée accompagne de loin les navires envoyés en éclaireurs. Arrivé par le travers de la presqu'île, l'amiral s'étonne de n'y apercevoir aucu être vivant; cependant deux navires restent en face pour la canonner directement en cas de besoin; les autres bâtiments rasent l'extrêmité des rochers, gagnent la rade de l'ouest, à l'abri de la brise régnante. Chaque commandant de navire avait un plan des lieux où était marqué le point qu'il devait occuper lors du débarquement. Le Breslaw fut le premier à son poste; il jette l'ancre, serre ses voiles, s'embosse avec rapidité: il est prêt à faire feu; chaque navire exécute la même manœuvre, l'amiral ordonne de mettre les bateaux plats à la mer pour enlever de vive force la batterie qui défendait la presqu'île; mais aucun défenseur ne se montre, le rivage était abandonné, la tour qui donne son nom à la presqu'île s'élevait solitaire et déserte; quatre ou cinq masures, à moitié ruinées, s'appuyaient sur ses murailles; un peu plus loin on voyait un de ces petits monuments si communs en Algérie, et que nous avons décorés du nom de marabouts. Dans l'éloignement, sur les hauteurs, on découvrait quelques tentes d'Arabes éparses çà et là. Des cavaliers, courant à bride abattue, traversait rapidement la plaine ; quelques-uns mêmes s'avancèrent jusqu'auprès de la tour, paraissant n'avoir d'autre but que de satisfaire leur curiosité. Tout-à-coup, un coup de canon, parti des hauteurs voisines, vient déceler la présence de l'ennemi ; plusieurs bombes et boulets tombent au milieu de nos vaisseaux, sans causer de perte ; cependant un matelot à bord du Breslaw fut blessé d'un éclat de bombe, ce fut le seul accident de la journée ; la position de l'ennemi était trop éloignée et trop élevée, ses coups étaient trop peu dangereux pour que l'amiral jugeât qu'il valût la peine d'y riposter sérieusement ; un seul bateau à vapeur, rangeant le rivage le plus près possible, envoya quelques boulets à terre et fit ainsi évacuer la batterie ennemie la plus rapprochée et dégoûta les cavaliers arabes de leurs promenades. On s'occupa surtout des préparatifs du débarquement qui fut remis au lendemain, à la pointe du jour. A huit heures du soir les trois escadres, la première division du convoi, la flottille portant les premiers vivres avaient jeté l'ancre. Les bâtiments de la croisière, les bateaux à vapeur restèrent sous voiles, pour veiller à la sûreté de tous et repousser les brûlots que l'ennemi pourrait lancer contre la flotte.

On put juger dans cette première journée combien le point de débarquement était bien choisi. Du fond d'une anse à grande courbure s'avance dans la mer la presqu'île de Sidy Ferruch, d'une longueur de cent mètres, et dont l'isthme n'en a guère qu'une soixantaine de large. La presqu'île forme deux baies, l'une à droite, l'autre à gauche, de sorte qu'excepté par les vents de nord-ouest, une des deux au moins offre un mouillage assez sûr. Le terrain en avant ne présente que de faibles ondulations. Il n'est encombré que de broussailles peu épaisses et peu élevées, incapables d'arrêter le développement d'une armée, et pour comble de bonheur l'ennemi abandonnait les défenses que la main de l'homme avait rassemblées sur ce point. Qu'on se figure l'impatience de l'armée, fatiguée de vingt jours de navigation, qui voyait enfin devant elle, à quelques brasses, cette plage que ses pensées et ses désirs appelaient depuis si longtemps; peu de soldats, sans doute, fermèrent l'œil cette dernière nuit passée à bord; on ne pensait plus aux fatigues passées, encore moins à celles à venir; la plus grande difficulté pour les chefs n'était pas d'encourager leurs hommes, mais de les retenir; cependant le débarquement se fit avec ordre. A quatre heures du matin les bateaux plats, remorqués par des embarcations, et portant chacun un officier et cent vingt hommes, étaient rangés le long de la côte; les bâtiments de guerre qui n'avaient pas de troupes à débarquer avaient été se poster dans

la rade de l'est, aussi près que possible de terre.
pour prendre d'écharpe les batteries ennemies et
les battre par-dessus la presqu'île; deux bateaux
à vapeur à l'ancre dans la rade de l'ouest, à côté
du point de débarquement le couvraient directement de leurs feux; à un signal, les marins sautent
à terre; deux matelots courent à la tour, et arborent le pavillon français sur cette terre d'Afrique,
qu'il ne devait plus quitter. Les soldats suivent les
marins. En un instant, six mille hommes, huit
pièces d'artillerie sont sur la plage; alors seulement les batteries ennemies situées sur les hauteurs ouvrent un feu soutenu sur les Français;
les navires embossés leur répondent vivement,
mais sans grand effet de part et d'autre. On continue le débarquement sans s'en inquiéter : le
général en chef met le pied sur l'Afrique à six
heures et demie, et, jugeant tout de suite qu'il y
avait assez de troupes débarquées pour essayer
un mouvement offensif, il fit cesser une canonnade inutile, et se mettant à la tête des troupes
qui venaient de se former; il s'avança le long
de la mer pour tourner les positions ennemies :
le succès ne fut pas long à se décider. On repoussa quelques masses de cavalerie arabe qui
voulaient les défendre; les canonniers turcs s'enfuirent ou furent tués sur leurs pièces. Un voltigeur attaqua seul une batterie occupée par plusieurs Arabes; il allait succomber, quand il fut
secouru; il fut mis à l'ordre du jour et nommé
caporal sur le champ de bataille.

Mais, malgré la prise de leurs batteries, les Musulmans embusqués dans les broussailles qui couronnaient les hauteurs, et qui devenaient plus hautes et plus fourrées à mesure qu'on s'éloignait de la mer, n'en continuaient pas moins un feu de mousqueterie très vif et assez meurtrier ; des cavaliers arrivaient au galop jusqu'à quelques pas des rangs, faisaient feu sans s'arrêter, et couraient recharger leurs fusils hors de portée. Cette manœuvre, peu décisive dans une bataille, et qui fut leur constante tactique, inquiétait les troupes et ne leur laissait pas un moment de repos ; on finit pourtant par les chasser des positions avantageuses qu'ils occupaient. Avant midi toutes les hauteurs, rangées en amphithéâtre autour de la presqu'île, étaient au pouvoir des Français. Nous occupions un demi-cercle de deux lieues de rayon, dont le centre était marqué par le point de débarquement ; il put alors se continuer sans danger et sans difficulté. Quelques instants après, l'infanterie entière était débarquée avec des vivres et des approvisionnements pour dix jours. Le quartier général fut établi dans cette tour, qui, la première, eut l'honneur de porter le drapeau français.

Cette première affaire nous avait coûté trente-deux morts ou blessés. Un officier était parmi ces derniers ; c'était assurément bien peu pour un pareil résultat. La perte des Arabes ne put s'évaluer : on sait qu'ils ont l'habitude d'enlever leurs morts du champ de bataille; mais elle dut être assez faible; parce que se dispersant sur un grand espace, ils offraient moins de prise à nos coups. On ne put non plus former que des conjectures très incertaines sur le nombre des ennemis qui avaient pris part à l'action.

Telle fut cette journée du 14, qui décida du sort d'Alger; il devint alors évident que les cinq ou six mille Turcs qui dominaient la Régence, soutenus de la cavalerie indisciplinée des Arabes sur lesquels ils n'avaient qu'une autorité précaire, ne sauraient tenir longtemps contre une armée de trente mille hommes, parfaitement organisée, munie de tout le matériel utile à un siége, soutenue d'une flotte maîtresse de la mer, qui lui apportait les vivres et les renforts nécessaires. La nuit suivante, la côte offrait un spectacle réellement magique; l'amphithéâtre des hauteurs entourant la presqu'île et la flotte, étincelant des feux de nos bivouacs, ces lueurs se reflétant dans la mer, éclairaient les bâtiments en rade, et, avertissant la flotte que l'armée veillait pour le salut commun, semblaient un lien d'amitié et de fraternité entre les soldats et les marins.

C'est encore une énigme aujourd'hui de savoir comment le Dey, qui ne manquait ni d'intelligence ni de fermeté, ait pu laisser opérer avec si peu de résistance un débarquement qui devait avoir pour lui des suites si funestes : on a dit qu'il voulait profiter des dépouilles des Français, qu'il se croyait sûr de vaincre et que c'était dans cette espérance qu'il les avait laissés descendre à terre. L'offensive que prit son armée deux ou trois jours plus tard, et qui amena la bataille de Staouëli, semblerait confirmer cette supposition ; s'il en était ainsi, il connaissait bien peu l'ennemi auquel il avait à faire. Le commandant en chef employa les jours suivants à se fortifier dans la position qu'il venait de conquérir. Le général Valazé, commandant le génie, traça un retranchement bastionné, qu'on garnit d'artillerie, qui couvrait la presqu'île du côté de la terre, et en faisait une place d'armes capable de résister à des ennemis plus habiles que les Arabes ; derrière ces remparts improvisés, nos provisions et notre matériel se trouvaient en sûreté, et l'on s'occupa de mettre un peu d'ordre dans tous les objets épars qui couvraient le sol. La marine, de son côté, étudiait les côtes, l'ancrage, et trouvait que la rade offrait un abri plus sûr qu'elle n'avait osé l'espérer. Cette pointe de terre devenait comme par enchantement, un camp, un port, un arsenal, on pouvait dire presque une ville. Il s'y formait des hôpitaux, des cafés, des restaurateurs ; ici, un parc d'artillerie, là, des magasins ; plus loin des boulangeries, des écuries, jusqu'à des ateliers de peinture ; car des artistes s'étaient joints à l'armée pour que Paris pût jouir bientôt des points de vue du pays que nous allions conquérir ; et, le lendemain de leur arrivée, ils s'étaient mis à l'ouvrage au bruit du canon, et presque sous les balles ennemies. Il semblait que la France, avec ses arts, sa civilisation, son activité fût débarquée tout entière en Afrique.

Voici comment un témoin oculaire rend compte de ces impressions pendant les quelques jours de repos qui suivirent la bataille du 14 : « Les deux premières divisions occupent maintenant une belle position, à une lieue en avant de Torre-Chica. Un ruisseau tombe dans la mer à notre droite, et nous fournit de l'eau en abondance. Sur le premier plan, devant nous, les Bédouins occupent les hauteurs et dans le lointain l'Atlas montre ses cimes découpées que les brouillards nous cachent souvent : ce ruisseau a été l'occasion de bien des combats de tirailleurs entre nos avants-postes et les cavaliers arabes. On les voit s'approcher en désordre ; de longs manteaux blancs tombent de leurs têtes et leur recouvrent tout le corps ; quelques chefs Turcs se montrent parmi eux et semblent les exciter au combat ; on porte devant eux des cimbales et des drapeaux, mais quand un obus bien pointé tombe au milieu d'eux, c'est une scène vraiment comique que de voir leur désordre, leur agitation, et la terreur que leur inspire le redoutable canon à deux coups.

Au moment où je vous écris, toute la ligne est sous les armes pour l'appel du soir. La musique joue devant le front des régiments ; la brise emporte vers le désert la Tyrolienne de Guillaume Tell et les belles marches de Moïse. Notre imagination nous montre le Berbére étonné, s'arrêtant sur son cheval pour écouter ces sons inaccoutumés : tout est calme sur les hauteurs ; devant nous sont les collines où sifflaient les balles et où plusieurs de nos compagnons ont laissé leur vie. Derrière, le soleil s'abaisse lentement dans un horizon rougeâtre et semble se jouer dans les mâts de notre flotte doucement balancée sur les flots : à travers les vapeurs du soir nous distinguons les têtes blanches des tentes et les lignes des travailleurs de la presqu'île. » Une journée de mauvais temps vint déranger encore nos opérations; le 16 juin, la mer devint monstrueuse, des navires perdirent leur gouvernail, qu'on recueillit au milieu des ondes ; heureusement cette tempête fut courte ; une fois passée, l'amiral sentit le danger de cette foule de bâtiments entassés les uns sur les autres. Les navires déchargés et les bâtiments-écuries débarrassés de leurs chevaux, firent voile pour Toulon : ils devaient rapporter des provisions et de l'eau dont nos marins commençaient à manquer : en attendant, le débarquement continuait toujours; le lendemain 17, il y eut encore un orage. Dans la soirée le temps se remettait au beau ; l'été fut très lent cette année à s'établir dans ces parages.

Maîtresse d'une bonne base d'opération, l'armée avait devant elle les pentes occidentales d'un système général de hauteurs dont les revers opposés soutiennent la ville d'Alger. L'ensemble de ces collines forme un quadrilatère irrégulier, dont les diagonales d'une longueur de dix ou douze lieues courent sensiblement du nord au sud de l'est à l'ouest, du cap Caxine à Bouffarick, et de l'embouchure de l'Aratch à celle du Massafran; deux des côtés en sont bornés par la mer, les deux autres par une plaine marécageuse nommée la Métidjah, presque au niveau de la mer, dont elle semble n'être que le prolongement; ainsi le Massif d'Alger, en arabe le Sahel, forme une espèce d'île entièrement isolée du continent; sa partie sud n'offre que des accidents peu prononcés, mêlés de plateaux et de vallées presque entièrement planes. Il se relève au contraire brusquement à l'extrémité du nord pour former le Boudjaréa, le point culminant de tout le système, et qui domine la mer d'une hauteur de quatre à cinq cents mètres : les flancs en sont déchirés par des ravins raides et profonds, garnis d'arbres et de buissons d'une végétation vigoureuse : l'armée française débarquant à l'ouest de Boudjaréa devait donc le tourner pour atteindre Alger, en traversant le plateau qui lui sert de base du côté du sud, et qui s'abaissait doucement à l'ouest. A cinq lieues de la mer, la campagne se dépouille tout-à-coup et ne nourrit plus, pendant une heure de marche, que des palmiers nains qui cachent une terre fertile, probablement bien cultivée dans un temps plus heureux ; après cet espace découvert, on arrive aux environs d'Alger, proprement dits, formés de champs semés en céréales, de jardins ceints de murs, de maisons de campagne dont l'éclatante blancheur tranche sur la sombre verdure du sol ; on peut maintenant avoir une idée et du chemin qu'avait à parcourir l'armée française, et des obstacles qu'elle devait rencontrer sur la route.

Notre avant-garde, couverte par des retranchements de campagne, souffrait peu de ces petits engagements qui rappelaient que nous étions en pays ennemi ; la grande armée musulmane s'était contentée de concentrer ses tentes en face des Français, dans un lieu nommé Staouëli sans faire aucun mouvement depuis la journée du 14. Cependant elle avait reçu des renforts ; les Beys de Constantine, d'Oran et de Tittery étaient arrivés au camp et s'étaient mis sous les ordres du Bach-Aga-d'Alger : Celui-ci commandait personnellement cinq ou six mille Turcs : l'ensemble de ces forces pouvait monter de 40,000 à 50,000 hommes d'après les renseignements recueillis plus tard près des consuls européens ; comprenant peu les raisons de prudence et de stratégie qui renfermaient les Français dans leur camp, jusqu'à ce que le matériel de siége et tous les moyens d'attaque leur fussent arrivés, ils établirent des batteries entre leurs positions et les nôtres pour attaquer un ennemi qui semblait les redouter ; le 19 à la pointe du jour, toute l'armée algérienne s'ébranla, s'avançant d'après la tactique invariablement suivie par les Arabes, sur un front très étendu pour envelopper l'armée française ; l'attaque se fit sur tous les points à la fois ; mais ce fut la milice turque opposée aux brigades Clouet et Achard qui montra le plus de résolution ; leurs hommes à cheval fondirent sur les lignes françaises, et plusieurs pénétrèrent rapidement jusqu'au milieu de nos retranchements ; presque tous y trouvèrent la mort ; l'un d'eux vint planter un drapeau algérien jusques sur le revêtement d'une batterie, et fut tué d'un coup de sabre par l'officier d'artillerie qui la commandait ; l'engagement fut vif mais très court ; les Turcs, reçus à la baïonnette, furent repoussés ; le point où ils avaient donné, devait évidemment décider de la journée ; aussi le général Clouet reprit-il bientôt l'offensive ; les généraux Achard et de Morvan s'avancèrent pour le soutenir. Le succès des Français n'avait pas été moindre sur le reste de la ligne ; une partie des divisions Berthezène et Loverdo, qui se trouvait en face des contingens d'Oran et de Constantine, avait laissé sans brûler une amorce, l'ennemi s'avancer jusqu'au fond du ravin qui couvrait le front des retranchements, puis l'avait brusquement chargé à la baïonnette ; les Musulmans avaient évacué bien vite le terrain, en le laissant couvert de cadavres ;

voyant l'ardeur des troupes électrisées par ces premiers succès, M. de Bourmont donna l'ordre de marcher en avant, à l'attaque des batteries et du camp des Algériens ; toute l'armée pouvait alors exécuter à la fois les ordres du général en chef. Seulement trois régiments de la division d'Escars formèrent la réserve générale de l'armée. La distance qui nous séparait du camp ennemi fut franchie avec une rapidité extraordinaire ; l'artillerie nouveau modèle, qu'on essayait la première fois sur un champ de bataille, fut constamment la première en ligne, malgré la difficulté du terrain ; elle prit dès lors sur les Arabes cet ascendant de terreur qu'elle n'a plus perdu depuis. L'ennemi ne mit pas dans sa défense le courage qu'il avait montré dans l'attaque ; les batteries construites en avant de ses positions furent abandonnées après une canonade qui n'arrêta pas un instant l'élan de nos troupes ; le 20me de ligne s'empara des huit pièces de bronze qui les armaient ; dès lors, ce ne fut plus qu'une déroute ; en un instant nos soldats enlevèrent le camp ennemi composé de 400 tentes toutes dressées. Celles des Beys de Tittery et de Constantine étaient magnifiques. Nous y trouvâmes des magasins de vivres et des approvisionnements de toute espèce en armes, bagages, poudres et projectiles. Plusieurs troupeaux de moutons, des chameaux firent partie du butin. L'étendard du chef de la cavalerie algérienne fut pris et rapporté au quartier-général par un voltigeur français, qui l'avait enlevé à l'officier turc qui le portait, après un combat corps à corps; la perte de la milice turque fut considérable, mais on ne put l'apprécier d'une manière un peu fixe, qu'après la prise d'Alger, lorsque nos ennemis devenus nos sujets nous racontèrent tous les épisodes de la guerre. Quelques bâtiments de la flotte, à l'ancre dans la rade à l'est de la presqu'île, avaient soutenu de leurs feux le commencement de l'action; la prompte retraite de l'ennemi les rendit bientôt inutiles.

La journée du 19 porta un coup mortel à la puissance du Dey; le soir même plusieurs Arabes vinrent faire leur soumission aux avant-postes français; chez les populations impressionnables, une seule bataille avait détruit le pouvoir moral des Turcs, bien qu'une pareille opinion ne fût pas motivée par leur perte matérielle. La nôtre se montait à cent et quelques hommes tués et trois cents blessés, mais la plupart d'une manière peu dangereuse; plusieurs rejoignirent leurs drapeaux au bout de quelques jours. L'armée était pleine de courage, d'espérance et de santé; le temps s'était enfin remis au beau fixe, la chaleur était moins vive et moins accablante qu'on ne l'aurait généralement pensé. Tous les objets nouveaux pour nos jeunes soldats leur offraient un sujet intarissable de gaîté et de plaisanterie. Le camp français occupait alors l'emplacement de celui de l'ennemi avant la bataille de Staouëli.

Au milieu de ces travaux et de ces combats, les marins avaient aussi leur tâche. Ils continuaient avec activité le débarquement des provisions et du matériel; vingt jours de vivres pour tous les corps, un millier de chevaux, toute l'artillerie de campagne nécessaire à l'armée était déjà établie dans la presqu'île; le reste du matériel devait arriver dans deux ou trois jours; les matelots débarqués à terre sous les ordres du capitaine de vaisseau Hugon, formèrent la garnison de notre forteresse improvisée; ainsi toutes les troupes de terre restaient disponibles pour marcher en avant et soutenir les nombreux convois qui devaient établir une communication journalière, entre l'armée conquérante et sa base d'opération; des groupes d'Arabes, voltigeant sans cesse sur les flancs de l'armée, paraissant et disparaissant avec la même facilité, annonçaient que nous avions affaire à un ennemi redoutable dans une guerre d'escarmouches, sinon dans une bataille rangée, et que de faibles escortes pouvaient bien être enlevées et exterminées avant qu'on eût le temps de les secourir. Pendant que nos troupes de terre gagnaient du terrain, l'amiral Duperré, qui avait renvoyé en France une grande partie des bâtiments de transport, dont les vaisseaux de guerre étaient débarrassés des soldats qui les avaient encombrés, se trouvant plus libre dans ses mouvements, avait établi un blocus rigoureux des ports d'Alger et des autres villes de la Régence, et des bâtiments bons voiliers, constamment en croisière sur ces côtes, l'instruisaient de tous les événements qui pouvaient y survenir.

Après le combat du 19, l'ennemi ne montra plus que quelques détachements épars : beaucoup d'Arabes s'étaient éloignés ; ceux qui paraissaient encore semblaient faire la guerre pour leur propre compte. Cependant plusieurs de ces combattants indisciplinés montrèrent une énergie ardente et désespérée. On demandait à l'un de leurs blessés tombés entre nos mains, et qui trouvaient chez nous les mêmes soins que nos soldats, ce qu'il ferait si on lui rendait la liberté? « J'irai vous » combattre, » répondit-il sans hésiter. On lui fit observer avec quels égards on le traitait, tandis que les siens avaient égorgé tous les prisonniers français qu'ils avaient pu faire : « Que n'en » faites-vous autant, » dit-il, en découvrant sa poitrine.

Ce qui avait éloigné les Turcs du théâtre de la guerre, après la bataille de Staouëli, était une vive fermentation qui régnait dans Alger et qui leur faisait craindre une révolte de la part des Maures. Ceux-ci venaient tout-à-coup de s'apercevoir qu'ils ne souffraient qu'avec répugnance le joug de leurs maîtres; si l'armée se fût immédiatement portée en avant, il est très possible qu'elle eût enlevé la ville par un rapide coup de main; mais le général en chef ne voulut pas compromettre l'ascendant moral, que nous venions de conquérir, par une tentative qui, après tout, pourrait avorter. En cela il eut raison; il importait peu d'entrer à Alger quelques jours plus tards, et il eut été fâcheux que nos succès eussent été interrompus par quelques revers; ni les chevaux de l'artillerie de siége, ni ceux de l'administration n'étaient arrivés. Les bâtiments qui les transportaient avaient dû partir le 13 juin de Palma; des vents contraires les y avaient retenus jusqu'au 18, et depuis lors les calmes qui avaient régné presque constamment ne leur permettaient pas d'arriver en vue des côtes d'Afrique : M. de Bourmont les attendait pour continuer la guerre, et commencer les travaux du siége du fort l'Empereur; ce retard donna aux Turcs le temps de respirer : comme avant la journée du 19, ils furent enhardis par cette prudence inexplicable pour eux; ils rallièrent un grand nombre d'Arabes, et le 24, à la pointe du jour, ils se présentèrent à nos avant-postes; leur ligne embrassait un front très étendu et un ordre de combat analogue à celui qui déjà leur avait si mal réussi à la bataille de Staouëli. Les cavaliers bédouins, au nombre de plus de douze mille, se précipitèrent sur nos troupes avec des hurlements épouvantables, mais qui déjà ne les étonnaient plus. D'après les ordres des chefs, l'armée française s'était formée en carrés, assez éloignés pour pouvoir manœuvrer avec facilité, assez rapprochés pour se prêter un mutuel secours, et ne pas permettre aux ennemis d'en percer la ligne. Ils vinrent se briser sur le front de nos baïonnettes, luttaient un instant contre ces murailles de fer, puis remontaient au galop sur les hauteurs, en poussant des cris de désespoir. Toutes les dispositions étaient prises pour que le premier choc une fois engagé, l'armée reprît l'offensive et gagnât tout de suite deux ou trois lieues de terrain. En effet, la division Berthezène, une brigade de la division Loverdo, soutenues d'une batterie de campagne, s'avancèrent en colonne, et traversèrent la plaine découverte qui s'étendait en avant du camp; les Musulmans reculaient successivement et ne trouvèrent un point d'appui que derrière les jardins et les maisons de campagne, qui forment les environs d'Alger; même derrière ces moyens de défense, les Turcs se montrèrent moins terribles que leur réputation ne les avait dépeints : à peine quelques coups de fusil partaient-ils d'un point occupé par eux, que nos jeunes conscrits s'y précipitaient, la baïonnette au bout du fusil, et s'en emparaient ordinairement de vive force, et sans s'arrêter.

Nous parvînmes ainsi jusqu'à un ravin plus

découvert, qui nous séparait encore de la crête extrême des hauteurs sur lesquelles les Turcs s'arrêtèrent enfin, à une lieue d'Alger. A partir de ce point culminant, le terrain s'abaisse rapidement pour se précipiter dans la mer ; l'artillerie française arrive malgré tous les obstacles, se met en batterie sur les bords du ravin, et ses projectiles, dirigés avec une grande justesse de tir, labourent la crête opposée encore occupée par les Turcs ; l'épouvante les glace ; perdant tout à fait la tête, ils font alors sauter un magasin à poudre établi sur les pentes de la colline. Une violente détonation, d'immenses colonnes de fumée, qu'éclairait le soleil d'Afrique, avertirent l'armée de l'acte de désespoir auquel venait de se livrer l'ennemi ; aucun soldat français ne fut ni tué ni blessé par cette explosion.

Un fait remarquable dans toute cette guerre, et qui contribua aux succès constants de nos armes, était le manque total du côté des Turcs, de canons mobiles analogues à notre artillerie de campagne ; à la bataille du 19, l'ennemi avait fortifié sa position d'une batterie de gros canons immobiles, et qui furent enlevés dès le commencement de l'action ; après ce malheureux essai, les Turcs ne nous opposèrent plus qu'un feu de mousqueterie qui, bien qu'assez meurtrier, ne pouvait cependant arrêter longtemps des troupes munies d'une artillerie admirable, dont les boulets renversaient les

murailles, dont les obus fouillaient les haies et les
broussailles à l'abri desquelles combattait l'ennemi. Aussi rien n'égalait l'effroi que leur inspirait
nos obusiers, dont ils n'avaient pas la moindre
idée.

Ce fut dans cette dernière journée que le jeune
Amédée de Bourmont, escaladant un mur de
clôture, reçut un coup de feu, qui quelques jours
après devint mortel. Déjà un de ses frères s'était
distingué en entrant le premier dans une batterie
ennemie, lors de l'affaire du 19 juin. Ceux même
qui trouvaient des taches dans la vie antérieure du
père ne purent que rendre justice au sentiment
d'honneur exalté, qui poussait constamment ces
jeunes gens au plus fort du danger; M. de Bourmont rendit noblement compte, au président du
conseil, de la blessure de son fils, par ces quelques
lignes empreintes d'une véritable simplicité antique : « Le nombre des hommes mis hors de
» combat a été peu considérable; un seul officier
» a été blessé dangereusement ; c'est le second
» des quatre fils qui m'ont suivi en Afrique.
» J'espère qu'il vivra pour continuer de servir
» avec dévoûment le roi et la patrie. » Cette
douleur paternelle, si contenue et si calme,
quoique si bien sentie, désarma même les journaux de l'opposition, qui ménageaient peu M. de
Bourmont; toute la France s'associa au désespoir
du père, qui venait empoisonner les triomphes du

général. Il est consolant de penser qu'au milieu des haines de parti les plus violentes et quelquefois les plus justes, il est des sentiments qui trouvent, dans tous les cœurs, du retentissement et un écho.

Les équipages de siége et les chevaux de l'administration, si impatiamment attendus, étaient enfin arrivés dans la nuit du 24 juin. Ils furent débarqués sans obstacles dès le lendemain; bien en prit aux marins de ne pas perdre un seul moment, car les orages et les coups de vent se succédaient avec une continuité extraordinaire. La flotte eût pu en éprouver de graves accidents sans la prudente habileté de son chef; malgré toutes les précautions possibles, le 26, le vent étant très fort et la mer monstrueuse, plusieurs vaisseaux chassèrent sur leurs ancres, brisèrent leurs amarres et firent d'assez fortes avaries; l'amiral n'était pas sans inquiétude; il craignait que la baie ne devînt tout à fait intenable, et que l'armée de terre ne se trouvât privée de ressources et des vivres qu'elle tirait de France, si la lutte venait à se prolonger.

Mais enfin, tous les puissants moyens de destruction que l'art moderne a inventés pour la prise des places, reposaient alors sur la terre d'Afrique, à l'abri des vents et des flots; il ne restait plus qu'à les amener en face des murs à battre, et les voies de communication manquaient entièrement sur cette côte barbare ; le dévoûment de l'armée y suppléa ; le général Valazé traça une route à laquelle les soldats se mirent à travailler avec ardeur ; dans trois jours elle fut terminée ; quoique imparfaite par la rapidité de l'exécution, et d'un tirage difficile à cause des terrains légers et sablonneux qu'elle traversait, elle suffisait à son but. Elle fut assurée au moyen de blockaus et de redoutes armées avec les canons enlevés à l'ennemi ; les pesantes pièces de siége roulèrent sans obstacles jusqu'à l'extrêmité de la ligne occupée par les Français. Le jour fatal s'approchait pour Alger ; pendant tous ces travaux, le général en chef, fidèle à son système de temporisation et de prudence, n'avait fait aucun mouvement ; les Turcs, au contraire, témoins de ces préparatifs qui annonçaient leur ruine, presque entièrement abandonnés par les Arabes, qui battaient la campagne par groupes, sans se réunir nulle part, tentèrent quelques nouveaux efforts pour sauver leur patrie adoptive ; ils assaillissaient nos positions d'un feu de mousqueterie assez vif, qui nous mit plus de six cents hommes hors de combat ; heureusement ces blessures faites de très loin étaient généralement peu dangereuses.

Le 27 juin l'ennemi parvint aussi, à force de peine et de bras, à établir sur le terrain qu'il occupait encore deux canons de vingt-quatre ; leurs boulets arrivant jusqu'à nous, nous tuèrent quelques hommes et emportèrent un bras à M. le commandant Chambaud, officier du génie très distingué. Une plus longue inaction eût été fâcheuse; le commandant de l'armée française prépara enfin un plan d'attaque générale pour le 29 juin. Deux brigades de la division Berthezène formaient la droite, deux brigades de la division d'Escars la gauche, deux brigades de la division Loverdo, le centre de l'ordre du combat. Ce dernier devait se maintenir un peu en arrière des ailes de l'armée; trois brigades, dont chacune appartenait à une division différente, étaient échelonnées sur la route pour maintenir les communications avec la presqu'île de Sidi-Ferruch. Les Arabes se montraient de temps en temps sur la droite de cette longue ligne, sans rien entreprendre d'important pour la couper.

Le général d'Escars reçut l'ordre de commencer l'attaque avec ces deux brigades, et de suivre à peu près la crête d'une suite de hauteurs qui se rattachait à celle du fort l'Empereur. C'était la position la plus importante de la journée, et celle où l'ennemi avait concentré la plus grande partie de ses forces; les généraux Hurel et Berthier qui commandaient chacun une des deux brigades, mirent dans l'attaque autant de vigueur et d'impétuosité qu'ils avaient montré de patience et de sang-froid dans la position défensive qu'ils venaient de quitter; culbutés vivement sur ce point, les Musulmans ne tinrent plus nulle part ; alors, entièrement maîtresses du terrain, les deux ailes de l'armée française marchèrent de manière à se rapprocher constamment du centre, afin de concentrer ses forces en avant du château de l'Empereur, qui allait devenir le but et le point de mire de toutes nos opérations. Le général Loverdo qui commandait le centre n'avait qu'à s'avancer en ligne droite et parvint le premier à moins de quatre cents mètres de la forteresse ; il profita des accidents du terrain pour y loger deux bataillons, derrière des crêtes qui les abritaient des feux ennemis ; le général d'Escars s'était lui-même assez rapproché pour que ses troupes pussent facilement fournir des travailleurs pour l'ouverture de la tranchée ; elle eut lieu dès la nuit suivante, celle du 29 juin ; le général Valazé avait tracé les premiers ouvrages à deux cent cinquante mètres des murs à battre. Malgré leurs fatigues, les soldats se mirent courageusement à l'œuvre ; dès le 1er juillet, plusieurs batteries étaient commencées par l'artillerie : pendant la nuit, temps ordinaire consacré à ces sortes de travaux, l'ennemi tirait peu et les travailleurs étaient assez tranquilles ; mais dans le jour les Turcs et les Arabes se glissaient derrière les haies, dans les plis d'un terrain fortement accidenté, et recommençaient une fusillade meurtrière ; il fallut établir plusieurs traverses qui mirent enfin nos soldats à l'abri ; l'ennemi, s'il eût été plus expert dans l'art de la guerre, eût pu rassembler des troupes, sous le canon de la place, pour exécuter de vigoureuses sorties, et tomber en force sur les gardes de tranchée; il n'en fit rien, et dès lors ses tentatives étaient incapables d'interrompre sérieusement nos efforts. Les batteries construites et perfectionnées, elles furent armées de vingt-six bouches à feu, dix pièces de vingt-quatre, six pièces de seize, quatre mortiers de dix pouces et six obusiers de huit pouces. Tout fut terminé dans la nuit qui suivit le 3 juillet, et le 4 à 3 heures et demie du matin, une fusée donna le signal de l'ouverture des feux : les vingt-six bouches enfin tonnèrent toutes à la fois, et les échos portèrent jusqu'à la flotte qui croisait devant Alger, l'annonce que l'armée de terre portait les derniers coups à l'ennemi commun.

Pendant trois heures les Turcs ripostèrent très vivement : mais bientôt nos boulets ruinèrent les embrasures de la place; leur élargissement laissait voir les canonniers turcs, d'abord bravement immobiles à leurs postes, mais disparaissant successivement, emportés par nos feux supérieurs; la place devenait intenable : toutes les pièces étaient démontées; à huit heures le feu du château était complètement éteint; nos canons continuèrent à ruiner les crêtes de ses épaisses murailles, nos bombes à en labourer la surface intérieure, et l'ordre de battre définitivement en brèche fut enfin donné. On commençait à l'exécuter, quand on vit la garnison sortir du château et s'acheminer vers la ville, et quelques instants après, vers les dix heures du matin, une explosion épouvantable vint signaler une nouvelle péripétie dans ce drame sanglant, et en précipiter le dénoûment; le fort, dernière espérance d'Alger, venait de sauter; la terre trembla, de larges jets de flamme s'élancèrent dans les airs à une hauteur prodigieuse; d'épaisses colonnes de fumée les suivirent immédiatement; elles se déroulèrent et se répandirent ensuite sur les murs du château, enveloppèrent la colline elle-même dans une obscurité majestueuse; des éclats de pierre, des débris de bois et fer lancés au loin dans toutes les directions, retombaient comme une pluie sur nos soldats; heureusement peu en furent atteints d'une manière sérieuse; une légère brise, déchirant par lambeaux ce rideau noirâtre, l'emporta lentement vers le sud, et le château de l'Empereur reparut aux yeux des Français, mais à moitié ruiné et dépouillé de presque toutes ses défenses. Le général Hurel qui commandait la tranchée ne perdit pas un moment; à ses ordres, les soldats s'élancent au pas de course, arrivent au milieu de cette scène de désolation, se logent dans les décombres encore tout fumants. Différentes versions circulèrent sur la cause de cette catastrophe; les uns l'attribuèrent à un simple accident; mais il paraît beaucoup plus probable que le Dey d'Alger, voyant le château abandonné par ses défenseurs, qui se plaignaient qu'on les sacrifiait inutilement, et perdant tout espoir de le conserver, avait ordonné lui-même d'en faire sauter le magasin à poudre : quoi qu'il en soit, un intervalle de repos et de calme suivit cette terrible explosion. Le général en chef en profita pour se porter en personne dans le fort qu'il venait de conquérir. Quelques heures après un parlementaire lui fut annoncé; c'était le secrétaire du Dey qui venait demander la paix au nom de son maître, offrant d'indemniser la France de tous les frais de la guerre; on lui répondit que le temps des transactions était passé, et qu'avant tout il fallait que la Casbah, les forts et le port d'Alger fussent remis aux troupes françaises. Ces conditions lui parurent bien dures et tout en se plaignant de l'obstination d'Hussein, qui avait attiré tant de malheurs sur sa patrie, il retourna vers la ville en disant que lorsque les Algériens étaient en guerre avec la France, ils devaient conclure la paix avant de faire leur prière du soir. L'armée française se trouvait alors directement en face de la Casbah, dont les canons ouvrirent le feu contre elle; ce fut le dernier effort d'un ennemi aux abois. Peu d'instants après, deux Maures, des plus riches et des plus importants d'Alger, furent envoyés par le Dey, pour demander la suspension des hostilités, promettant que la Casbah allait cesser immédiatement de tirer ; l'artillerie se tut en effet de part et d'autre. Les deux Maures, rassurés par le premier succès de leur démarche, et encouragés par les marques de bienveillance que leur témoignaient M. de Bourmont et son état-major, ne dissimulèrent plus l'état de consternation et d'anarchie qui régnait dans la ville. Tous les habitants, tant Maures que Turcs, n'avaient plus qu'un désir, celui de la paix. Ils firent même entendre qu'ils l'achèteraient volontiers, au prix de la tête de leur souverain : pendant cette conversation et le repos qui l'accompagnait, le général Valazé fit ouvrir quelques communications en avant du fort de l'Empereur, qui devaient nous conduire jusqu'aux pieds des murs de la Casbah, dans le cas où elle voudrait essayer encore une défense ; mais ces préparatifs de guerre furent inutiles ; à trois heures le secrétaire du Dey revint accompagné du consul et du vice-consul d'Angleterre, qui devaient servir d'intermédiaire ; il demanda que les conditions de la paix fussent mises par écrit, pour qu'il pût les communiquer plus sûrement à son maître. Le lendemain matin, M. de Bourmont lui remit la note suivante, qu'il emporta sur-le-champ à la Casbah.

Convention entre le Général en Chef de l'armée française et son Altesse le Dey d'Alger.

« Le fort de la Casbah, tous les autres forts
» qui dépendent d'Alger, et le port de cette ville,
» seront remis aux troupes françaises, ce matin
» à dix heures (heures françaises). Le général en
» chef de l'armée française s'engage, envers S. A.
» le Dey d'Alger, à lui laisser la liberté et la pos-
» session de ce qui lui appartient personnellement.
» Le Dey sera libre de se retirer avec sa famille
» et ce qui lui appartient dans le lieu qu'il fixera;
» et tant qu'il restera à Alger, il y sera, lui et
» toute sa famille, sous la protection du général
» en chef de l'armée française; une garde garan-
» tira la sûreté de sa personne et celle de sa
» famille.

» Le général en chef assure à tous les soldats
» de la milice les mêmes avantages et la même
» protection.

» L'exercice de la religion mahométane restera
» libre; la liberté des habitants de toutes les
» classes, leur religion, leurs propriétés, leur
» commerce et leur industrie ne recevront aucune
» atteinte; leurs femmes seront respectées, le
» général en chef en prend l'engagement sur
» l'honneur.

» L'échange de cette convention sera fait avant
» dix heures, ce matin, et les troupes françaises
» entreront aussitôt après dans la Casbah et suc-
» cessivement dans tous les autres ports de la
» ville et de la marine. »

Au camp devant Alger, le 5 juillet 1830,

Signé : Comte de BOURMONT.

(Ici le Dey a appliqué son sceau.)

Pour copie conforme :

Le Lieutenant-Général, chef de l'État-Major,

Signé : DESPREZ.

Ce n'est jamais sans regrets qu'on abandonne le pouvoir ; après avoir vainement demandé un sursis dans l'occupation de sa ville, Hussein finit par s'exécuter de bonne grâce : à onze heures l'entrée de la Casbah fut livrée aux troupes françaises, qui occupèrent successivement tous les forts. A midi, le pavillon de France flottait sur tous les murs de cette cité orgueilleuse, et vengeait enfin les souffrances endurées par tant de chrétiens.

Hussein désormais simple particulier se retira dans une maison qu'il possédait dans l'intérieur de la ville. La convention du 5 juillet devint la base de tous les rapports qui s'établirent entre les vainqueurs et les vaincus ; les biens, les personnes des Musulmans furent rigoureusement respectés. Le souverain, le premier moment d'étourdissement dissipé, protégé par l'épée qui l'avait renversé du trône, parut heureux du dénoûment d'une crise qui pouvait se terminer d'une manière bien plus fâcheuse pour lui.

Bien que la flotte eût rempli la principale partie de sa mission, en débarquant l'armée de terre, l'amiral Duperré désirait vivement opérer une diversion puissante du côté de la mer, mais un calme prolongé l'empêchant de combattre, il résolut de commencer par une opération dont l'avantage lui était démontré depuis longtemps. Les bâtiments de transport avaient éprouvé, dans l'étroite rade de Sidy-Ferruch, plusieurs coups de vent qui n'avaient pas laissé de leur causer quelques avaries; les y maintenir plus longtemps était d'ailleurs inutile, puisque les derniers objets nécessaires à l'armée de terre allaient être débarqués dans trois jours; il les réunit donc autour du pavillon amiral, en face d'Alger, dans la baie beaucoup plus spacieuse qui baigne les murs de la ville. Seulement pour ne pas laisser sans communication maritime cette presqu'île, base de nos opérations et centre de nos magasins, l'amiral forma, sous les ordres du capitaine de vaisseau Ponié, une division séparée, qu'il établit en croisière devant ce point si important pour nous; elle était formée de six navires armés en flûte, qui donnaient la main au reste de la flotte établie plus à l'est. Ces changements se firent pendant le calme du 1ᵉʳ juillet, au moyen de bateaux à vapeur, remorquant les bâtiments à voiles; d'autres plus légers, n'ayant qu'un faible tirant d'eau, étant par suite moins en danger de s'échouer, furent laissés autour de la presqu'île pour aider les transports arrivant de France, et décharger plus rapidement les vivres et munitions de guerre qu'ils apportaient pour l'armée. Ces mouvements et d'autres, d'une nature plus belliqueuse, occupèrent plusieurs jours l'activité de la flotte. Le 3 juillet, dès le matin, elle se prépara tout entière pour un combat général; malgré le calme prolongé qui rendait les moindres mouvements très difficiles, à deux heures après-midi, les bâtiments de guerre étaient parvenus à se ranger en ordre de bataille; la Bellone, montée par M. Legallois, formait l'avant-garde; puis venait le pavillon amiral flottant sur la Provence. A deux heures et quart, le signal fut donné à tous les commandants de laisser arriver, pour défiler devant les batteries ennemies, en commençant par celles de la pointe Pescade; un peu avant d'arriver par leurs travers, l'amiral s'aperçut qu'elles étaient abandonnées; bientôt il vit descendre des hauteurs voisines un détachement de nos troupes de terre qui vint les occuper; la Bellone mit en mer un canot chargé d'un drapeau français qui, sans plus tarder, fut arboré sur notre nouvelle et facile conquête. Ces batteries, en parties désarmées, contenaient cependant encore dix-huit pièces de canon et leurs approvisionnements. Les Turcs effrayés par nos rapides succès, tremblant pour la sûreté de la ville et des forts qui la défendent directement, y avaient concentré tous leurs moyens de défense.

Après cet incident la flotte continua son mouvement, et quelques instants après la Bellone se trouvait en face du fort dit des Anglais, à demi-portée de ses pièces de dix-huit ; elles tonnèrent sur-le-champ contre l'ennemi ; le fort riposta vivement, la Bellone, continuant sa marche, canonna la ville et les autres forts, à mesure qu'elle arrivait à portée. Elle était immédiatement remplacée par le vaisseau-amiral, suivi lui-même des autres bâtiments, qui tous exécutèrent une manœuvre analogue : bientôt tous les navires en ligne combattirent en même temps ; c'était un beau spectacle que ces masses flottantes mues avec ordre par une seule volonté, s'enveloppant à chaque bordée d'un immense nuage de feu et de fumée, d'où s'échappaient, au milieu d'un fracas épouvantable, des centaines de boulets qui semblaient devoir écraser la ville, et enterrer tous les habitants sous les ruines de leurs demeures ; cependant cette canonnade fut plus effrayante que dangereuse. Quand notre flotte eut fini de défiler et que la fumée eut été emportée par la brise, la ville et ses fortifications reparurent sans grand dommage apparent; nos vaisseaux eux-mêmes n'avaient éprouvé qu'une perte très faible et des avaries légères; seulement un horrible accident, arrivé à bord de la Provence, vint attrister nos marins; une pièce de trente-six creva dans la batterie, tua six hommes et en blessa quatorze, parmi lesquels se trouvait M. Berard, lieutenant de vaisseau; c'était la seconde fois depuis deux ans que ce beau navire voyait se renouveler sur son bord cette sanglante catastrophe. Le lendemain, quoique contrarié par des vents peu favorables, M. Duperré, ne voulant pas laisser à l'ennemi le temps de respirer, se préparait à une nouvelle attaque, quand l'explosion du fort l'Empereur vint reporter toute son attention du côté de la terre. Nos marins dès qu'ils purent distinguer quelque chose du milieu de l'horrible confusion qui s'en suivit, aperçurent le fort en partie détruit, et notre infanterie arrivant au pas de course pour en prendre possesssion : comme cependant la ville tirait encore, la flotte allait recommencer la canonnade, quand un canot parlementaire sortit du port d'Alger et aborda le vaisseau-amiral ; il avait à son bord l'amiral de la flotte algérienne, qui venait, au nom du Dey, demander la suspension immédiate des hostilités pour arriver plus tard à la conclusion de la paix; on apercevait en même temps le parlementaire envoyé à M. de Bourmont, se dirigeant vers les ruines du fort l'Empereur. M. Duperré répondit que les dispositions de la flotte étaient subordonnées à celles de l'armée de terre, et que c'était donc auprès du général en chef que devait avoir lieu l'ouverture des négociations : la soirée et la nuit se passèrent néanmoins sans hostilités de part et d'autre. Le 5, à la pointe du jour, l'envoyé revint renouveler ses sollicitations auprès de l'amiral ; celui-ci répondit au Dey par une note très laconique dont il fit faire une copie pour l'envoyer à M. de Bourmont; elle portait en substance que tant que le pavillon de la Régence flotterait sur les murs d'Alger, cette ville serait par lui considérée et traitée comme ennemie; peu après le pavillon algérien disparut des murs de la Casbah et fut remplacé par le drapeau du vainqueur ; au même moment nos colonnes d'infanterie descendaient les pentes qui dominent la ville et en occupaient successivement tous les forts qui s'ombrageaient des couleurs françaises ; le vaisseau la Provence les salua de 21 coups de canon et vint immédiatement jeter l'ancre tout à fait sous les murs de la ville que ses batteries ne menaçaient plus ; l'amiral Rosamel, avec sa division, continua la croisière à l'entrée de la rade d'Alger; le capitaine de vaisseau Ponié resta avec la sienne en travers de celle de Sidi-Ferruch.

Le plus doux fruit de la victoire pour les Français fut la délivrance de leurs compagnons; les naufragés du Sylène et de l'Aventure, les premiers marins qui sautèrent à terre coururent au bagne où ces malheureux prisonniers étaient renfermés. Il les trouvèrent presque nus ayant beaucoup souffert des insultes de la populace, mais néanmoins soutenus par leur courage et leurs espérances ; ils savaient que leur patrie ne les abandonnerait pas ; on n'eut à regretter aucun des naufragés qui étaient entrés dans cette prison douloureuse, et l'on se flatta quelque temps que plusieurs de ceux qui n'avaient pas été conduits à Alger pourraient être encore vivants, retenus par les tribus de l'intérieur ; mais tous les doutes furent bientôt levés à cet égard ; le consul de Sardaigne, dont la bienveillance et la générosité s'étaient signalées à l'égard de nos prisonniers, avait eu la triste précaution de compter les têtes envoyées à Alger ; en y ajoutant le nombre de ceux qui avaient survécu, il retrouva ainsi le total de l'équipage des deux bricks, et l'on n'eut plus rien à espérer de nos infortunés compatriotes.

Si maintenant nous jetons un coup d'œil sur l'ensemble des événements que nous venons de rapporter, nous verrons que nos succès furent l'effet, non d'une suite d'heureux hasards, mais bien des sages combinaisons d'une prudence consommée, servie par une bravoure toujours active et dévouée. En effet le mois de juin, ordinairement si beau et si calme dans cette latitude, y fut presque constamment orageux cette année ; le débarquement fut effectué avec une promptitude extraordinaire, dans un des rares intervalles à peu près calmes, qui séparèrent les tempêtes ; peu de jours après la flotte fut forcée d'abandonner le mouillage de Sidi-Ferruch, par la crainte d'être jetée à la côte, et lorsqu'il lui fallait du vent pour porter ses canons en face des batteries ennemies, un calme désespérant vint souvent paralyser ses efforts ; l'armée de terre, de son côté, après avoir enduré patiemment les ennuis d'une navigation plus longue qu'on ne devait le croire, jetée sur la côte avant qu'on pût la fournir de tout le matériel nécessaire, parvint à suppléer à ce qui lui manquait par son courage et sa patience ; on a voulu reprocher à M. de Bourmont de l'hésitation et un excès de prudence ; c'est le propre du caractère français de vouloir tout emporter d'emblée, et cette malheureuse précipitation nous a fait perdre bien des batailles. Le général en chef suivit une autre marche ; sentant bien qu'en employant avec prudence ses forces et ses ressources, il dominerait à peu près la fortune, éclairé par la non-réussite des expéditions essayées avant lui, se défiant d'une terre où tout était nouveau, les hommes, les animaux, le climat, il n'entreprit rien qu'il ne fût assuré du succès, et s'il ne gagna du terrain qu'avec précaution, jamais il ne fut forcé d'en abandonner un pouce, et en définitive, dans l'espace de vingt jours, il gagna trois batailles contre des forces supérieures, ruina un fort regardé comme formidable, et réduisit à se rendre à discrétion la capitale d'un empire presque aussi étendu que la France, défendue par un ennemi brave quoique indiscipliné : les rapports qu'il adressait au président du conseil des ministres sont écrits avec clarté, précision et dignité. Les quelques lignes qu'il y consacre à son fils tué au service de son pays sont empreintes d'autant de douleur que de fermeté : Malheureux que le souvenir d'une conduite antérieure, et le ministère sans intelligence et sans avenir auquel il s'était livré, n'ait pas permis à la France de lui savoir gré du véritable service qu'il lui rendit, par une guerre prudemment conduite et brillamment terminée.

LIVRE DEUXIÈME.

Les généraux BOURMONT, CLAUZEL, BERTHEZÈNE, ROVIGO, gouverneurs.

Les Français à Alger. — Le trésor de la Casbah. — Les Turcs bannis de la Régence. — Hussein Dey en Europe, sa mort. — Les Beys de Tittery et de Constantine. — Organisation provisoire du gouvernement d'Alger. — Révolution de Juillet. — M. de Bourmont remplacé par le maréchal Clausel. — Les Indigènes sous la domination française. — Expédition du nouveau gouverneur sur Medéah. — Il rentre en France. — Les jeunes parisiens en Afrique. — Administration et combats de M. de Berthezène. — Commencement de colonisation. — M. de Rovigo, gouverneur. — Extermination des El Ouffias. — Améliorations de la ville, travaux de M. Genty de Bussy. — La légion étrangère. — Nouvelle irruption des Arabes. — Bone occupée et abandonnée deux fois. — Prise définitive de cette place. — M. Monck d'Uzer. — Occupation d'Oran.

Les Français, avec cette flexibilité de mœurs et cette facilité de caractère qui semblent leur appartenir par un éternel apanage, ne furent pas longtemps à se caser dans leur nouvelle conquête; dès le lendemain, officiers et soldats parcouraient tranquillement les rues de la ville, examinaient avec curiosité les édifices et un peuple si nouveau pour eux ; les Algériens, de leur côté, étonnés de la douceur de ces guerriers qu'ils avaient vus si terribles dans les batailles, ne tardèrent pas à se familiariser avec nos soldats dont ils venaient en foule admirer les armes et les costumes ; ils apportaient des rafraîchissements, des provisions et s'étonnaient quand on voulait les payer ; ils offraient leurs services avec le même empressement, et le moindre tambour put un moment se croire un personnage important, à voir le nombre des domestiques qui briguaient l'honneur de lui appartenir, les Arabes demi-nus dansaient au son de la musique de nos régiments et semblaient heureux d'avoir changé de maîtres, les Juifs surtout, traités très rudement sous le règne des Turcs, étaient au comble de la joie de se voir mis par les vainqueurs sur le pied du reste des hommes. Tous les indigènes, quels que fussent leur race et leur culte, manifestaient leurs sentiments avec cette vivacité de geste et d'action naturelle aux peuples méridionaux ; ce qui, joint à la volubilité d'un langage que nos soldats ne comprenaient pas, excitait souvent leur gaîté et les empêchait de regretter trop vivement la patrie absente ; quelques pensées mélancoliques venaient parfois se mêler aux joies du triomphe ; on songeait aux braves dont le sang avait payé la victoire ; on citait bien des amis avec lesquels on avait quitté la France et qui ne devaient plus la revoir ; au milieu des fusillades et du fracas du canon, il y avait peu de places pour les souvenirs, l'action absorbait toutes les facultés et l'on avait peu de regrets de la perte de compagnons, dont on pouvait bientôt partager la tombe. Mais avec le calme et les loisirs étaient revenues la réflexion et la sensibilité : dans le bonheur du triomphe, chaque soldat trouvait un motif de regretter davantage ceux de ses amis qui ne pouvaient plus le partager, de ce nombre furent le jeune Amédée de Bourmont et le chef de bataillon du génie Chambaud, qui succombèrent à leurs blessures peu de jours après la reddition de la place : du moins ils moururent avec la consolation que leur sang avait arrosé une terre désormais française ; ici comme en Egypte la plupart des blessés se rétablirent promptement ; c'est une remarque souvent faite que dans les pays chauds, les blessures du corps humain se cicatrisent avec une rapidité inaccoutumée ; depuis l'ouverture de la campagne, le total des hommes mis hors de combat par les maladies ou le feu de l'ennemi était de 2,500 dont 400 morts et 1,900 envoyés aux hôpitaux ; le roi d'Espagne nous avait prêté celui de Mahon ; on y avait évacué ceux qui semblaient devoir être le plus de temps avant de pouvoir reprendre un service actif et qui, en même temps, pouvaient supporter le transport. Dès le 8 juillet une partie notable des blessés avait rejoint leurs compagnons.

L'administration de l'armée fut chargée de faire l'inventaire des richesses et des valeurs que la capitulation avait acquises à l'État ; on s'occupa d'abord du trésor du Dey d'Alger, formé de pièces d'or et d'argent de tous les États et de toutes les époques, de lingots, de métaux précieux, de bijoux et de pierreries, de vases et de vaisselle d'argent. Il était renfermé dans quatre appartements voûtés, communiquant de l'un à l'autre, fermés par une seule porte en bois très forte, et placés au rez-de-chaussée d'un bâtiment renfermé dans la Casbah; il y avait aussi des médailles et pièces rares qui furent envoyées à la bibliothèque royale. Sous la surveillance des officiers de l'intendance militaire, des hommes avec des pelles furent employés à recueillir le trésor. On le séparait en tas de soixante kilogrammes qu'on renfermait dans une caisse ou dans un baril; chaque kilogramme valait à peu près trois mille francs et par conséquent chaque caisse cent quatre-vingt mille francs; l'argent monnayé fut évalué à mille huit cents pieds cubes sans compter les lingots. La valeur totale se montait à quarante-huit millions. Peu de jours après la conquête, un bâtiment, le Marengo, armé en flûte, rapporta en France treize millions de l'argent du Dey et de plus deux millions récemment arrivés de France et qui devenaient inutiles; le fruit de plusieurs siècles de piraterie nous était échu dans un jour par droit de conquête. Comment Hussein Dey ne fit-il aucun effort pour mettre en sûreté le tout ou une partie d'une proie aussi riche? Plusieurs raisons l'en empêchèrent; d'abord, le chef d'un gouvernement despotique, qui paraît réunir tous les pouvoirs, est de tous les souverains celui qui quelquefois a le moins de puissance réelle; sa volonté étant toute la loi vivante mais variable, aucune idée de légalité fortement enracinée dans les esprits, ne protège sa vie sans cesse menacée par toutes les ambitions qui l'entourent; dépositaire d'un trésor, que tout le monde lui envie, le pouvoir, il n'a que son adresse et sa valeur personnelles sur lesquelles il puisse toujours et constamment compter pour se défendre; les hommes, instruments immédiats de sa puissance, sont presque toujours ceux dont il doit le plus se défier; les Strélitz à Moscou, les Janissaires à Constantinople, la milice turque à Alger, ont toujours été plutôt les maîtres de leurs souverains, que leurs souverains n'étaient leurs maîtres. Si Hussein Dey eût voulu faire emporter le trésor de la ville, il eût probablement excité une sédition qu'il eût payée de sa tête. Confiant d'ailleurs dans la force du château de l'Empereur, n'ayant aucune idée de la tactique et des moyens employés pour réduire une place, il était convaincu que les Français s'épuiseraient en vains efforts aux pieds de ses murailles, et que cette expédition finirait comme toutes celles qui l'avaient précédée; aussi, quand après une canonnade de quelques heures il vit s'écrouler cette terrible forteresse, qu'il était réduit à faire sauter, passa-t-il subitement à un découragement complet et jugea-t-il toute résistance inutile; il fit évacuer la

Casbah avec tant de précipitation que ses femmes abandonnèrent leurs écrins et leurs pierreries, et sur-le-champ il envoya son hadjia au secrétaire d'État pour traiter de la paix.

Après le trésor du Dey, la valeur la plus importante était celle que nous offrait l'artillerie; on trouva dans Alger une grande quantité de poudre et de projectiles, plus de deux mille bouches à feu dont une grande partie en bronze; comme les pièces de monnaie du trésor, elles étaient les dépouilles de toutes les puissances européennes; des fleurs de lys gravées sur plusieurs canons en attestaient l'origine française; c'était l'artillerie de François 1er qui, perdue à la bataille de Pavie, avait été embarquée par Charles-Quint lors de sa malheureuse expédition contre Barberousse, et abandonnée par lui sur le rivage d'Alger. Celle-ci fut conduite en France et placée devant les Invalides, glorieux trophée que la victoire nous rendait après une perte de plusieurs siècles; presque toutes les autres pièces restèrent à la place qu'elles occupaient avant la conquête. Les magasins de la marine, quoique dans le plus grand désordre, renfermaient aussi de nombreux approvisionnements. Un inventaire approximatif en fut dressé par l'amiral Duperré; il visita aussi tous les navires qui se trouvaient dans le port; en grands bâtiments il n'existait qu'une frégate et qu'une corvette qui furent condamnées comme incapables de tenir la mer; on y trouva sept bricks ou goëlettes susceptibles d'un bon service et qui prirent place dans la marine française.

En voyant tomber cette ville qu'ils étaient accoutumés à regarder comme leur capitale et leur souveraine, les Arabes furent consternés : toute idée de résistance disparut pour le moment de leur esprit, et immédiatement après la reddition d'Alger, l'armée française eût probablement pu traverser toute la Régence sans tirer un coup de fusil; les Turcs, naguère les maîtres du pays, donnèrent eux-mêmes l'exemple de l'obéissance ; un officier et quelques soldats, se présentant dans leurs casernes, suffirent pour les désarmer; ceux qui habitaient en ville au premier ordre apportèrent leurs fusils et leurs yatagans au lieu qui leur avait été désigné ; ces derniers, au nombre de mille, mariés et pères de famille, furent autorisés à rester à Alger. Mais tous les célibataires qui comptaient encore deux mille cinq cents hommes, habitant des casernes et soumis à une organisation tout à fait militaire, furent condamnés à quitter la Régence pour être transportés par mer aux lieux où ils voudraient se fixer. L'éducation du fatalisme, de bonne heure imprimée aux Turcs, leur fit supporter cette décision avec un grand courage, quoiqu'elle dût être pénible pour beaucoup d'entr'eux. Il y avait dans leurs rangs des vieillards de soixante à soixante-dix ans, qui, fixés dans la ville depuis quarante ans et plus, ne reconnaissaient point d'autre patrie; beaucoup avaient passé le milieu de la vie; les plus jeunes et les plus vigoureux s'étaient fait tuer dans les derniers combats. Le blocus rigoureux que nous maintenions depuis longtemps avait rendu le recrutement très difficile. La plupart de ces Turcs étaient nés dans l'Asie-Mineure et demandaient à y être ramenés; on leur paya les armes qu'on leur enlevait; on leur accorda cinq piastres à chacun, ce qui équivalait à deux mois de solde; ils reçurent cette gratification avec reconnaissance; ils ne s'attendaient qu'à de mauvais traitements; dès le 12 juillet, mille deux cents de ces soldats vaincus, étaient à bord de deux vaisseaux qui devaient les transporter à Smyrne. Plusieurs d'entr'eux, mariés et pères de famille, ne voulurent pas profiter de la permission qui leur était offerte de rester à Alger. Il leur paraissait dur d'obéir dans une ville où ils étaient accoutumés à commander. Ils craignaient le ressentiment des Juifs et des Maures, jadis leurs sujets, maintenant leurs égaux; avec leurs femmes et leurs enfants, ils allèrent dans d'autres lieux chercher une nouvelle fortune.

Le Dey lui-même parut quelque temps hésiter sur le lieu qu'il choisirait pour sa retraite; la seule idée bien fixe dans son esprit était de s'assurer qu'il ne serait pas remis entre les mains de son ancien souverain, l'empereur de Constantinople, dont il redoutait le cordon pour avoir méprisé ses ordres du temps de sa puissance. Il fut le 7 juillet faire une visite à M. de Bourmont dans le palais où il régnait naguère, et il montra dans le long entretien qu'il eut avec le général une modération et une philosophie à laquelle son vainqueur était loin de s'attendre; il lui donna des renseignements précieux sur le caractère et les intentions des principaux personnages de la ville et de la Régence, sur la foi qu'on devait ajouter à leur parole, enfin, sur les tributs et les arrérages encore dus par les Beys de Constantine, d'Oran et de Tittery; on aurait dit un père abdiquant volontairement en faveur de son fils et lui donnant des leçons sur l'art de régner. Revenant ensuite sur ce qui le concernait personnellement, il témoigna le désir d'être conduit d'abord à Mahon où il voulait purger sa quarantaine, ensuite à Naples et enfin à Livourne; il ajouta qu'il voulait aussi voir la France et Paris, mais un peu plus tard, lorsque la curiosité dont il craignait d'être l'objet serait un peu dissipée : il répugnait à montrer aux chrétiens un souverain musulman détrôné par leurs armes; on consentit à toutes ses demandes; la frégate la Jeanne-d'Arc, commandée par M. de Lettré, fut mise à sa disposition. Il s'y embarqua le 10 juillet, avec une suite de soixante courtisans, parmi lesquels se trouvaient ses deux gendres, et autant de femmes dont plusieurs négresses; elles étaient tellement enveloppées de leurs voiles qu'il fallut les conduire par la main comme des enfants pour les faire monter à bord. Toute cette petite cour le suivit partout et le traitait comme aux jours de sa grandeur. Après quelque temps de séjour à Livourne, Hussein Dey se souvint de la promesse qu'il avait faite de visiter la France ; il vint à Paris dans le courant de l'été 1831 ; il fut à l'Opéra, visita nos principaux établissements avec intérêt, mais rien ne lui parut aussi digne d'admiration que les belles manœuvres du 11me régiment d'artillerie, alors en garnison à Vincennes ; tant il est vrai que l'image de la force reçoit le culte de tous les esprits d'une civilisation peu avancée. Les premiers froids ramenèrent le Dey d'Alger en Italie. Il y séjourna quelque temps et vint à Alexandrie où il mourut.

Les Beys d'Oran, de Constantine et de Tittery s'étaient retirés chacun dans leur province, même avant la capitulation d'Alger ; mais dès le lendemain, ce dernier, le plus rapproché de nos armes, reconnut l'impossibilité d'en braver l'effort, et nous envoya son jeune fils, à peine âgé de seize ans, pour nous annoncer qu'il était prêt à se soumettre et qu'il viendrait lui-même en donner l'assurance, si on l'autorisait à se présenter. Son jeune envoyé, dit M. de Bourmont, remplit sa mission avec une naïveté qui rappelait les temps antiques ; on lui remit un sauf-conduit pour son père qui, le jour suivant, se rendit en effet dans la ville et remit à M. de Bourmont ses armes et son yatagan qui étaient d'un grand prix; c'était se démettre de sa dignité pour la reprendre plus tard au nom et des mains du général français, aux mêmes conditions qu'il la tenait du Dey; en conséquence, quelques jours après on lui rendit publiquement l'investiture de son gouvernement et on le ceignit d'un yatagan donné par le général. Mais on prétend que cette nouvelle arme était loin de valoir celle qu'il avait remise et qui s'était égarée, et peut-être cette futile circonstance contribua-t-elle à l'indisposer contre nous et à le déterminer à la rupture qui ne tarda pas à éclater.

Ackmet-Bey, en retournant à Constantine, séjourna quelques jours, on ignore pour quels motifs, dans les environs d'Alger. Plus tard, lui et ses Turcs furent attaqués dans leur retraite par les Arabes dont ils traversaient le territoire. Ils se défendirent vaillamment; mais, sentant qu'il avait besoin d'un appui pour se soutenir, il reconnut notre suzeraineté, et fit avec nous un traité qu'il observa plus tard assez mal. Quelque chose d'analogue se passait à Oran. Les Turcs, partout, étaient traités en ennemis par leurs anciens sujets; vainement le général en chef promit-il, par une proclamation, une récompense aux Arabes, pour tous les Turcs épars dans la Régence, qui tomberaient en leurs mains et qui seraient conduits sains et saufs à

Alger, très peu d'Arabes se mirent dans le cas de la recevoir.

Pendant tout le temps des combats, la température n'avait guère dépassé celle du Midi de la France ; mais après le siége quelques bouffées du vent du désert firent plusieurs fois monter le thermomètre jusqu'à 28 degrés Réaumur, et le climat d'Afrique se fit enfin sentir. Cette chaleur excessive pour notre armée y causa quelques maladies, mais peu dangereuses ; les plus fréquentes étaient la dissenterie simple, sans aucun caractère d'épidémie, ni de malignité ; les soldats atteints étaient traités au corps par leurs chirurgiens ; on comptait tout au plus deux cents ou deux cent cinquante fiévreux dans l'armée ; la campagne avait été courte, mais pénible, et les troupes ne s'y étaient pas épargnées ; dans le temps du siége, surtout, on se battait le jour et l'on travaillait la nuit.

Le premier soin des vainqueurs fut de remplacer l'autorité renversée. Chez un peuple longtemps soumis à un pouvoir despotique, peu accoutumé aux obstractions métaphysiques qui ont tant de part dans les gouvernements européens, comprenant l'obéissance rendue à un homme, mais jamais celle dont une loi était l'objet, il parut nécessaire de conserver un pouvoir fort et concentré. Aussi le général en chef se réserva-t-il la haute-main sur toutes les questions importantes, même sur celles purement civiles et administratives ; mais la France devait tendre à infiltrer peu à peu quelque idée de légalité chez les Algériens; on nomma donc une commission présidée de M. Deniée, intendant-général de l'armée, qui décida qu'on choisirait, parmi eux, quelques notables pour en former une municipalité, qui aurait voix consultative et même certaines portions d'autorité réelle et définitive sur ce qui concernait l'intérieur et la police de la ville. Elle renfermait des hommes éclairés qui parurent s'attacher sincèrement à notre fortune. Plus tard, une ordonnance royale du premier décembre mil huit cent trente-un, par un essai qui ne fut pas heureux, créa un intendant civil tout à fait indépendant du pouvoir militaire; magistrat suprême de la Régence, il réunissait sous sa juridiction tous les services administratifs, financiers et judiciaires, et correspondants directement avec le président du conseil et tous les ministres du cabinet français ; au-dessus des deux pouvoirs civils et militaires fut alors établi un conseil supérieur du gouvernement, composé du général en chef, président; de l'intendant civil, vice-président; et des principaux agents que ces deux grands chefs de service avaient sous leurs ordres ; à ces autorités on adjoignit un maire dont les fonctions étaient analogues à celles du même nom dans l'intérieur de la France ; quoique ses attributions fussent purement locales, et que ses rapports dussent principalement avoir lieu avec les indigènes de la ville, on désespéra de trouver parmi eux quelqu'un qui entendît assez les affaires pour pouvoir en remplir les fonctions, et il fut donc décidé qu'il ne pourrait être que Français. Ces règlements compliqués et qui ne parurent que successivement, à mesure qu'on croyait en sentir le besoin, frappaient bien moins l'esprit des Algériens que la douceur et l'équité avec lesquelles dès le principe les traitèrent leurs nouveaux maîtres ; aussi, dès le lendemain de la conquête, la confiance fit-elle chez eux de rapides progrès. Le troisième jour de notre prise de possession, les boutiques commencèrent à se rouvrir ; beaucoup de Maures qui avaient quitté la ville s'empressèrent d'y rentrer, et si plus tard les émigrations recommencèrent, la cause en fut due à la force des choses bien plus qu'aux fautes des hommes.

Trompé par les apparences pacifiques de tout ce qui l'entourait, attiré par de fallacieuses promesses, M. de Bourmont voulut faire, le 23 juillet, avec une escorte de mille quatre cents hommes, une promenade militaire jusqu'à Blidah ; mais les Arabes qui venaient volontiers chez nous, ne voulaient pas nous permettre d'aller chez eux. M. de Bourmont, reçu dans la ville avec toutes les apparences du respect et du dévoûment, y fut investi pendant la nuit par plus de vingt mille Musulmans, qui ne prétendaient riens moins qu'à le faire prisonnier avec tous les Européens qu'il avait à sa suite ; au point du jour, la petite troupe française fondit avec impétuosité sur cette multitude d'ennemis, s'y fraya un passage et rentra le même jour dans Alger ; harassée de fatigue, mais victorieuse. La mêlée néanmoins avait été si chaude que M. de Bourmont fut, dit-on, forcé de mettre lui-même l'épée à la main pour sa sûreté personnelle. Le Bey de Vittery qui avait le premier reconnu l'autorité de la France, était le principal auteur de cette perfidie. Il fomentait en même temps une conspiration parmi les Turcs mariés restés à Alger. Il avait pris le titre de Dey et nourrissait la folle ambition de recueillir l'héritage du souverain détrôné. On saisit aux portes de la ville des Arabes qui apportaient des munitions aux conspirateurs et qui furent pendus comme espions. Il existait assez de preuves contre les principaux Turcs pour en envoyer une centaine à la mort : le général Bourmont se contenta de les expulser de la ville.

Notre établissement de Sidy-Ferruch devenait inutile, il renfermait encore plusieurs pièces de siége restées sans usage et qui furent directement rembarquées pour la France. L'Amiral Duperré avait définitivement établi son pavillon sous les murs d'Alger pour être en communication journalière avec le général en chef, et avoir constamment l'œil sur les magasins de la marine. M. Deloffre, nommé directeur du port, eut beaucoup de peine à y établir un peu d'ordre. Il était aidé dans cette pénible tâche par une bande de travailleurs arabes, qui, pour un prix très modique, rendirent de grands services. On démontait en même temps les blauckaus qui assuraient la route de Sidy-Ferruch à la ville; enfin les fortifications passagères qui formaient l'isthme furent abandonnées, la presqu'île entièrement évacuée, et ce lieu, théâtre pendant quelques jours de tant d'activité et de mouvement, retomba tout à coup dans sa solitude primitive.

Le 12 août, M. de Bourmont passa une revue générale de toute l'armée; elle s'y montra très brillante, avec l'apparence de préparer plutôt que de finir une campagne sanglante et périlleuse; l'artillerie surtout n'avait presque pas perdu de chevaux; les indigènes vinrent en foule admirer nos manœuvres, et, sans pouvoir s'en rendre un compte bien exact, y puisèrent une légère idée de notre force et de notre supériorité. Les spectacles sont toujours les meilleurs moyens d'action sur les hommes peu accoutumés à réfléchir.

Telles étaient les occupations de M. de Bourmont en Afrique, lorsque la nouvelle des ordonnances de juillet se répandit dans l'armée française. Bien que des soldats et officiers eussent servi avec dévoûment le général en chef, Charles X s'était grossièrement trompé, s'il avait cru pouvoir s'en faire un instrument pour l'exécution de

ses projets; l'opinion des Français d'Alger était l'écho de celle de leur patrie, et le coup d'État de juillet y fut généralement reçu avec chagrin et indignation. Beaucoup d'officiers donnèrent même sur-le-champ leur démission, ne voulant pas servir davantage sous un gouvernement qui violait les libertés de leur pays. M. de Bourmont, plus intéressé que personne dans les grandes questions qui se trouvaient posées, se renferma dans un rôle purement militaire et ne témoigna ni peine ni plaisir en apprenant une nouvelle qui agitait toute l'armée; il sentait qu'une désapprobation dans sa bouche serait suspecte, et il avait trop de tact et de portée politique pour se jeter à corps perdu dans un parti qu'il devait pressentir près de sa ruine. En effet, les rapides événements qui suivirent les ordonnances parcoururent les mers, et Alger en fut bientôt instruit. Dès que le général en chef ne put plus douter des faits accomplis, il convoqua un conseil de guerre pour délibérer sur les mesures à prendre, mais au premier aspect, il s'aperçut que toute idée de résistance était inutile, et le 17 août, il adressait au maréchal Gérard, ministre de la guerre du nouveau gouvernement, un rapport où il reconnaissait le duc d'Orléans pour lieutenant-général du Royaume et qui renfermait les lignes suivantes : « Les
» armées de terre et de mer ont arboré aujour-
» d'hui le drapeau tricolore. Les troupes ont
» quitté la cocarde blanche ; elles prendront les

» nouvelles couleurs lorsque tous les corps
» pourront le faire à la fois. » Il se trompait
néanmoins s'il croyait, par son adhésion au nouvel ordre des choses, désarmer le ressentiment
qui veillait contre lui en France. Déjà son remplacement était décidé et son successeur désigné
dans les conseils du cabinet qui gouvernait alors
la France. Quatre jours après l'ordre du jour qui
faisait prendre les nouvelles couleurs aux troupes
d'Alger, elles savaient déjà que le général Clausel
venait les commander. En effet, dès le 4 septembre, il était dans les eaux d'Alger, à bord de
l'Algésiras, d'où il adressa une proclamation à
l'armée. Immédiatement après il prit terre et
reçut sans obstacle le commandement des mains
de M. de Bourmont dont le rôle était fini. Ce
dernier quitta cette terre qu'il avait conquise à
la France, emportant avec lui le corps de son
fils, en souvenir de sa campagne d'Afrique. Ses
trois autres fils et quelques officiers partirent
avec lui. Le reste des troupes cependant et surtout les officiers n'étaient pas sans inquiétude ;
éloignés du théâtre d'événements qui surgissaient
avec une importance et une rapidité sans pareilles,
que de nouvelles révolutions pouvaient se presser
entre l'arrivée de deux courriers qui ne se succédaient qu'à de longs intervalles ! la moindre de
leurs craintes était qu'au milieu de tant de justes
préoccupations le nouveau gouvernement n'oubliât leurs services et les récompenses, qu'avec

raison, ils croyaient avoir méritées. Le général Clausel fit tous ses efforts pour les rassurer, et comme tous les nouveaux pouvoirs, il promit beaucoup et tint ce qu'il put. Après s'être occupé de l'armée, il songea aux habitants de la ville et de la Régence, auxquels il fit part de son avénement au commandement, par une nouvelle proclamation qui fut traduite en arabe; mais le nouveau gouverneur prenait en cela une peine inutile; les changements arrivés en France n'eurent, et ne pouvaient avoir, que de faibles retentissements parmi les Arabes; ils ne connaissaient ni Charles X ni Louis-Philippe; les mots de charte et de constitution n'avaient pour eux aucun sens, et tout se réduisit pour eux à un changement de cocarde. Ils continuèrent à fréquenter les marchés d'Alger où ils trouvaient une source de richesses; chaque jour voyait rentrer quelque émigré de la ville, confiant dans la bonne-foi française, que rien ne pouvait démentir. De jeunes Algériens rapprochés par la conformité de leur âge, se lièrent avec les lieutenants de l'armée; au bout de peu de jours, les officiers trouvèrent que le séjour d'Alger en valait à peu près un autre. L'état sanitaire de l'armée était assez bon, elle ne comptait que 2,300 malades, tant dans les hôpitaux militaires que dans les ambulances établies à la suite des régiments. Cette proportion n'avait rien d'extraordinaire sur une armée de 30,000 hommes; les maladies régnantes étaient les dissenteries et les fièvres d'accès; aucun secours du reste ne manquait, le pays fournissait en abondance de la viande fraîche; les autres provisions arrivaient de France.

Mais le nouveau gouvernement n'entrait pas dans les projets de M. de Bourmont, pour l'occupation des principales villes de la côte; dès lors, une grande partie des troupes qui avaient fait la conquête d'Alger y devenait inutile, et plusieurs régiments furent rappelés en France dans le courant de septembre. Il était bon d'exécuter ces mouvements avant la saison des pluies, qui bientôt allait commencer : on prit aussi des précautions pour que les troupes restantes n'eussent pas trop à souffrir de la mauvaise saison. Des navires allèrent chercher de la paille à Naples et en Sicile, pour coucher les soldats; des maisons furent préparées pour les recevoir, des provisions rassemblées pour les nourrir. Des régiments de cavalerie nouvellement organisés, qui ne devaient plus quitter la Régence, s'appelèrent Chasseurs d'Afrique; on établit des écuries pour leurs chevaux, ainsi que pour ceux de l'artillerie; sous le nom de gendarmes Maures, et moyennant une solde journalière assez forte, plusieurs Musulmans durent se monter, s'armer à leurs frais pour être prêts à marcher partout où l'autorité française voudrait les employer. Ce corps, qui rendit de grands services, fut l'asile de beaucoup de Turcs qui, de toutes les parties de la Régence, se réfugiaient à Alger; ils avaient éprouvé le sort de toutes les puissances vaincues; on les détesta sitôt qu'on cessa de les craindre. Déjà plusieurs de ces malheureux avaient été égorgés par leurs anciens sujets, quand un massacre général de presque tout ce qui restait de cette nation ensanglanta les murs de Constantine; cent quatre-vingts Turcs cependant échappèrent aux yatagans des Arabes, et vinrent réclamer l'hospitalité française; ils furent transportés dans l'Asie-Mineure, ou bien ils entrèrent dans les gendarmes Maures. Les indigènes furent aussi admis dans un corps d'infanterie nouvellement créé, auquel on donna le nom de Zouaves, de celui d'une tribu dont les membres fournissaient jadis au Dey beaucoup de braves soldats, qui passèrent à notre solde lors de la conquête d'Alger. Quelques officiers français se vouèrent à la pénible tâche de les commander; ce fut pour plusieurs le point de départ d'une brillante fortune militaire.

Le général gouverneur joignait les travaux de la paix à ceux de la guerre; à une municipalité organisée sur les bases que nous avons indiquées plus haut, fut adjointe une police qui dut s'entendre avec elle pour veiller au bon ordre et à la sûreté de la ville; on nomma différentes commissions, les unes chargées des routes à ouvrir, les autres des terres à distribuer, et des fermes à créer; ces Maures d'Alger, si paisibles, si indolents, se trouvèrent tout à coup transportés au milieu de l'activité européenne; notre bruyante civilisation allait les assaillir de son tumulte jusqu'au fond de leurs mystérieuses retraites où ils se barricadaient en vain, pour échapper à ces mœurs dont le contact leur était si pénible; les Français d'ailleurs plus riches que les indigènes, consommant incomparablement davantage, avaient été la cause d'un renchérissement dans le prix des denrées qui ruinaient la plupart des anciens habitants accoutumés à vivre avec de faibles revenus; aussi beaucoup d'anciennes fortunes moyennes s'empressèrent-elles d'émigrer, et ne resta-t-il généralement dans la ville que ceux assez riches pour continuer à y vivre, ou trop pauvres pour avoir les moyens de la quitter, et qui d'ailleurs trouvaient, dans l'augmentation du salaire, une compensation à celle du prix des subsistances. C'est aussi à cette époque qu'il faut rapporter un premier essai de colonisation tenté par le maréchal Clausel. D'après les pouvoirs qui lui avaient été confiés, il autorisa une compagnie, qui, au capital de deux cents mille francs divisés en quatre cents actions de cinq cents francs chacune, fut mise en possession de mille hectares de terrain, situés sur les bords de l'Aracth, dans la Métidja. Au milieu se trouvait un assez vaste bâtiment, connu sous le nom de ferme du Dey; la compagnie, au moyen d'un loyer assez faible payé à l'État et de la faculté d'acquérir plus tard pour un prix convenu d'avance, dut faire des essais de culture d'indigo, de coton et de garence; mais les souscripteurs ne se présentèrent qu'en petit nombre; les colons furent décimés par les fièvres, sur ce point, le plus malsain peut-être de toute la Régence; le loyer de l'État ne fut pas payé; celui-ci reprit possession du sol qu'il avait aliéné, et le nom de ferme-modèle, donné pompeusement à cet établissement, sur lequel on avait fondé de si brillantes espérances, resta comme une sanglante ironie de l'état où il fut bientôt réduit.

Le général en chef, au milieu de ses travaux, reçut des ambassadeurs du Bey de Tunis, avec lequel nous voulions conserver des relations de bon voisinage; on leur fit voir nos nouveaux établissements. Un bal fut donné pour leur arrivée, et on y invita les principaux d'entre les Juifs et les Musulmans. On cherchait à leur imprimer l'idée de la puissance et du bon vouloir de la France. L'alliance qui nous unissait aux princes Tunisiens décida le gouverneur à leur donner l'investiture des Beylicks d'Oran et de Constantine; mais les nouveaux élus ne tentèrent aucun effort pour s'emparer de leur gouvernement, et cette nomination n'eut aucune suite; nous terminâmes aussi vers cette époque quelques démêlés que nous avions avec Tripoli. M. de Rosamel, après son expédition de Bone, dont nous parlerons bientôt, vint jeter l'ancre sous les murs de la capitale de cette Régence et offrit au Bey qui la commandait des propositions de paix qui furent acceptées.

Mais les indigènes des environs d'Alger, fiers d'avoir vu M. de Bourmont reculer devant eux, enhardis par la retraite d'une partie des troupes françaises, cessèrent d'avoir le même respect pour les armes qui venaient de les vaincre. Nos marchés devinrent presque déserts. Le Bey de Tittery avait définitivement levé le masque; non seulement il n'envoyait pas le tribut qu'il avait promis, mais il excitait les Arabes à la guerre et voulait, disait-il, jeter les Chrétiens à la mer; il se plaignait aussi, peut-être avec raison, qu'on n'avait pas tenu toutes les promesses qu'on lui avait faites; en vain le gouverneur lui proposa-t-il d'ouvrir de nouvelles conférences pour la paix; on sut qu'il se formait, dans la plaine de Métidja, de nombreux rassemblements commandés par son fils en personne. Le général Boyer, avec quelques troupes, y poussa une reconnaissance et n'y rencontra ce jour-là qu'une bande de deux ou trois cents Arabes, qu'un coup de canon suffit pour disperser; cette petite expédition n'était que le prélude d'une autre bien plus importante que préparait le maréchal Clausel. A cet effet, voulant que tous les régiments eussent leur part de gloire et de dangers, il prit un bataillon dans chacun d'eux, en forma trois brigades composées chacune de quatre bataillons et commandées par les généraux Achard, Monck-d'Uzer et Hurel. On joignit à l'expédition un détachement de Zouaves, les Chasseurs d'Afrique; une batterie de campagne composée de huit pièces, une autre de montagne et enfin deux compagnies du génie. De grandes voitures appelées prolonges, au service de ces deux dernières armes, furent chargées de tentes destinées à mettre les soldats à couvert des pluies torrentielles qui inondent l'Afrique dans cette saison; des mulets de bât portaient des outils de toute espèce, pour redresser les routes, et déblayer les décombres; enfin les troupes, composant un total de six mille hommes, étaient munies de vivres pour quinze jours. Un nombre à peu près égal de Français restait dans la ville ou aux environs pour la garder, force bien suffisante pour tenir en bride une population depuis longtemps façonnée à obéir à des maîtres.

Le 17 novembre dans la matinée, le corps expéditionnaire se mit en mouvement sur la route de Blida, et vint camper le soir auprès du puits appelé Bouffarick, lieu fameux par les marchés qui tiennent les Arabes, et qui coupe en deux parties égales la longueur en demi-cercle de la plaine de la Métidja, qui entoure le Sahel comme d'une ceinture. A partir de ce point marécageux, le sol se relève à mesure qu'on marche au midi ; d'abord insensiblement, enfin par une pente plus prononcée, jusqu'à quinze lieues d'Alger où l'on rencontre le petit Atlas. C'est au pied de cette chaîne entourée de jardins délicieux, voilée par des bosquets d'orangers et de jasmins, que se cache la ville de Blida, autrefois florissante, mais bien déchue de sa splendeur depuis un tremblement de terre, qui la détruisit presque entièrement en 1825 ; elle comptait cinq ou six mille âmes en 1830. Ses tranquilles habitants, comme tous ceux de l'Algérie, redoutaient beaucoup les turbulentes tribus établies aux environs, et, malgré leur haine pour le nom chrétien, nous auraient peut-être ouvert leurs portes, s'ils avaient cru trouver en nous protection efficace et constante ; mais au premier bruit de l'approche de M. Clausel, comme lors de la visite de M. de Bourmont, les montagnards envahirent la ville et imposèrent leurs secours à des alliés qui les redoutaient plus que les ennemis eux-mêmes ; forcés par eux, les habitants de Blida s'armèrent et vinrent réunis à leurs corréligionnaire, s'établir à une lieue de distance de leurs murailles. Leur droite s'appuyait au petit Atlas, et leur gauche à la route de Blida à Coléah. Bientôt ils virent approcher les Français, qui n'avaient quitté leurs tentes que très tard dans la matinée du 18 novembre, à cause d'une pluie battante qui avait régné toute la nuit. En vain le maréchal leur envoya un interprète pour les engager à mettre bas les armes; ils lui répondirent qu'ils étaient bien décidés à lui défendre l'entrée de la ville. M. Clauscl fit sur-le-champ son plan d'attaque; la brigade Achard dut tourner la position de la droite, au-delà de la route de Coléah, celle de M. Monck-d'Uzer l'attaquer en face, et enfin, celle du général Hurel, gardant les équipages, restait en réserve. Malgré les épaisses broussailles qui couvraient le sol, et les murs de clôture entourant la ville, d'où l'ennemi tirait presque à bout portant sur nos troupes, les deux brigades d'attaque pénétrèrent presque en même temps dans les rues, que l'ennemi évacuait à mesure que nous approchions. On n'y trouva que quelques vieillards incapables de fuir; les Arabes avaient pillé les boutiques en se retirant. Le général établit des postes dans l'intérieur des murailles, mais le reste des troupes bivouaqua en dehors des jardins, aux points où les routes d'Alger et de Coléah pénétrèrent dans l'enceinte; le jour suivant fut consacré à un séjour dans la ville, où l'on voulait installer une garnison, et à châtier les tribus qui s'étaient mises à la tête de la résistance que nous avions rencontrée; celle des Beni-Salah occupe les pentes boisées de la montagne qui dominent la plaine. Ses guerriers se glissaient à travers les broussailles, jusqu'à portée de fusil des murs de la ville, et de là faisaient feu sur nos sentinelles qui succombaient sous les coups d'un ennemi invisible. Deux bataillons furent détachés, qui envahirent rapidement le territoire de cette tribu ; on coupa les arbres, on brûla les habitations ; on saisit même quelques hommes qui furent fusillés comme rebelles : rigueur peut-être peu politique, quoiqu'elle ne fût qu'une représaille, puisque lors de la conquête, tous les soldats qui tombaient entre les mains des Arabes avaient été impitoyablement égorgés, mais la suite prouva qu'en employant un traitement plus doux à l'égard de ces féroces peuplades, nous pouvions les amener graduellement à quelque chose qui ressemblât au droit des gens des nations civilisées ; quoi qu'il en soit, la terreur répandue par les armes françaises amena la soumission de quelques-uns des principaux habitants de Blida, qui, la veille, avaient quitté la ville; ils y rentrèrent dans la soirée du 19, amenant avec eux leurs muphys ou prêtres principaux qui, eux aussi, vinrent nous faire des protestations de fidélité. Quelques heures après, beaucoup de familles qui erraient dans la campagne imitèrent leur exemple, et la ville se repeupla un peu ; le colonel de Rulhières y fut établi avec deux bataillons et deux pièces de canon ; son rôle était de tenir les communications ouvertes avec Alger et de rassembler des vivres et des fourrages que les troupes devaient reprendre à leur retour.

Le 20 au matin, le reste de l'armée se mit en marche, vers l'ouest, conservant à sa gauche les flancs de la montagne et à droite la plaine de la

Métidja. Au bout de trois heures, on rencontra une gorge profonde qui sépare deux contre-forts et qui, par conséquent, conduit le voyageur qui la remonte jusqu'à l'un de ces passages qui traversent les chaînes de montagnes et que nous appelons Col en France et les Arabes Ténia. A l'entrée de cette gorge et comme pour la défendre s'élevait sur une hauteur un grand bâtiment carré, connu sous le nom d'Haouch-Mouzaïa-Aga, c'est-à-dire ferme de l'Aga de Mouzaïa. Entouré d'un bon mur, commandant tout le pays d'alentour, il parut susceptible d'une facile défense; on y fit quelques réparations provisoires; un bataillon du 21e de ligne fut designé pour l'occuper avec quatre pièces d'artillerie de campagne pour lesquelles les chemins allaient devenir impraticables; le reste de l'armée y passa la nuit. Le lendemain, dès la pointe du jour, on se dirigea droit au sud par un chemin formant un angle presque droit avec celui parcouru la veille. Il suit quelque temps le fond de la gorge, puis gravit doucement le contre-fort de gauche en traversant plusieurs ravins secondaires tombant dans le principal, à la droite de l'armée. Comme le jour de l'attaque de Blida, le général Achard commandait l'avant-garde, Monck-d'Uzer le centre et Hurel l'arrière-garde. Le général en chef avait des guides avec lui; mais soit ignorance, soit mauvais vouloir, leurs renseignements se trouvèrent presque toujours inexacts, ce qui du reste n'entraîna aucune suite fâcheuse.

Vers midi, on arriva sur un plateau que les guides désignaient comme le point le plus élevé du passage ; le général accorda là une halte à ses troupes, leur fit faire face vers la France, et les soldats envoyèrent à leur patrie des cris d'amour et de dévoûment ; puis une salve de vingt-cinq coups de canon de montagne annonça aux échos de l'Atlas qu'une nation civilisée foulait cette terre depuis si longtemps plongée dans la barbarie ; après cet instant donné à ses souvenirs, l'armée continua sa marche, avec une ardeur nouvelle, rencontra plusieurs plateaux semblables au premier, où l'ennemi aurait pu essayer de se défendre avec avantage ; la route était étroite, et suivait alors une pente assez rapide ; enfin à une heure et demie après-midi, on aperçut le Ténia ou Col de Mouzaïa et les préparatifs de défense organisés par le Bey de Tittery. Le passage est formé par une profonde coupure qui n'est que le prolongement de la gorge, dominée à gauche et à droite par des cimes beaucoup plus élevées, occupées alors par douze ou quinze cents Turcs, sous les ordres du Bey en personne. Deux pièces de canon étaient en batterie de chaque côté du passage, pour foudroyer directement les agresseurs ; des tirailleurs embusqués dans chaque buisson, derrière chaque rocher, jusqu'à une distance d'une lieue en avant du Col, formaient les éclaireurs et l'avant-garde de ce système de défense, qui ne manquait ni de calcul ni d'intelligence ; enfin des groupes d'Arabes se montraient en armes sur toutes les hauteurs qu'on pouvait apercevoir, mais semblaient plutôt vouloir jouer le rôle de spectateurs que d'acteurs dans la scène qui allait s'ouvrir. Le maréchal Clausel leur envoya quelques marabouts pris à Blida pour les assurer de ses dispositions bienveillantes à leur égard; ces avances ne furent pas toujours très bien reçues. L'avant-garde de l'armée française, composée du bataillon du 14e de ligne sous les ordres du colonel d'Armaillé, se trouva bientôt à portée des tirailleurs ennemis avec lesquels elle engagea une vive fusillade; mais le général en chef, voulant prendre une mesure plus décisive, lui ordonna de gravir les crêtes du contre-fort de gauche qui dominent le Col lui-même et toutes les positions d'alentour. Cette manœuvre fut rapidement exécutée malgré une décharge terrible de l'ennemi, malgré les pentes ardues du sol et les broussailles épaisses qui le recouvraient. Le bataillon qui suivait immédiatement pouvait alors attaquer un petit mamelon occupé par les Turcs et qui barrait la route; une compagnie, celle de M. La Fare, traversa le ravin à droite pour prendre l'ennemi de flanc, pendant que le reste du bataillon l'attaquerait de front. M. La Fare exécuta cette tâche périlleuse et difficile avec beaucoup d'intrépidité, mais il y fut tué et son sous-lieutenant grièvement blessé. Le reste de la première brigade reçut l'ordre de suivre, sur les pentes à gauche de la route, le bataillon du 14ᵉ, pour en soutenir le mouvement offensif et surtout en couvrir les derrières, menacés par des nuées d'Arabes qui se glissaient sur le terrain que les assaillants venaient de quitter.

Le général en chef avait surtout recommandé aux troupes qui s'écartaient peu de la route, de modérer leur marche pour se tenir en ligne avec leurs camarades, détachés à gauche et à droite, mais cet ordre fut mal exécuté; dès qu'elles entendirent battre la charge et tirer des coups de fusil sur les ailes, elles s'élancèrent en avant sur le mamelon occupé par l'ennemi. En un instant, cette position est enlevée, et les tirailleurs Arabes débusqués de partout ; M. Monck-d'Uzer s'avançait pour soutenir l'attaque; un tiers de sa brigade suivit le mouvement du milieu de la ligne de bataille, un autre celui de l'aile gauche, et enfin, un troisième continua d'occuper le point central d'où avaient rayonné toutes ces attaques.

La colonne avançait au milieu des Arabes, qui s'ouvraient à son passage, et qui se refermaient immédiatement derrière elle. La brigade Hurel sut constamment les tenir à une distance respectueuse; les chasseurs d'Afrique chargèrent deux ou trois fois et sabrèrent tout ce qui voulut s'approcher de trop près. Cependant les Turcs, avec leurs quatre pièces de canon, occupaient encore la partie la plus élevée de la gorge ; les pentes qui restaient à gravir, pour arriver jusqu'à eux, étaient excessivement rapides ; l'artillerie ennemie croisait ses feux sur une route étroite, difficile et raboteuse ; mais tous les obstacles ne firent qu'augmenter le courage des assaillants ; nos jeunes soldats jetèrent leurs sacs pour être plus lestes, et montèrent au sommet du Col, sous le feu de l'ennemi. Les Turcs étonnés de tant d'audace, attaqués de front, menacés de flanc par les troupes qui avaient gravi la crête du contre-fort, et qui arrivaient sur leur droite, lâchèrent pied, se jetèrent sur les pentes méridionales de la montagne, et disparurent dans les ravins. Quelques Arabes s'échappèrent sur notre droite en lâchant des coups de fusil, qui furent les derniers tirés dans la journée ; avant le coucher du soleil, nous étions maître de toutes les positions, et le drapeau tricolore flottait sur ces cimes fameuses, qui avaient vu passer tant de peuples et de révolutions. Les Français bivouaquèrent sur les sommets qui dominent le Col et le général en chef leur adressa la proclamation suivante : « Soldats, les feux de vos bivouacs, qui des cimes de l'Atlas semblent se confondre avec la lumière des étoiles, annoncent à l'Afrique la victoire que vous achevez de remporter sur ses barbares défenseurs et le sort qui les attend.

» Vous avez combattu comme des géants et la victoire vous est restée. Vous êtes soldats de la race des braves, les dignes émules des armées de la Révolution et de l'Empire.

» Recevez le témoignage de satisfaction, de l'estime, de l'affection de votre général en chef. »

On a beaucoup ri des feux de nos soldats qui se confondaient avec la lumière des étoiles. On ne peut nier cependant que le style du maréchal Clausel n'eût un certain reflet de celui du grand-maître, qu'il se proposait pour modèle ; seulement, les victoires de Napoléon méritaient un peu mieux les images gigantesques, dont il aimait à les revêtir, que le passage d'une montagne, défendue par cinq ou six mille ennemis indisciplinés, et qu'au bout de ce compte, malgré leur vive résistance, ne nous tuèrent que vingt hommes et en blessèrent quatre-vingts.

Le 12 au matin, la brigade du général Monck-d'Uzer fut laissée à la garde du Col, avec les blessés, et une grande partie des équipages ; le reste de l'armée descendit les pentes du sud sans rencontrer d'ennemis pendant les deux premières heures de marche ; puis on aperçut un groupe de 12 à 1,500 Arabes, dont plusieurs à cheval ; la cavalerie se disposait à les charger, quand ils prirent la fuite et disparurent dans la campagne. Avant la nuit, l'armée française arriva sous les murs de Médéah, dont les principaux habitants sortirent à notre rencontre.

Ces populations ne demandaient qu'un gouvernement régulier, et se jetaient entre les bras de tout pouvoir qui avait l'air de promettre; malheureusement elles ne trouvèrent pas toujours en nous la protection qu'elles espéraient; dans les premières années qui suivirent l'occupation, le cabinet français n'avait guère le temps de s'occuper de l'Afrique, et comme les gouverneurs se remplaçaient avec une rapidité désespérante, chacun d'eux, arrivant avec ses plans et ses projets, passait le plus souvent le temps de son pouvoir à défaire les œuvres de son prédécesseur; ainsi, occupation et abandon des villes de l'intérieur, promenades militaires, qui n'avaient d'autres résultats que la dévastation ou l'incendie, expéditions entreprises à la légère, qui ne réussirent pas toujours, et qu'il fallait ensuite venger, sans résultat pour un avenir fixe et déterminé : voilà ce qui remplit les premières pages de notre guerre d'Afrique.

Avant son départ d'Alger, M. Clausel avait désigné un Maure d'Alger nommé Mustapha-Ben-Omar, pour commander à Médéah, en qualité de Bey. Le 23, toute la ville le reconnut comme son maître; les troupes françaises campaient en dehors des murs, suivant leur habitude, pour ne pas choquer les mœurs retirées des Musulmans. L'ancien Bey s'était réfugié dans un Marabout, c'est-à-dire dans une de ces demeures sanctifiées par l'habitation d'un solitaire Musulman, et qui acquièrent, de la vénération portée à leur propriétaire, le privilége d'une inviolabilité rarement démentie. Cette retraite était à quatre lieues de la ville ; cependant, s'y croyant mal à l'abri des Kabyles, qui battaient la campagne, pillant amis et ennemis, le Bey fit offrir au général français de se mettre entre ses mains, et se présenta le soir même au camp avec ses femmes et le reste de sa famille. Les journées des 24 et 25 furent employées par les Français à la reconnaissance de leur nouvelle conquête ; le général poussa jusqu'à la maison de campagne du Bey, dernier point occupé par l'ennemi. Nulle part on ne trouva de résistance. Après s'être assuré que la ville était tenable, et en avoir organisé les habitants en force armée, le général les passa en revue et les mit sous la protection de la petite garnison française qu'il comptait leur laisser. Elle se composait de deux bataillons et du détachement de Zouaves, le tout sous les ordres du colonel Marion. Enfin le 26, le corps expéditionnaire emmenant à sa suite l'ancien Bey, sa famille et environ deux cents Turcs désarmés, repassa le Ténia de Mouzaïa sans éprouver de résistance, vint coucher à la ferme de l'Alga et le 27 à Blida, après avoir dispersé quelques groupes qui s'étaient encore montrés sur la route ; la petite garnison laissée dans cette dernière ville avait aussi sa part de combats et de gloire. Le colonel Rulhières, qui la commandait, attaqué par des forces supérieures, avait laissé l'ennemi s'engager dans les rues de la ville, pendant que deux compagnies de grenadiers envoyées sur les derrières allaient lui couper la retraite. Les Musulmans qui avaient déjà planté deux de leurs drapeaux dans l'intérieur, attaqués en tête et en queue par les Français, se défendirent avec le courage du désespoir, mais finirent par essuyer une sanglante défaite ; leurs drapeaux furent pris, leurs cadavres jonchèrent les rues, et l'on n'avait pas encore eu le temps de les enlever, lors du retour de l'expédition. Le lendemain de son arrivée le général et toute l'armée quittèrent Blida, emmenant avec eux la plus grande partie de la population, qui aima mieux s'exiler avec nous que de s'exposer au pillage de ses corréligionnaires. Ce fut longtemps un triste sort que celui des habitants des villes de l'Algérie ; incapables de résister aux armes des Français, pillés et incendiés par les Arabes pour nous avoir reçus, ils étaient forcés de se réfugier, ou parmi les chrétiens que leur religion leur faisait détester, ou parmi les Arabes dont la vie nomade convenait mal à leur paresse. A quelque distance de Blida l'armée se divisa en deux corps. Les brigades Hurel et Monck-d'Uzer rentrèrent dans leurs cantonnements ; M. Clausel avec celle du général Achard descendit la rive droite du Massafran, en reconnut tous les affluents, et revint dans Alger, en suivant à peu près la route tracée lors de la conquête.

L'imprévoyance française, qui met souvent sa gloire à négliger les précautions les plus utiles, fut alors la cause d'un accident, que nous verrons se renouveler trop souvent par là seule. A son départ pour Médéah le maréchal Clausel avait chargé vingt-cinq canonniers d'apporter des munitions de guerre à la garnison qu'il comptait laisser à Blida; il leur fallut s'aventurer dans la Métidja, pour trouver une route praticable aux voitures; on eût dû prévoir le danger qu'éprouverait un si faible détachement au milieu de populations hostiles et belliqueuses; les malheureux canonniers, surpris près de Bir-Touta, furent exterminés jusqu'au dernier, après un combat dont les détails restèrent ignorés; le convoi fut enlevé; les Français arrivés enfin pour les secourir, ne trouvèrent que des cadavres entièrement dépouillés, sans têtes, dont le nombre égalait celui des hommes du détachement; les Arabes avaient enlevé leurs morts.

Cette expédition, indépendamment du résultat matériel que nous avions obtenu, la destruction d'une puissance ennemie établie dans le voisinage, prouva aux populations de l'intérieur que ni les montagnes, ni la distance ne les mettraient à l'abri de nos coups quand nous voudrions sérieusement les atteindre. Elle nous fournit quelques données sur un pays entièrement inconnu que nous devions néanmoins considérer comme une partie de notre conquête. Les officiers du génie levèrent le plan des villes de Blida et de Médéah ; leur véritable position, celle de l'Haouch-Mouzaïa-Aga et du Col du Ténia fut fixée sur la carte par des observations géodésiques. Ces quatre points jalonnaient la route que nous avions suivie et qui ne put être étudiée que par une connaissance rapide. Les populations que nous avions rencontrées se divisaient en deux classes bien distinctes, différentes de mœurs, d'habitudes et d'origine ; les habitants des villes étaient doux, affables et prévenants ; ceux de la montagne, sauvages, fanatiques et féroces ; bien accueillis par les premiers, nous semblions être pour les seconds l'objet d'un repoussement invincible ; les uns et les autres étaient également grands, robustes et bien constitués et semblaient ne manquer ni d'énergie ni d'intelligence, à travers l'ignorance absolue dans laquelle ils avaient également vécu.

Il faut que nous parlions ici de quelques bruits fâcheux qui coururent alors en France, sur un prétendu pillage du trésor trouvé à la Casbah, lors de l'entrée des troupes françaises. Il est vrai que dans le premier mouvement de désordre qui suivit notre prise de possession, quelques Juifs, quelques Maures, quelques Français, appartenant la plupart aux rangs inférieurs de l'armée, s'étaient approprié des bijoux, des armes, des habillements et même de l'argent monnayé trouvé dans les hardes abandonnées par les femmes et les officiers du Dey. C'était fâcheux, sans doute, mais c'était la suite presque inévitable des chances de la guerre ; quant au trésor de la Régence, des gardes furent apposées dès notre entrée à la Casbah, aux portes des appartements qui le contenaient ; ces portes ne s'ouvrirent jamais que devant une commission chargée d'en faire l'inventaire, composée de plusieurs membres ; ils furent constamment aidés dans leurs opérations par une foule d'agents subalternes. Il faudrait supposer, dans un cas de vol, une complicité partagée par un grand nombre d'hommes dont plusieurs étaient pris dans les rangs supérieurs de la société, ce qui n'est guère probable. Lors de l'arrivée du maréchal Clausel, une commission d'enquête fut nommée pour remonter à la source de ces bruits. Elle procéda avec ordre, exactitude et impartialité ; les résultats de ses investigations furent à peu près tels que nous venons de l'annoncer. Le gouverneur en fit part à l'armée par un ordre du jour du 22 octobre ; mais c'eût été bien peu connaître les hommes que de croire couper court par cette mesure à toutes les rumeurs malveillantes ; elles ne s'arrêtèrent pas devant le général en chef lui-même. Déjà ce dernier commençait à s'ennuyer du théâtre circonscrit dans lequel on prétendait le renfermer ; il demanda son rappel, et le gouvernement ne fut pas fâché de se débarrasser d'un gouverneur dont le caractère actif et aventureux cadrait mal avec les idées encore indécises du cabinet sur la question d'Alger. On conçoit en effet qu'au milieu de la conflagration générale dont l'Europe était alors menacée; quand la Belgique chassait ses princes à coups de fusil; quand la Pologne entreprenait une lutte dernière et désespérée avec le colosse qui pesait sur elle depuis tant d'années, et que nul ne pouvait prévoir où s'arrêterait l'incendie allumé sur différents points de l'Europe, la France était peu jalouse d'engager ses hommes et ses ressources dans des expéditions derrière l'Atlas. M. Clausel s'embarqua pour la France dans les premiers jours de mars, après avoir remis le commandement au lieutenant-général de Berthezène. C'était un homme déjà sur le déclin de la vie; d'un caractère sage, modéré, d'une probité que jamais la malveillance n'avait osé attaquer, mais qui manquait peut-être un peu trop de cet esprit d'entreprise dont son prédécesseur avait un excès.

Cependant la révolution de juillet avait électrisé les têtes françaises. Beaucoup de Parisiens se crurent tout-à-coup des héros pour avoir respiré pendant trois jours l'odeur de la poudre. Une multitude de jeunes ouvriers, fatigués de leurs travaux journaliers, ne trouvaient plus que le mousquet digne de peser dans leurs mains. C'étaient les successeurs directs de ces carmagnoles de 92, dont Dumouriez faisait une si ample consommation et avec lesquels il avait gagné les batailles de Jemmapes et de Valmy. Leur pétulance, leur bravoure, la générosité dont ils avaient fait preuve pendant le combat, la sincérité de leurs exigences après la victoire, leur ignorance complète des premiers principes qui doivent régir un État, gênaient le gouvernement dans la marche qu'il se proposait de suivre et il désirait avant tout se débarrasser d'amis aussi incommodes. Les hommes les plus propres à renverser un trône sont ordinairement les plus incapables d'en édifier un autre ; l'Afrique, fort heureusement, se trouva là pour les recevoir ; on leur persuada de souscrire des enrôlements volontaires ; on leur distribua des effets et des équipements militaires, et, munis de leur feuille de route, ils s'acheminèrent gaîment pour Toulon en chantant la Marseillaise et la Parisienne. Les uns voyageaient isolément ; d'autres, sous la conduite d'officiers provisoires choisis par eux, et qui n'exerçaient par conséquent qu'une autorité précaire et peu exigeante. La plupart vendirent leurs effets en route et arrivèrent à Toulon dans le dénûment le plus complet ; on les habilla de nouveau et surtout on les embarqua promptement pour l'Afrique, où, fondus dans un nouveau régiment, le 67me, la discipline militaire parvint enfin à calmer leur effervescence. Plusieurs entrèrent dans le corps des zouaves et prirent les larges culottes, la veste courte et le turban de leurs camarades musulmans. Chose étrange! les Parisiens et les Arabes furent bientôt des frères d'armes parfaitement d'accord. Ils avaient un goût égal pour la vie des camps, la guerre d'avant-poste, l'existence à peu près nomade qu'ils menèrent longtemps ensemble ; beaucoup de ces jeunes gens firent d'excellents soldats, précieux surtout par leur audace, leur inaltérable bonne humeur, les ressources d'un esprit ingénieux et actif, dans un pays où souvent il devait suppléer à tout.

M. de Berthezène s'occupa d'abord de quelques détails de l'administration intérieure. C'est à son gouvernement qu'il faut rapporter le premier établissement d'un service public de santé et l'organisation des douanes de la Colonie. Un coup de vent d'une violence extraordinaire qui régna les 7, 8 et 9 janvier 1831, avait causé plusieurs désastres jusque dans l'intérieur du port d'Alger. Les pertes du commerce eussent été bien plus grandes encore, sans le dévoûment de la marine militaire à lui porter secours. Il fut dès lors bien établi que la Darse d'Alger était loin d'être sûre et l'étude des travaux à faire pour le mettre à l'abri des coups de la mer fut livrée aux ingénieurs des ponts et chaussées. Maintenant que nous étions maîtres des côtes qui produisent le corail, on fit quelques efforts pour en utiliser la pêche au profit de l'État. Mais le caprice de la mode en réduisit bientôt le prix si bas, qu'à peine suffisait-il quelquefois pour couvrir les frais d'extraction.

La première sortie du général en chef fut une incursion à l'est d'Alger, sur les bords de l'Hamise, où il châtia, avec une juste sévérité, plusieurs tribus qui interceptaient les communications et égorgeaient les voyageurs. Il rentra par Blida dans Alger sans avoir éprouvé de perte; quelques jours auparavant, il avait également exécuté une reconnaissance sur les bords de la Chiffa, de l'Oued-Ger et du Mazafran sans tirer un coup de fusil; pendant ce temps se préparait une nouvelle expédition sur Médéah; la garnison que nous y avions laissée l'année précédente s'y trouvait étroitement bloquée; la fidélité de quelques habitants eux-mêmes, semblait douteuse; s'ils parvenaient à s'entendre avec les ennemis extérieurs, la sûreté des Français et de leurs partisans pouvait être compromise; le Bey établi par nos armes et qui nous fut constamment dévoué ne jouissait d'aucune autorité; il fallait remédier à un pareil état de chose. Le mieux sans doute eût été de renforcer la garnison pour asseoir définitivement notre puissance de l'autre côté des montagnes; mais il n'était ni dans le pouvoir, ni peut-être dans la volonté du gouverneur d'en agir ainsi. Il se décida pour l'évacuation. Il partit en conséquence le 25 juin, avec un corps de cinq mille hommes environ, et une batterie d'artillerie de montagne; comme lors de l'expédition précédente, il laissa des détachements à la ferme de l'Aga et au Ténia qu'il avait occupé sans coup-férir; mais, arrivé devant Médéah, il fut reçu à coups de fusil par deux ou trois cents cavaliers qui du reste se dispersèrent du premier choc.

Des murs de la ville, le général en chef fit partir plusieurs messagers pour sommer toutes les tribus environnantes de venir faire leur soumission; quelques-uns obéirent, d'autres refusèrent; on se mit à incendier les récoltes et à détruire les habitations des plus turbulentes, châtiments sans résultat puisqu'on devait évacuer le pays; les troupes éprouvèrent peu de pertes dans ces excursions autour de Médéah; le lendemain, elles reprirent la route d'Alger, ramenant avec elles la garnison de la ville; le retour ne fut pas aussi tranquille que l'avait été l'arrivée; près de quarante tribus, réunissant plus de 12 000 hommes, s'étaient groupées sur les croupes de l'Atlas, dans les gorges qui conduisent au Ténia. L'armée française eut à franchir un défilé long de trois lieues où l'on ne pouvait passer qu'un à un; les ennemis profitèrent de la difficulté des lieux pour attaquer plusieurs fois la colonne avec un acharnement extraordinaire. Le capitaine qui commandait l'arrière-garde fut tué; ses soldats éprouvèrent un moment d'hésitation : la position était critique, l'armée entière pouvait se débander, et devant un pareil ennemi une défaite eût été un horrible massacre; heureusement qu'elle se raffermit bien vite, reprit l'offensive et repoussa vigoureusement ces hordes indisciplinées que leur fanatisme ne laissait pas que de rendre redoutables. Un bataillon du nouveau régiment, le 67e, composé de volontaires parisiens, entouré par les Arabes, se fit constamment remarquer par sa belle contenance et sa brillante bravoure. Les Arabes continuèrent à harceler la colonne jusqu'au bord de la plaine où ils abandonnèrent enfin leur poursuite; une halte de neuf, heures passée tranquillement, permit aux troupes de goûter un repos bien nécessaire après une si pénible journée. Cependant l'ennemi avait été s'établir en force sur le passage ordinaire de la Chiffa pour nous fermer le retour d'Alger; le général Berthezène tourna cette position, alla traverser cette rivière en prenant la route d'Oran et rentra dans le Sahel sans obstacle; mais toute cette expédition ressemblait beaucoup à une retraite. Nos ennemis ne s'y trompèrent pas et en conçurent une telle audace qu'ils vinrent nous attaquer jusque dans nos avant-postes; un des principaux chefs des montagnes de l'est, le fameux Ben-Zamoun, dressa ses tentes sur la rive gauche de l'Hamise; puis le 17 juillet, il passa l'Aratch et vint avec 2,000 hommes attaquer, à dix heures du matin, un poste de 150 Français établi à la ferme Modèle; la brigade Feuchères s'y porta aussitôt, culbuta l'ennemi, qui se retira précipitamment, abandonnant une partie de ses morts. Mais le lendemain dès la pointe du jour, nouvelle attaque, nouvelle défaite essuyée par l'ennemi. Cette fois le général Berthezène, en personne, repoussa les Arabes jusqu'au-delà de l'Aratch où ils se dispersèrent et laissèrent la plaine libre; plusieurs petits combats se livrèrent les jours suivants dans le Sahel et quelques coups de fusil retentissaient encore sur la côte quand le prince de Joinville, qui faisait son apprentissage de marin, vint débarquer dans le port de la ville; le gouverneur en chef rentra pour l'y recevoir; le lendemain le jeune prince passa en revue les troupes disponibles et remonta le soir même sur son bâtiment qui reprit la route de Mahon. La visite du prince fut un petit épisode parmi les combats que nous livrions tous les jours. Ben-Zamoun avait combiné son mouvement avec le fils de l'ancien Bey de Tittery que nous retenions prisonnier; ce jeune homme, réunissant sous son commandement plusieurs tribus de l'ouest et du sud d'Alger, dégoûté de l'attaque de la ferme par le mauvais succès de son allié, dirigea tous ses efforts contre un simple blauckaus, sur les bords de l'Oued-el-Kermas ou rivière des Figuiers. Les Arabes, poussés par un courage qui tenait de la fureur, essayèrent longtemps d'ébranler avec leurs mains et leurs épaules les palissades et les madriers à l'abri desquels quinze ou vingt Français tiraient sur eux à bout portant. Ils se lassèrent enfin de se faire massacrer sans résultats et se bornèrent à s'établir sur la route d'Alger pour couper nos communications ; le lieutenant-colonel du 20e marcha contre eux avec un bataillon, les repoussa sur les pentes de l'Oued-el-Kermas, pendant que le colonel D'Arlanges sortait de la ferme pour leur couper la retraite. Cette multitude confuse se précipita vers le pont de l'Oued-el-Kermas, seule porte de salut qui lui restât. L'artillerie française tirait sur eux à mitraille et leur fit éprouver des pertes énormes. Mais rien ne pouvait décourager le fanatisme des barbares. Ils revinrent encore le lendemain à la charge sans pourtant oser s'avancer autant que la veille ; bien leur en prit, car des forces nombreuses avaient été dirigées sur la ferme Modèle pour leur couper entièrement la retraite ; après une courte résistance, ils se retirèrent ce jour-là par la route de Blida, poursuivis par l'infanterie française et de plus près encore par les chasseurs d'Afrique qui en sabrèrent un grand nombre.

Ces derniers poussèrent jusqu'à Bouffarick et nettoyèrent entièrement la rive gauche de l'Aracth ; dans les différents combats de juillet 1831, les ennemis perdirent plus de 800 hommes, parmi lesquels plusieurs personnages importants, si l'on en juge d'après les armes dont ils étaient couverts; cette journée termina la série des combats qui nous avaient valu notre évacuation de Médéah.

Cependant plusieurs centaines d'Européens s'étaient déjà rendus dans la Régence, pour s'y établir sous la protection de nos armes. Indépendamment des Français qui en composaient la plus grande partie, ces émigrants comptaient beaucoup d'Espagnols, bien assez d'Allemands, quelques Italiens et très peu d'Anglais : ce n'est généralement ni la portion la plus aisée d'une nation ni la plus morale qui s'exile ainsi, et les nouveaux colons ne trouvèrent pas toujours en Afrique la fortune qu'ils venaient y chercher. Beaucoup périrent, détruits par l'intempérence ou par l'insalubrité des lieux où ils s'étaient fixés : La mortalité fut surtout grande parmi les Allemands, dont le tempérament lymphatique s'accommodait mal de la température d'Afrique; toutes les colonies ont eu de pénibles commencements, et l'impatience française aurait dû s'alarmer moins qu'elle ne le fit des obstacles que rencontrait notre premier établissement; on se plaignit du gouvernement; quelques journaux qui auraient voulu compléter dans un an l'œuvre de plusieurs siècles, demandaient qu'il entreprît

lui-même la colonisation sur une grande échelle :
c'eût été une grande faute ; il est de l'essence de
tout gouvernement de ne savoir rien faire qu'à
force d'argent, en fait d'agriculture, d'industrie
et de commerce ; il doit protéger toujours, n'exécuter jamais ; une colonie se fait, on ne la fait pas.
Tout ce qu'on peut reprocher avec justice au cabinet français, c'est de n'avoir pas déclaré dans le
principe et d'une manière qui n'admît point d'équivoque, que jamais il n'abandonnerait l'Afrique ; cette déclaration faite et prouvée, la sécurité et la protection de bonnes lois assurées aux
cultivateurs établis dans le rayon qu'on voulait
occuper, sa tâche était finie ; le reste a toujours
été et sera toujours l'affaire de l'industrie particulière.

Si l'administration de M. Berthezène, qui ne
dura du reste que quelques mois, ne fut marquée
par aucune belle conquête, du moins fut-elle
conduite toujours avec justice, fermeté et probité ;
les Arabes repoussés du Sahel reprirent bientôt avec
nous des relations de commerce qui leur réussissaient mieux que le parti de la guerre ; plusieurs
fois même ils ramenèrent des soldats qui avaient déserté ou qui s'étaient égarés parmi eux. Les tribus
des environs d'Alger semblaient dépouiller peu à
peu une partie de la haine féroce qu'elles portaient
aux Chrétiens. C'est de ce moment que date la

première tentative pour gouverner le pays au moyen des indigènes ; il existait à Coléah une famille puissante par son influence et par la réputation de sainteté dont elle jouissait depuis des siècles ; c'était les Embarrecks, dont plusieurs figureront dans l'histoire de la colonie ; un des leurs, nommé Mahiddin-el-Seghir, accepta le titre d'aga des Arabes au nom de la France, et reçut à ce titre une somme de 12,000 fr, par mois. On profita de cet intervalle de repos pour examiner les ressources du pays et les différentes cultures dont était susceptible le sol que nous occupions ; on reconnut bien vite l'erreur du maréchal Clausel, qui voulait introduire dans la Régence les plantes des tropiques ; les nouveaux Colons durent se borner aux produits du midi de la France et de l'Italie, auxquels on pourra peut-être adjoindre par la suite l'indigo, le coton et la cochenille. La laine semblait aussi pouvoir devenir par la suite un objet important d'exportation ; mais rien de cela n'existait encore qu'en espérance, et sauf quelques troupeaux qui nourrissaient les troupes, tout ce que consommait l'armée lui venait de France ; c'était l'objet d'un commerce important qui fut une source de richesses pour les départements méridionaux et surtout pour Marseille. Jamais cette ville n'avait vu son port si fréquenté ni la prospérité de sa population s'accroître aussi vite ; les habitants avaient bien vite appris le chemin d'Alger, et, chose plus remarquable, de jeunes Algériens se proposaient de venir étudier de près la patrie de leurs vainqueurs. L'esprit d'entreprise qui commençait à se manifester de part et d'autre eût pris un bien plus vigoureux essor si le gouvernement eût fait quelque chose pour le favoriser ; mais, forcé de combattre plusieurs fois à Paris pour son existence, incertain de ses projets ultérieurs pour l'Afrique, il ne répondit aux pressantes interpellations de la Chambre des Députés que sur un refus de s'engager dans des promesses d'occupation définitive. Ces discussions de tribune traversant les mers, encouragèrent les ennemis de notre domination en Afrique plus que n'eussent pu le faire les plus sanglants revers. Une malheureuse indécision nous fit perdre plusieurs fois le fruit de la bravoure et du sang de nos soldats ; nos partisans même ne se confiaient plus qu'en tremblant à notre fortune. A M. de Berthezène, succéda le duc de Rovigo, vieux serviteur de l'empire qui, après quinze ans de repos, vint prendre le commandement de l'armée d'Afrique dans le courant de décembre 1831. Imbu des traditions de l'empire, il exerça le pouvoir avec une fermeté qui souvent dégénérait en despotisme, quelquefois même en cruauté ; peut-être était-ce le meilleur moyen de conduire ces peuplades féroces, ne reconnaissant d'autres droits que la force, toujours portées à mettre sur le compte de la peur, ce qui ressemblait à de la modération. Mais nos mœurs européennes s'accommodent mal de traits semblables à celui du massacre des El-Ouffias qui eut lieu au printemps de 1832; voici quelle en fut l'occasion : Le fameux Scheik Ben-Ferrhat, commandant une grande partie du désert, au sud de Constantine, était souvent en guerre avec Achmet, Bey de cette dernière ville, que nous avions aussi pour ennemi ; pensant qu'une alliance avec nous lui serait utile, il nous envoya des députés qui arrivèrent heureusement auprès du gouverneur. Fêtés, choyés, comblés de présents, ils retournaient chez eux après leur mission remplie, quand en traversant le territoire de la tribu El-Ouffia, établie à deux ou trois lieues de nos avant-postes du côté de l'est, ils furent dépouillés, probablement par les habitants du pays, et obtinrent à grand'peine la permission de retourner presque nus auprès du duc de Rovigo. Ce dernier avait eu déjà plusieurs fois à se plaindre de quelques méfaits commis de ce côté, et jamais les réclamations auprès de l'Aga, nommé et soldé par nous, n'avaient eu de résultat, soit impuissance, soit mauvaise volonté de sa part. Voulant frapper un coup décisif, le gouverneur tint secret et le retour des députés, et les nouvelles qu'ils apportaient; et le 6 avril 1832, à neuf heures du soir, il fit monter à cheval tout ce qu'il put réunir de cavaliers, au nombre de 285 chevaux, sous les ordres du colonel de Schawembourg. Le général Faudoas qui devait commander toute l'expédition partit avec lui, et se recruta sur la route de deux compagnies d'infanterie, prises au poste de la maison Carrée ; cette petite expédition avait de bons guides ; elle se dirigea droit aux tentes des El-Ouffias, qui furent entourées au milieu de la nuit et avant qu'aucun de leurs habitants eût pu donner l'alarme. Les gendarmes maures commencèrent une attaque qui n'éprouva pas de résistance ; tout fut égorgé avant le réveil, et à peine six ou sept Arabes purent-ils s'échapper en sautant à cheval demi-nus. L'armée française rentra dans Alger à neuf heures du matin, après avoir coupé quatre-vingts à cent têtes et traînant à sa suite quelques femmes et quelques vieillards échappés au massacre ; le Scheik de la tribu était au nombre des prisonniers ; il fut exécuté quelques jours après à Alger, parce qu'on avait trouvé sous les tentes de ses administrés deux soldats de la légion étrangère décapités et déjà froids, qui manquaient depuis quelques jours aux appels, et qu'on reconnut seulement à leurs vêtements. Cependant on n'avait point rencontré chez les El-Ouffias, les objets appartenant aux députés du désert qu'on les accusait d'avoir pillés. On s'adressa aux chefs des Krachenas, un de nos alliés les plus fidèles, qui les renvoya par des hommes de sa tribu, en disant que les El-Ouffias, les premiers voleurs, avaient été dépouillés par d'autres Arabes, auquel lui-même les avait enlevés ; ce n'est qu'en Afrique qu'on peut trouver une pareille succession de vols exécutés dans si peu de temps sur les mêmes objets. Quoi qu'il en fût de cette version, tout, jusqu'à l'argent volé, fut retrouvé et remis entre les mains des légitimes possesseurs. Cette sanglante exécution frappa de terreur toutes les tribus de la plaine : le bruit en retentit jusqu'au fond du désert où les députés de Ben-Ferrath retournèrent bientôt. Mais la haine dut sans doute se mêler à la crainte de la part des indigènes.

L'ordonnance du 1er décembre 1831 avait organisé à Alger une intendance civile, calquée sur l'administration d'un département français et entièrement indépendante de l'autorité militaire ; mais les deux pouvoirs rivaux ne tardèrent pas à s'entrechoquer, et les fonctionnaires, chargés des affaires civiles, n'avaient signalé leur court passage en Afrique que par des conflits d'autorité avec le duc de Rovigo, ce qui arrêtait les affaires et laissait tout dans une incertitude fâcheuse. Par une nouvelle ordonnance, rendue dans le courant de 1832, l'intendance civile fut subordonnée au pouvoir militaire, bien qu'elle conservât dans ses attributions à peu près tout ce qu'elle renfermait auparavant ; seulement les relations diplomatiques, les mesures politiques ou de haute police furent exclusivement confiées au général en chef, et, pour tempérer un peu le pouvoir presque despotique qu'on remettait à ce dernier, on appela de nouveaux membres dans le conseil supérieur de la Régence qui dût dorénavant réunir :

Le général en chef, président ; le général commandant en second, vice-président ; le général commandant la place d'Alger ou l'officier chargé de le remplacer ; l'intendant civil ; l'intendant militaire ; le magistrat le plus élevé dans l'ordre judiciaire ; l'inspecteur général des finances ; le directeur des domaines ; enfin tous les chefs de service que le gouverneur jugerait à propos d'y appeler.

Toutes les décisons en matières purement civiles, financières, commerciales, administratives et judiciaires lui furent soumises. Des sous-intendances civiles furent également établies à Bone et à Oran, qui, par l'incertitude et la difficulté de communications uniquement maritimes, étaient deux centres d'action tout à fait séparés. Leurs rapports, avec le général commandant la province, furent réglés d'une manière analogue à ceux de l'intendant d'Alger avec le général gouverneur. M. Genty de Bussy fut le premier intendant civil qui vint en remplir à Alger les fonctions ainsi modifiées ; de concert avec le duc de Rovigo, il

imprima à l'administration une impression vigoureuse, et publia une foule de règlements sur le commerce, la justice et la police qui formèrent la véritable législation de la Régence. Avant lui, tous les arrêts des pouvoirs, tant civils que militaires, étaient épars et disséminés; il les réunit dans un recueil qu'on pouvait consulter à volonté; par ses soins, une mosquée de la ville fut consacrée au culte catholique, et, chose bizarre, les Maures virent sans peine la religion de leurs vainqueurs venir s'établir en rivalité à côté de la leur. Les prêtres musulmans, consultés sur ce changement, répondirent : « Nous ne pouvons qu'être flattés
» des égards que vous nous témoignez; vous nous
» demandez un temple que vous pourriez prendre;
» consacrez-le au culte de votre Dieu, qui est
» aussi le nôtre; nous ne différons que sur la
» manière de le servir : lui rendre l'adoration qui
» lui est due, est la meilleure manière de prouver
» qu'on peut avoir en vous toute confiance. »
Rien ne les choquait dans les Français comme le peu d'empire que les idées religieuses paraissaient exercer sur la plupart d'entre eux. La nouvelle église, avec ses belles colonnes de marbre d'un style oriental, les longues chaînes d'argent qui suspendaient des lampes ardentes lors des fêtes du Beyram, les devises du Coran tracées en lettres d'or sur les murailles intérieures, remplies les jours de solennité d'Espagnols, d'Italiens, d'Allemands, de Français, chacun dans leur costume

national, offrait le spectacle le plus pittoresque et le plus touchant ; elle semblait proclamer la grande fraternité de tous les peuples du monde, par la nécessité qu'ils sentent tous de reconnaître une puissance supérieure à la leur. Les nations méridionales ont besoin d'une religion sensible ; malheureusement elle n'arrête pas toujours chez elles les vices ni les crimes. Chez elles, l'homme ignorant sent beaucoup plus vivement et ne raisonne pas davantage que dans les climats plus froids ; l'équilibre de ses facultés en est plus souvent rompu, et les choses les plus disparates peuvent trouver facilement place chez lui.

Ce fut à cette époque qu'il faut rapporter le premier établissement d'une garde nationale, dont les fonctions étaient d'occuper les postes de la ville, et de rendre disponible, en cas d'attaque, la presque totalité des forces de l'armée. On commença aussi à s'occuper des communications. Avant notre arrivée, les environs d'Alger n'avaient que des sentiers étroits, serpentants, raboteux, propres seulement aux bêtes de somme, seul moyen de transport usité chez les indigènes ; sous la direction du génie militaire, les compagnies de discipline, et les troupes dans leurs moments de repos, construisirent, pour les voitures, des routes à lacets dont la pente, habilement ménagée, conduisait sans fatigue, des portes de la ville jusqu'aux sommets des plateaux supérieurs qui forment le massif d'Alger. On désigna l'emplacement de quelques villages pour peupler le cercle de deux ou trois lieues de rayon assuré par notre ligne de blockaus; au milieu de la ville, on déblaya une place centrale, d'où durent partir trois grandes rues conduisant aux trois portes principales, et qui furent tracées et construites peu à peu sur un plan uniforme et très beau, malgré quelques réclamations particulières qui, de gré ou de force, finirent par céder à l'intérêt général. Les chaleurs de l'été de 1832 n'arrêtèrent pas ces utiles travaux; elles furent cependant excessivement fortes cette année, et malgré les précautions minutieuses prises par les chefs des corps, elles causèrent bien assez de maladies parmi les soldats; mais heureusement la mortalité ne fut pas en rapport, et c'étaient presque toujours les mêmes hommes qui, entrant et sortant plusieurs fois de suite, encombraient les hôpitaux militaires; les postes établis le long de la Métidja étaient ceux qui donnaient le plus de malades; on finit par en confier la garde à quelques indigènes, mesure très sage et qu'on aurait dû prendre plus tôt. Les émanations de cette plaine fétide, malgré les travaux de dessèchement entrepris, seront longtemps encore, sinon toujours, excessivement pernicieuses aux Européens, et sont loin d'être sans action sur les indigènes eux-mêmes.

Les tentatives de révolution qui, au contre-coup de juillet, avaient agité presque tous les États de l'Europe, l'esprit d'inquiétude et d'aventure que beaucoup d'hommes apportent en naissant, avaient jeté parmi nous une foule d'étrangers, population active, turbulente, qui, disséminée sur le sol français, eût pu devenir un sujet d'appréhension pour le gouvernement ; on utilisa toutes les existences énergiques, mais qui n'étaient propres qu'aux armes, en les enrôlant dans un corps organisé en régiment, et qui prit le nom de légion étrangère ; elle compta dans certains moments jusqu'à quatre à cinq mille hommes. Un bataillon composé d'Espagnols servait à Oran sous les ordres du général Boyer; d'autres où s'étaient groupés les Polonais et les Allemands occupaient différents postes aux environs d'Alger, entr'autres celui de la maison Carrée, d'où ils poussaient des reconnaissances dans les environs pour éclairer la campagne. Un de ces détachements, fort d'une trentaine d'hommes, fut tout à coup surpris dans un ravin par 600 Arabes, Issers et Amraouas, et entièrement massacré avant de pouvoir faire la moindre résistance ; quelques-uns, restés encore debout, entr'autres l'officier et le tambour, aimèrent mieux mourir que prononcer les paroles sacramentelles qui forment la profession de foi musulmane, et subir le dur esclavage qu'on leur proposait. Un seul, le nommé Waguener, Saxon d'origine, blessé et étendu par terre, fit acte de soumission et fut entraîné dans l'intérieur à la suite de ses nouveaux maîtres. Echu en partage à un chef de tribu, il fut employé à cultiver la terre et parvint enfin à s'échapper, et à revenir à la maison Carrée dans un état affreux, après treize jours passés dans la campagne, vivant d'herbes et de racines. Pendant sa captivité, Waguener avait rencontré dans les tribus onze déserteurs de la légion étrangère réduits à la plus dure captivité : sous ses yeux, cinq de ces malheureux avaient été horriblement tourmentés, et enfin massacrés pour avoir tenté de s'échapper; afin de mieux les reconnaître, en cas d'évasion, les Arabes leur coupaient le nez et les oreilles. Ces malheureux, repoussés des avant-postes français par la rigueur des lois militaires, ne voyaient plus que la mort qui pût mettre un terme à leurs souffrances. Waguener fit le récit de ses malheurs devant son bataillon assemblé en carré, et cette peinture énergique ne contribua pas peu à mettre un terme aux désertions assez nombreuses, qui avaient eu lieu parmi ces hommes supportant impatiemment le joug de la discipline. Cinquante soldats et un officier étaient déjà passés à l'ennemi. Ce massacre, que plusieurs personnes regardèrent comme une représaille de celui des El-Ouffias, fut le seul acte d'hostilité commis pendant cet été 1832; le duc de Rovigo, qui s'était montré si cruel envers une tribu peut-être innocente, ne tira aucune vengeance des Issers qui en étaient les auteurs. Une escadre montée par quelques troupes fut envoyée le long des côtes qu'ils habitent; mais elles n'essayèrent même pas de débarquer ; vaine tentative qui ne pouvait que nous nuire dans l'esprit des Africains.

Le temps des récoltes et l'emmagasinement des blés dans les silos, fut toujours pour les Arabes une époque de calme et de tranquillité. Nous en avions profité pour exécuter toutes les améliorations intérieures dont nous avons rendu compte; mais dès les premiers jours de septembre, de sourdes rumeurs de rassemblements et de projets d'attaque de la part des tribus commencèrent à circuler dans Alger ; on s'apprêta à bien les recevoir; les populations de l'est s'étaient concertées avec celles de l'ouest pour s'ébranler en même temps. Les premières marchaient sous les ordres du fils de Ben-Zamoun que nous retrouvons encore à la tête de nos ennemis. Les secondes se soulevaient à la voix d'un nommé Sidy-Saady, dont les intrigues parvinrent à ébranler la fidélité de l'Aga indigène, établi à Coléah par le général Berthezène; quoique dans les rangs ennemis, il osa écrire au gouverneur pour protester de son innocence. La mort d'un chef important, tué par M. de Signy, lieutenant au premier régiment de chasseurs, dans une escarmouche d'avant-postes, avait décidé les tribus de l'est à retourner chez elles, lorsque Sidy-Saady parvint à les retenir sous les armes, en leur promettant qu'il attaquerait les postes français de l'ouest avant le 28 septembre, En effet quelques jours auparavant, le camp de Déli-Ibrahim fut assailli par une centaine de vagabonds que quelques coups de canon suffirent pour disperser. Ce ne fut là que le prélude des mouvements ennemis; toutes les troupes françaises disponibles s'étaient groupées près des points menacés, laissant la ville entre les mains de la garde nationale, qui, nouvellement organisée et ne comptant que 450 hommes, rendit dans cette occasion de véritables services. Son secours n'était pas de reste, car nous n'avions que 5,000 hommes de valides à opposer à la masse d'ennemis qui allaient fondre sur nous. On était dans l'attente des événements quand, le 26 septembre, à onze heures du soir, une fusée partie du blockaus du gué de Constantine sur l'Aratch, suivie immédiatement d'une canonnade bien nourrie, annonça le commencement des hostilités. Les Arabes passèrent la rivière sous le feu de nos avant-postes, arrivèrent à l'aube du jour à la ferme Modèle dont ils essayèrent de s'emparer, en incendiant une porte de derrière qui donnait sur la campagne. Les troupes qui occupaient le poste furent pendant quelque temps dans le plus grand danger. Dans le moment même, le duc de Rovigo arrivait à Birkadem, lieu de rassemblement d'une partie des troupes, à une lieu en arrière de la ferme, et d'où l'on entendait distinctement les décharges répétées de l'artillerie et de la mousqueterie; les troupes hâtèrent leur marche et arrivèrent au moment où la porte entièment consumée allait succomber sous les efforts des assaillants. Les Arabes se mirent en retraite sur le pont de l'Oued-el-Kermas au moment où on allait leur barrer le chemin. Le général Faudoas les poursuivit une lieue au-delà, et sur l'ordre du gouverneur revint coucher à Birkadem. Les tribus de l'est s'en tinrent là pour cette fois; un Scheik, rival de Ben-Zamoun les décida à quitter ses étendards; tranquille de ce côté, l'armée reprit les armes avec un nouveau courage pour attaquer les Arabes au centre et à l'ouest. Le général en chef se proposait deux résultats : l'un était d'enlever de la ville de Coléah, à dix lieues à l'ouest d'Alger, le perfide Aga qui avait tourné contre nous l'influence que nous lui avions donnée; l'autre, de dissiper le rassemblement d'Arabes qui s'était formé aux environs de Bouffarick, au milieu de la Métidjah. Cette vaste plaine se divise en deux bassins, celui de la rivière de Bouffarick, affluant de Mazagran, et coulant au nord-ouest; celui de Chébeck, qui se joint à l'Aratch, se dirige au nord-est; ces deux cours d'eau prennent leur source dans un terrain marécageux, couvert de hautes broussailles et traversé par une route sinueuse qui conduit à Bouffarick; elle est coupée par une multitude de ruisseaux, qu'on passe sur des ponts mal construits et en ruine, d'où ce passage a pris le nom de Dix-Ponts : il eût pu devenir dangereux pour une colonne aussi faible que la nôtre de s'engager bien avant dans le défilé, mais l'ennemi nous en évita la peine. Il osa s'aventurer en deçà du passage, dans la partie découverte de la plaine, il y fut rencontré dans la nuit du 1er octobre, par les 2,000 hommes du général Faudoas qui s'avançait pour le surprendre; on se fusilla dans les ténèbres; on repoussa les Arabes. L'aube du jour qui vint à paraître permit à la cavalerie française de sabrer l'ennemi. Il s'enfuit à la hâte et repassa le défilé des Dix-Ponts. Le général français arrêta sa poursuite à l'entrée du passage; il cherchait à attirer de nouveau l'ennemi dans un terrain découvert; en conséquence, il simule une retraite, et vient prendre un peu en arrière une bonne position couverte par l'artillerie et la cavalerie. Les Arabes donnent dans le piège; leur infanterie s'avance jusqu'à une bonne portée de canon. Soudain l'artillerie ouvre son feu, écrase cette multitude confuse que la cavalerie poursuit et sabre jusqu'aux ponts de Bouffarick. On enlève un drapeau appartenant à la ville de Blida. La colonne française se retire de nouveau et prend une seconde position un peu en arrière de la première; les Arabes ressortent de leurs broussailles et viennent se faire mitrailler encore une fois. Il n'entrait pas dans les plans du duc de Rovigo de pousser plus loin nos succès; l'armée était fatiguée d'avoir marché toute la nuit et combattu tout le jour; elle revint coucher à Birkadem. Nous n'eûmes, dans cette journée, que sept hommes tués et une douzaine de blessés; l'ennemi perdit, dit-on, plus de quatre cents hommes, ce qui s'explique par les ravages de l'artillerie.

Le général Brossard, chargé de l'expédition de Coléah, était parvenu à une lieue de la ville sans tirer un coup de fusil, lorsqu'il fût rencontré par une députation de Maures ayant à leur tête Sidy-Mahomet, homme habile et vénéré, et qui appartenait à cette famille des Embarreck, Marabouts de Coléah, dont l'influence était héréditaire. Nous verrons plusieurs de ses membres figurer dans cette narration. Mahomet supplia le général de ne pas pousser plus loin sa reconnaissance, protestant de l'attachement du pays pour la France. M. de Brossard n'en tint compte et vint fouiller toute la ville de Coléah sans y trouver l'Aga, but de son expédition. Ce dernier, se sentant coupable, s'était retiré dans la tribu de Soumata. Pour le remplacer, on s'empara des quatre principaux habitants de la ville, au nombre desquels était le marabout Sidy-Mahomet lui-même. Conduits à Alger, ils devaient servir d'otages de la conduite de leurs concitoyens. Ils ne furent relâchés que par le général Woirol après une captivité de près de deux ans.

Découragés par le mauvais succès de leurs tentatives, aussi prompts à faire de nouvelles pro-

messes qu'à les violer, les Arabes essayèrent quelques voies d'accommodement auprès du général en chef. Les citadins de Blida, ayant plus à perdre par les chances de la guerre, redoutaient surtout les suites de l'échauffourée du premier octobre, à laquelle ils avaient pris part, en partie forcés par les Arabes, en partie par haine pour les chrétiens ; sans cesse flottant entre la crainte de nos armes et l'espérance que nous finirions par quitter le pays, ils s'étaient donné pour chefs les deux scheicks Masaoud et Arbi-Ben-Moussa, ennemis déclarés du nom Français, et peu de jours après, effrayés de quelques démonstrations du duc de Rovigo, ils voulurent, ou ce dernier exigea, qu'ils fussent mis à la tête d'une députation nommée pour venir traiter de la paix. Masaoud et Arbi-Ben-Moussa hésitèrent longtemps à se charger d'une pareille mission ; enfin, rassurés par un sauf conduit que leur obtint notre fidèle allié, le Scheik des Kreschenas, accompagnés d'une douzaine de leurs concitoyens, ils vinrent trouver le duc de Rovigo pour entamer cette négociation difficile. Ce dernier les reçut en séance publique et d'un air si sévère. « Si,
» dit-il, vous n'êtes pas décidés à remplir toutes
» les conditions que je vous imposerai, vous pou-
» vez partir ; les chemins sont libres ; si, au con-
» traire vous êtes revenus à de meilleurs sen-
» timents, venez prendre mes ordres demain
» matin. » La députation protesta de sa soumission absolue, et se retira. Dans la nuit, un de ses

membres fit réveiller le général en chef pour lui dire que la députation avait délibéré la veille, toute la soirée; qu'il avait été convenu, sous l'influence des deux chefs, que l'on promettrait tout ce que l'on voudrait au général, afin de pouvoir retourner à Blida; mais qu'une fois libres, ils n'agiraient plus que comme bon leur semblerait. Le Maure ajouta qu'il fallait arrêter les deux instigateurs du désordre; qu'avec eux on n'aurait jamais la paix. Le général prit sur-le-champ son parti. Il fit rédiger en arabe les plaintes qu'il avait à faire et les réparations qu'il exigeait, et, quand la députation vint le trouver le lendemain, il lui intima ses conditions, en demandant au Scheik des Kreschenas, qui avait accompagné ses protégés, s'il voulait se rendre caution de l'exécution de leurs promesses; celui-ci, tout en intercédant vivement pour eux, répondit que sa confiance en leur sincérité n'allait pas jusques-là. Le général lui dit alors qu'il était, dans ce cas, forcé de se conserver des otages et lui rendit compte de ce qui s'était passé la veille dans le conciliabule des envoyés. En même temps, les gendarmes entrèrent et s'emparèrent de Masaoud et d'Arbi-Ben-Moussa, qui furent conduits en prison. Ils devaient être relâchés plus tard si leurs concitoyens restaient fidèles à leur parole, sinon ils demeuraient responsables, sur leur tête, de tout ce qui pourrait arriver. Le reste de la députation eut la liberté de retourner à Blida.

Il ne paraît pas que les engagements, pris dans ces conférences par les habitants de Blida, aient eu un grand résultat; le fait est que cette malheureuse ville, livrée à l'anarchie, n'avait aucune autorité réelle, capable de tenir en bride la population fanatique et turbulente des environs, qui nous avait juré une guerre éternelle; le général voulait les punir à la manière des Arabes, par une razzia, c'est-à-dire par un pillage à main armée; procédé odieux puisqu'il tombait sur des gens qui n'avaient d'autres torts que de n'être pas assez puissants pour résister à nos ennemis, et que nous ne pouvions protéger nous-mêmes. Le 21 décembre, le général Faudoas partit de Birkadem, vers les quatre heures du matin, accompagné du corps expéditionnaire. Douze heures après il était aux portes de Blida sans avoir tiré un coup de fusil; la campagne était déserte; les plus riches habitants de la ville l'avaient vidée avec tout ce qu'ils avaient pu emporter; ce qui restait fut livré au pillage. On apprit que les bagages des ennemis avaient été transportés dans un village situé dans la gorge d'une montagne, à une demi-lieue de la ville; il fut immédiatement investi, et tout ce qu'il contenait tomba au pouvoir des Français, sans que personne essayât de le défendre; seulement, en s'en retournant, nos troupes essuyèrent quelques coups de fusils tirés d'assez loin. De retour à Blida, M. de Faudoas fit dire aux habitants que, s'ils brûlaient une seule amorce, il reviendrait mettre le feu aux quatre coins de la ville ; ils promirent de rester tranquilles et tinrent parole ; le corps expéditionnaire rentra dans ses quartiers sans avoir laissé un seul homme en arrière, mais plus chargé de butin que de gloire.

Cependant les deux Scheiks, arrêtés en novembre, étaient toujours dans les prisons d'Alger. M. de Rovigo voulut en faire un exemple; une commission militaire fut instituée pour les juger, on prouva facilement qu'ils étaient les auteurs du meurtre de plusieurs Européens égorgés aux environs d'Alger. Il paraît aussi qu'ils avaient pris part au massacre des trente canoniers qui avaient péri dans la Métidja, lors de l'expédition du général Clausel derrière l'Atlas ; mais c'était leur manière de faire la guerre ; c'était la seule qui se pratiquat dans la Régence de temps immémorial. Notre justice officielle de France ne pouvait guère s'appliquer à des gens de mœurs et d'habitudes si différentes des nôtres. Ce qui reste à peu près prouvé, c'est qu'il nous avaient fait une guerre cruelle et perfide, et qu'au moment même où ils venaient, disaient-ils, traiter de la paix à Alger, ils étaient bien déterminés à nous faire tout le mal qui leur serait possible. Une politique également cruelle les condamna à mort et fit exécuter la sentence.

L'année 1833 fut très peu fertile en événements

militaires en Afrique. M. de Rovigo rentra bientôt en France, rappelé par une maladie affreuse qui l'enleva le 2 juin, à Paris. Les Arabes la regardèrent comme une punition du Ciel. Le général Woirol fut mandé de France pour prendre, par intérim, le gouvernement de la colonie, en attendant que les graves questions qui commençaient à s'agiter à l'égard de l'Afrique, eussent reçu une solution définitive.

Il est temps que nous abandonnions le centre de nos possessions d'Afrique, afin de nous occuper des autres portions de la Régence. Les projets de M. de Bourmont étaient de l'occuper tout entière ; naturellement les villes situées sur la côte avaient les premières attiré son attention, et, sur son invitation, M. Duperré, dans le courant de juillet 1830, avait envoyé dans les eaux de Bone la corvette l'Echo, commandée par M. de Graëb, ayant à son bord plusieurs habitants de cette dernière ville, qui se trouvaient à Alger lors de la capitulation. Ils s'étaient adjoints quelques Algériens notables, et M. Rimbert, ancien agent Français dans les concessions d'Afrique. Ils étaient porteurs d'une proclamation de M. de Bourmont, traduite en Arabe, qu'ils étaient chargés de répandre dans la ville et les environs pour en sonder les populations et préparer une réception pacifique à l'expédition armée qui devait les suivre. Pendant ce temps, l'amiral organisait, sous les ordres de M. de Rosamel, une escadre qui devait prendre à son bord deux régiments de ligne, une batterie d'artillerie, personnel et matériel, et deux obusiers de montagne. Toutes ces mesures eurent le plus heureux succès. Les habitants de Bone, déterminés par les conseils de nos députés, par la nouvelle de nos succès, et surtout par la crainte du pillage de la part des Arabes, qui se trouvaient libres de toute autorité par la chute des Turcs, virent en nous des protecteurs plutôt que des ennemis, et ne formèrent plus qu'un vœu, celui de voir leur ville occupée le plus tôt possible. Déjà une troupe de Kabiles s'était présentée aux portes de la place en en demandant la reddition au nom du Bey de Constantine. Les citadins, quoique ne comptant que 1,500 hommes, avaient bravement fermé leurs portes et refusé toutes les demandes qu'on leur adressait; ils reçurent au contraire, avec empressement, le général Damrémont, qui commandait l'expédition française. Le débarquement se fit avec autant d'ordre que de promptitude; le 6° de ligne occupa la Casbah, située à 300 mètres de la ville sur une hauteur isolée; le 49° s'établit sur la route de Constantine. On construisit des batteries pour couvrir cette position, et on les arma avec des canons trouvés dans la place et les forts qui en dépendent. Les Arabes couvraient la campagne, mais, jusqu'au 6 septembre, ils se bornèrent à bloquer la ville et à intercepter les substances. Ce jour-là même, les troupes françaises firent une vigoureuse sortie et les chassèrent sur tous les points; l'artillerie, tirant plusieurs fois à mitraille, leur fit éprouver de grandes pertes; mais ce premier échec ne les découragea point. Le 7 septembre, accrus de nouveaux renforts, ils vinrent eux-mêmes nous chercher dans nos retranchements. Si l'attaque fut vive, la défense ne le fut pas moins; officiers et soldats rivalisèrent d'intrépidité et de sang-froid. Couverts par notre position, notre perte fut minime; celle de l'ennemi dût être très forte, ce qui ne l'empêcha pas de revenir plusieurs fois à la charge. Des deux redoutes qui couvraient la ville, l'une où se trouvait le général en personne, était complètement terminée; l'autre établie un peu en arrière seulement ébauchée. Ce fut contre cette dernière que les Arabes dirigèrent tous leurs efforts. Au milieu de la nuit du 11 août, ils s'en approchèrent à la faveur de l'obscurité, de légers plis de terrain et de quelques bois qu'on avait oublié d'abattre. Tout à coup ils s'élancèrent sur les parapets en poussant des hurlements féroces. Accueillis par un feu de mousqueterie et de mitraille à bout portant, ils plièrent, mais revinrent bientôt avec plus de fureur encore; quelques-uns franchirent les fossés de nos redoutes, et vinrent se faire tuer à coups de baïonnettes sur les parapets et dans les embrasures des batteries. Enfin ils abandonnèrent la partie, laissant 86 cadavres sur le champ de bataille. Il est probable que leur perte était beaucoup plus grande, car on sait tous les efforts dont ils sont capables pour enlever leurs morts. Le beau-frère du Bey de Constantine, qui les commandait, y perdit la vie; les Arabes, depuis lors, continuèrent à rôder par bandes dans la plaine, sans plus oser s'approcher de nos postes.

Mais à la nouvelle des événements de juillet, M. de Bourmont voulut concentrer à Alger les troupes qu'il avait sous ses ordres, afin de jeter plus facilement leur poids dans la balance, si la guerre civile venait à se prolonger en France; l'évacuation de Bône fut donc par lui résolue. Il ne réfléchit ni au contre-coup fâcheux qu'un pas rétrograde allait avoir sur l'esprit des Arabes, ni aux malheureux habitants de cette ville, compromis pour nous, que nous allions livrer à un ennemi féroce. Ce fut le 18 août que parvint à M. de Damrémont un ordre de retour, qui dut lui faire verser des larmes de désespoir. Une escadre était en rade prête à recevoir les hommes et le matériel; le général mit dans la triste opération de l'embarquement autant de prudence qu'il avait montré d'intrépidité dans les combats précédents. Une très forte brise la rendit plus longue et plus difficile qu'on ne l'avait supposé, et ce ne fut que le 20 au soir que les troupes purent commencer de monter à bord. L'ennemi, enhardi par cette retraite qu'il attribuait à la crainte, fondit sur nous avec une nouvelle fureur, et nos soldats, combattant avec un courage digne d'une meilleure occasion, eurent plus de peine à évacuer la ville qu'il ne leur en aurait fallu pour la conserver. Les Arabes occupaient nos positions à mesure que nous les abandonnions et s'en servaient pour faire feu sur nous. Des compagnies d'élite passèrent encore à terre la nuit du 20 août et eurent à combattre jusqu'au dernier moment; elles eurent le bonheur de n'éprouver aucune perte, mais il n'en fut pas de même de notre influence dans la Régence.

Abandonnés par nous, les habitants de Bone ne s'abandonnèrent pas eux-mêmes; ils repoussèrent à coups de canon le Bey de Constantine qui voulait s'emparer de leur ville, et qui, après plusieurs tentatives avortées, se contenta de les bloquer étroitement; les citadins à bout de vivres et de munitions, eurent recours à M. de Berthezène qui leur envoya cent vingt-cinq zouaves et quelques officiers dont l'aventureux courage ne cherchait que des dangers; ce premier secours, sous le commandement du chef de bataillon Huder, n'était que l'avant-garde d'une expédition plus considérable qui devait débarquer bientôt après. Reçu en libérateur, l'officier français distribua sa petite troupe dans la ville et la Casbah; mais trop confiant dans les dispositions d'une population que notre faiblesse n'encourageait pas à se dévouer pour nous, il ne s'aperçut pas des germes de mécontentement et d'insurrection que quelques hommes fanatiques fomentaient dans la ville. Il s'y trouvait alors un nommé Ibrahim, ancien Bey de Constantine, homme actif et remuant, et qui n'avait pas assez attiré l'attention de M. Huder; il en profita pour se ménager un parti parmi les habitants, et, suivi de quelques Musulmans dévoués, il parvint, le 26 septembre, à s'introduire dans la Casbah et s'en rendit maître après avoir fait prisonnier l'officier qui y commandait et massacré les vingt-cinq ou trente Français qui en formaient toute la garnison : il s'en servit pour battre la ville à coups de canon. A l'instant, ses partisans se déclarèrent; le commandant français courut aux armes, et, à la tête de sa troupe, se battit courageusement dans les rues de la ville. L'Adonis et la Créole, deux bricks de guerre qui se trouvaient en rade, envoyèrent des marins à son secours ; mais s'apercevant bientôt que la ville était intenable sous le feu du château, il se détermina enfin à l'évacuer dans la matinée du 29 septembre; il allait descendre dans le canot qui devait le conduire à bord, quand il fut tué d'un coup de tromblon. La marine fit des prodiges de courage et de dévoûment pour ramener à bord le détachement des troupes de terre, et elle y parvint, non sans payer ce succès du sang d'une partie des équipages. Le soir de cette malheureuse affaire, arrivait le commandant Duvivier avec le 2ᵉ bataillon de zouaves qui devait renforcer la garnison ; cet officier supérieur jugea qu'en de telles circonstances le débarquement était inutile ; il revint à Alger sans avoir mis pied à terre, et Bone fut abandonnée une seconde fois. Ce fut dans les rues de la ville que fut tué alors le capitaine Bigot, jeune officier de la plus belle espérance.

La valeur française devait réparer encore les fausses mesures qui deux fois nous avaient fait perdre la ville de Bone. Cette place après la mort du commandant Huder tomba entièrement entre les mains d'Ibrahim Bey, qui aurait bien voulu s'y créer un état tout à fait indépendant ; mais les habitants, toujours portés pour la France, demandèrent du secours au gouverneur d'Alger ; celui-ci, n'ayant point de troupes disponibles, se contenta de leur envoyer, le 12 février 1832, M. D'Armandy, capitaine d'artillerie, qui, par des voyages et un long séjour en Perse et dans tout l'Orient, avait acquis une connaissance assez exacte de la langue turque et des mœurs musulmanes. Deux sous-officiers et un soldat d'artillerie voulurent partager la gloire et les dangers de leur capitaine ; quelques zouaves se joignirent à eux et complétèrent une force de douze fusils ; et c'est avec elle que M. d'Armandy entreprit de se maintenir dans une ville où le commandant Huder venait de trouver la mort. Il entama des négociations avec Ibrahim, et ne désespera pas de l'amener à remettre lui-même la

Casbah aux mains des Français. Mais ce dernier, qui ne voulait que gagner du temps et se procurer des vivres pour approvisionner sa citadelle, ne se pressait pas de conclure, et M. D'Armandy vit bientôt qu'il faudrait avoir définitivement recours à une démonstration hostile. La situation fut encore compliquée par l'invasion de Bone par Ben-Aissa, lieutenant du Bey de Constantine, auquel quelques habitants avaient ouvert les portes de leur ville ; M. D'Armandy fut contraint de se retirer sur un bâtiment français à l'ancre dans la rade.

Il y avait alors à la solde de la France un jeune homme qu'une grande beauté, une naissance mystérieuse, une bravoure qui rappelait les temps de la chevalerie, commençaient déjà à recommander à la renommée. Il ignorait lui-même quel pays l'avait vu naître quoique plusieurs données semblassent déceler une origine italienne. Embarqué dès sa plus tendre enfance, il avait vu périr tous ses compagons dans un naufrage et jeté sur les côtes de Tunis, il avait été élevé à la cour du Bey de cette ville, d'où il s'enfuit à l'âge de 18 ans, à la suite d'une aventure galante avec la fille du souverain. Il s'était jeté dans les bras de la France qui lui ouvrit les rangs de son armée, et qu'il servit avec une fidélité et un dévoûment qui ne se démentirent jamais. Tout le monde a nommé Youssouf. Chargé par le duc de Rovigo de négocier un achat de chevaux dans la Régence de Tunis il avait fait la traversée d'Alger à Bone avec M. D'Armandy ; ces deux hommes, pendant les entretiens qui trompent les heures d'une ennuyeuse navigation, avaient concerté ensemble le projet qui finit par donner pour toujours Bone à la France. Youssouf, revenant de Tunis à bord de la Béarnaise, retrouva M. D'Armandy dans les eaux de Bone ; leur parti fut bientôt pris ; ils demandèrent à M. Fréard, commandant la Béarnaise, trente marins auxquels s'adjoignirent MM. Ducouédic, jeune lieutenant de frégate, et de Cornulier de Lucinière, élèves de 1re classe. Les noms de ces braves devraient être signalés à toute la France. Le 25 mars 1832, ils se font jeter à terre aux environs de Bone, parviennent à travers mille dangers jusqu'au pied des murs de la Casbah dont Ibrahim s'était absenté pour chercher du secours, et là Youssouf, s'abouchant avec les Turcs qui la gardaient, et parmi lesquels il s'était ménagé des intelligences, les décide à lui tendre des cordes, au moyen desquelles les Français escaladent la forteresse, et une fois introduits dans l'intérieur, ils forcent les Musulmans à leur jurer fidélité et obéissance. Ils arborent le drapeau tricolore sur les murs de la place, et un salut de neuf coups de canon vint annoncer aux habitants de Bone que la France était maîtresse de leur citadelle. A cette vue, les troupes d'Achmet désespèrent de se maintenir dans la ville ; elles pillent toutes les maisons et allument l'incendie, forcent les habitants à les suivre ou les massacrent, et s'enfuient dans l'intérieur. M. D'Armandy était témoin, du haut de la Casbah, de cette scène de désolation et s'indignait de ne pouvoir rien pour l'empêcher; il était lui-même ainsi que ses compagnons à la merci des Musulmans qui les avaient reçus dans la Casbah; ces derniers complotent pour s'en défaire. Youssouf a deviné leurs projets; il appelle le chef de la conspiration dans un réduit intérieur où les Français s'étaient retranchés, et sur ses explications embarrassées lui porte un premier coup de poignard. Le Turc poursuivi d'un feu de mousqueterie expire en fuyant. Les Musulmans les plus compromis sont saisis et décapités sur-le-champ; le reste n'ose plus bouger; pour leur ôter tout espoir d'introduire de nouveau Ibrahim dans la Casbah, Youssouf en fait murer les portes. Mais la faim, cet ennemi contre lequel toute la valeur est inutile, tourmente la petite garnison. Youssouf, pour se procurer des vivres, se met à la tête de ces mêmes Turcs qui voulaient le massacrer, sort de la place, et, arrivé en rase campagne, fait jurer de nouveau à toutes ses troupes fidélité au drapeau français; un seul semble hésiter, Youssouf lui fait sauter la tête d'un coup de pistolet, et ce dernier exemple, d'une terrible énergie, lui procure un ascendant irrésistible sur le reste de ses soldats. Avec eux, il s'empare des ruines de Bone, y arbore les couleurs françaises, en chasse une tribu d'Arabes qui voulait piller ce qui avait échappé aux soldats d'Achmet, et s'y maintient jusqu'à l'arrivée du brick la Surprise qui lui apportait des renforts et des munitions. Le général Monck-d'Uzer, qui descendit à Bone à la fin de mai avec 3,000 hommes, embarqués à Toulon, sut nous conserver l'ascendant acquis par l'audace de quelques braves. Youssouf, à la tête de ses cent Turcs, toujours à cheval, punissait les Arabes rebelles et soutenait ceux qui avaient fait leur soumission. Les indigènes des environs semblaient moins féroces et moins fanatiques que ceux du reste de la régence. Bientôt il n'y eut plus d'ennemi déclaré de la France, de ce côté, que le Bey de Constantine, qui ne devait être écrasé que beaucoup plus tard.

Cependant Achmet-Bey, en quittant Bone, ne nous avait laissé que des ruines. Le premier soin du général devait être de déblayer ce tas de décombres qu'on appelait la ville ; à peine si les soldats avaient pu trouver quelques maisons encore debout pour s'abriter ; les rues étaient étroites et presque sans air, encombrées d'immondices et de cadavres, exhalant une odeur fétide et les miasmes les plus dangereux. De la porte de Constantine à celle de la Casbah, on commença par percer une large rue divisée en deux par une grande et belle place d'armes. Des Arabes que nous avions pris comme travailleurs, des soldats montrant une patience et un dévoûment à toute épreuve, étaient occupés à ces pénibles travaux. La fatigue, la chaleur, l'insalubrité de ces ruines causèrent une foule de maladies que toutes les prévoyances, les soins paternels des chefs ne purent prévenir. Tout en rebâtissant la ville on travaillait à la fortifier; les maisons adossées contre les remparts furent abattues pour pouvoir facilement surveiller la défense en cas d'attaque; quelques forts extérieurs furent complétés. Il fut question d'établir un aqueduc pour conduire à la ville l'eau dont elle avait besoin. M. Monck-d'Uzer, pour ménager les finances de la mère patrie, fit recueillir, par l'armée, les foins nécessaires à la cavalerie. Ces travaux champêtres étaient des parties de plaisir pour nos soldats qui y retrouvaient les occupations de leur enfance. On partait avec des faucheurs des charretiers et une escorte de deux à trois cents hommes bien armés pour défendre les travailleurs à tout événement. La campagne des environs était magnifique, le sol d'une fertilité admirable, couvert d'oliviers, d'orangers, de figuiers, de palmiers et d'une foule d'autres arbres inconnus à la France. Cette province avait toujours été la plus florissante et la plus riche de la Régence, comme le prouvent le blé, les cuirs et la cire qu'en exportait le commerce. Bâtie sur le penchant de collines peu élevées, en face du soleil levant, la ville de Bone voit se dérouler au sud une grande et riche plaine arrosée par la Seybouse et la Meffrah, jadis parfaitement cultivée; elle est coupée par une rangée de collines s'élevant à un mille des portes de Bone, sur lesquelles on pense qu'était autrefois bâtie la ville d'Hyppone. Les inondations des rivières que l'incurie des barbares a laissé longtemps divaguer dans ce beau pays, en ont couvert une partie de marais insalubres, que l'industrie française commence à dessécher et à rendre à la culture par des digues renfermant les eaux dans un lit fixe et infranchissable. La Seybouse, d'une navigation facile, pourra devenir ainsi une artère puissante pour le commerce de la province, dont les habitants ont un esprit industriel et mercantile. C'est dans les environs de Bone que se trouve La Calle, chef-lieu des anciens établissements français sur ces côtes ; notre séjour antérieur y avait laissé quelques traces, et nos soldats trouvèrent avec plaisir une tribu dont quelques membres entendaient et parlaient le provençal ; elle se maintint constamment en paix avec nous.

Cependant il fallut bientôt reprendre les armes ; l'ancien possesseur de Bone, Ibrahim Bey, depuis son expulsion de la ville, errait de tribu en tribu, cherchant partout à soulever le pays contre les nouveaux conquérants ; il s'associa un marabout fanatique qui, par ses exhortations, parvint à réunir 4 à 5,000 hommes prêts à marcher avec lui contre les infidèles. L'attaque de la ville fut résolue pour le 22 août. Quelques jours auparavant, Ibrahim et son prophète s'étaient rendus sur les bords d'un lac, à cinq lieues de Bone, et se préparaient à quelque cérémonie religieuse en l'honneur de Mahomet, quand le prédicateur de la guerre sainte tomba de cheval et se cassa la clavicule. Il fut forcé d'abandonner l'expédition et cet accident dérangea pour un moment les projets de notre ennemi ; quelques-uns de ses auxiliaires l'abandonnèrent ; mais enhardi par notre inaction, encore soutenue de 12 à 1,500 hommes, il se présenta le 8 septembre sous les murs de la ville pour tenter un coup de désespoir. Dès les huit heures du matin, il jeta ses troupes indisciplinées dans les jardins qui dominent les hauteurs de la Casbah. Trois coups de canon, tirés de cette citadelle, avertirent la garnison de la ville de l'approche de l'ennemi ; les troupes rentrèrent aux quartiers, attendant les ordres de leurs chefs ; Ibrahim s'engageait de plus en plus. Bientôt deux bataillons du 55e, forts chacun de 600 hommes, furent prêts à marcher. On leur adjoignit à chacun une section de deux pièces. Une première colonne sortit par la porte de Damrémont ; une autre réunie aux Turcs commandés par Yousouf, par celle de Constantine. L'ennemi, attaqué à droite et à gauche, ne fut pas longtemps à se débander ; il eut 50 hommes de tués, 20 ou 30 de pris, et beaucoup de blessés ; son camp fut enlevé, la tente d'Ibrahim et tout ce qu'elle contenait tomba au pouvoir de nos soldats. Tout fut terminé en moins de deux heures ; l'ennemi s'enfuit par les montagnes dans un pays si difficile qu'il fut impossible de l'y poursuivre ;

nous ne perdîmes que quatre ou cinq hommes, Turcs ou Français, dans cette affaire qui fut la dernière dans laquelle l'ennemi osa se présenter sous les murs de Bone. Les combats suivants furent amenés par l'offensive que nous prîmes, afin de châtier quelques tribus coupables de vols et de déprédations aux dépens de nos alliés. Dans ces rapides coups de main, le capitaine Yousouf montra son audace et son activité ordinaires; il devint la terreur des Arabes que le général Monck-d'Uzer nous gagnait peu à peu par sa justice et sa modération. On poussa dans l'intérieur, jusqu'à 15 ou 20 lieues de la côte, plusieurs promenades militaires, qui furent effectuées sans tirer un coup de fusil, et firent découvrir un pays d'une richesse et d'une beauté surprenantes. Les tribus apprêtaient des rafraîchissements à nos soldats, et leurs Scheiks étaient admis à la table du général Monck-d'Uzer. La route de Constantine fut parcourue et reconnue praticable pour l'artillerie jusqu'à une grande journée de marche de Bone. Les Arabes se détachaient d'Achmet Bey, qui essaya vainement plusieurs fois de rallumer la haine des Musulmans pour le nom chrétien, prête à s'éteindre. Plusieurs Européens naufragés sur les côtes furent recueillis par les Arabes des bords de la mer, traités avec tous les égards possibles et remis entre les mains du capitaine de la Franconnière, chargé par le général de les recueillir. Le nom de M. Monck-d'Uzer était resté en vénération parmi les tribus des Felfellé et du Cap-de-Fer, depuis le combat du 8 septembre 1832, à la suite duquel il avait fait soigner les prisonniers blessés qu'il avait renvoyés ensuite dans leurs tribus respectives.

La ville d'Oran, jadis fortifiée par les Espagnols, avait éprouvé des vicissitudes analogues à celles de Bone, quoique moins sanglantes; M. le capitaine de frégate Le Blanc, commandant le brick le Dragon, avait reçu à son bord, dans les derniers jours de juillet 1830, le fils de M. de Bourmont, officier d'ordonnance de son père, député vers le Bey d'Oran pour l'engager à se soumettre à l'autorité française. Le Bey n'était pas éloigné de prendre ce parti, mais il était maîtrisé par la milice turque, turbulente et fanatique, qui rêvait une indépendance impossible pour la province. M. Le Blanc avait rallié à lui MM. Ropert et Nonay, commandant, l'un le Voltigeur, l'autre l'Endymion, deux bricks qui veillaient au blocus de la place. Ces trois officiers se concertèrent pour aller jeter l'ancre sous le fort Mers-el-Kébir, qui commande la rade du même nom, véritable port d'Oran, et où se trouve le mouillage peut-être le plus sûr de toutes les côtes de la Régence. Tout à coup 150 marins débarquent au pied des murs; ils se présentent devant la porte du fort que la garnison turque évacue immédiatement et sans résistance; cent matelots s'y logent et y arborent les couleurs de la France; on y trouva 40 pièces de canon. Bien que cette garnison fut très faible, elle suffisait à une défense provisoire, parce que le feu des bâtiments de guerre pouvait se croiser sur l'étroite langue de terre qui réunit le fort à la terre ferme. Un régiment fut alors embarqué d'Alger pour Oran, mais il fut rappelé par M. de Bourmont avant d'être parvenu à sa destination ; le Bey promit de tenir la ville et les forts à la disposition de la France. Plus tard, en effet, la ville d'Oran fut remise par lui, sans coup férir, à une petite garnison française, qui s'y maintint, sans événements importants, jusqu'aux premiers jours de septembre 1831, époque à laquelle le lieutenant-général Boyer vint prendre le commandement de la place. Un bataillon de la légion étrangère fort d'un millier d'hommes y débarqua presqu'en même temps ; ce renfort n'était pas inutile pour les graves circonstances qui allaient se présenter. Un des premiers soins du général Boyer fut d'étendre son autorité sur les deux villes d'Arzew et de Mostaganem, petits ports de mer situés à l'est d'Oran, occupés par des garnisons de Turcs et de Coulouglisis, qui se soumirent sans résistance, et entrèrent à la solde de France, en conservant la garde de ces deux postes. L'automne et l'hiver, du reste, se passèrent tranquillement jusqu'au mois d'avril 1832, que les Arabes essayèrent quelques tentatives d'embauchage sur les Espagnols de la légion étrangère ; elles furent châtiées par le général avec une rigueur qui justifiait le surnom de Pierre-le-Cruel, acquis par lui dans les guerres d'Espagne sous l'empire. Dans les premiers jours du mois de mai suivant, toutes les tribus des environs se soulevèrent à la voix d'un Marabout fanatique, nommé Mahiddin, père du célèbre Abd-el-Kader, qui commençait alors ses premières armes contre nous. Une multitude confuse vint se ruer sur les forts avancés qui couvrent les approches d'Oran. Repoussée avec perte, elle fut bientôt ralliée par toutes les tribus de l'intérieur, ce qui porta le nombre des combattants à plus de 12,000 hommes: Profitant d'un brouillard épais qui couvrait la côte, cette masse forcenée s'avança plusieurs fois jusques sous les murs de la place, dont elle remplit les fossés de ses cadavres; le détail de tant de combats serait fastidieux; ils durèrent, avec quelques intermittence, depuis le 2 jusqu'au 8 mai. Ce jour-là les tribus découragées s'enfoncèrent dans l'intérieur pour ne plus revenir; quelques bandes armées continuèrent à roder autour de la ville, mais sans rien tenter d'important. La masse des populations revint à nos marchés qu'elle fournissait abondamment de denrées et de bestiaux. L'État achetait les plus beaux chevaux qui se présentaient pour monter le 2ᵉ régiment de chasseurs d'Afrique, qu'on organisait alors et qui ne devait plus quitter la province d'Oran. Les quelques Turcs qu'elle renfermaient encore s'étaient ralliés à notre cause avec une fidélité qui ne se démentit jamais. Dans l'intérieur du pays, la citadelle de Tlemcen, occupée par une population guerrière et amie de l'ordre, composée en grande partie de Coulouglis, avait reconnu d'elle-même notre suzeraineté. Les Arabes des environs l'approvisionnaient en vivres, et vivaient en paix avec elle. La marine avait établi un navire de guerre en croisière le long des côtes, pour intercepter les munitions de guerre que les Arabes auraient pu recevoir par la voie de mer. En même temps, des officiers relevaient la plage, et rectifiaient les anciennes cartes qui fourmillaient d'erreurs; on recueillait avidement toutes les notions qui nous arrivaient sur les peuplades de l'intérieur et les lieux qu'elles habitent. Ce fut dans le commencement de juillet 1832 que le grand Scheik de la tribu des Douairs, le fameux Mustapha-Aga-Ben-Ismaël se mit une première fois en rapport avec le commandant de la province; quoique rien ne fût alors définivement conclu, les bases furent jetées d'une alliance qui devait plus tard devenir indissoluble. De temps en temps quelques bruits d'attaque arrivant de l'intérieur venaient donner une alerte à la garnison d'Oran. Les tribus hostiles exhalaient leurs ressentiments en vaines menaces, qu'elles n'entreprenaient même que très rarement d'exécuter; désespérant de nous réduire par les armes, elles essayèrent de le faire par la famine et s'embusquèrent autour de la ville, pour détrousser les arabes qui nous apportaient des vivres et satisfaire également leur amour du pillage et leur haine pour les chrétiens. Une nouvelle attaque fut même résolue; elle fut facilement repoussée, et l'intérêt, plus fort que la haine, ramena bien vite à nos marchés la grande majorité des indigènes. Bientôt on eut assez de chevaux pour monter entièrement le 2e régiment de chasseurs, et, le 8 août, il reçut son drapeau des mains du général Boyer, qui lui adressa une courte mais énergique allocution. A cette occasion les officiers du nouveau régiment donnèrent un bal qui termina gaiement cette journée mémorable. La variété des costumes qui s'y montrèrent, le mélange des danses françaises, mauresques et espagnoles, lui donnèrent une physionomie piquante et éminemment pittoresque. Il fut brillamment terminé par une fandango exécutée par deux dames espagnoles, s'accompagnant de leurs castagnettes, et qui mit dans tout son jour la grâce et la légèreté de ces ravissantes femmes de la Péninsule; la guerre et les plaisirs n'empêchèrent pas les Français d'Oran de s'occuper de travaux pacifiques et sérieux. On entreprit la réparation des fortifications de la ville et surtout celles du fort Saint-Philippe qui en est la clef; construites par les Espagnols sur un très bon plan, elles étaient délabrées par la négligence de leurs maîtres musulmans. On traça et commença la route qui devait relier Oran au grand port de Mers-el-Kébir; mais le calme ne pouvait régner longtemps; nos turbulents voisins, les Garabas, tentèrent d'enlever à main armée le troupeau de bœufs qu'on nourrissait dans la plaine pour la subsistance des troupes ; on leur tua cinq cavaliers, on les chassa, sans que ce succès nous coûtât la perte d'un seul homme. Leurs tentatives se renouvelèrent néanmoins le 23 octobre et le 10 décembre 1832. Dans un de ces combats un peloton du 2e chasseurs, sous les ordres du sous-lieutenant Tremblay, s'avança seul dans la plaine pour y attirer les Arabes par l'amorce d'un succès facile. Entouré un moment par toutes les forces ennemies, il se défendit avec une résolution calculée, qui donna le temps au colonel de L'Estang d'exécuter avec le reste du régiment plusieurs charges qui devinrent très meurtrières pour l'ennemi. Le frère d'Abd-el-Kader, fils aîné du marabout Mahiddin, fut au nombre des morts. Enfin les Arabes découragés ne combattaient plus que pour enlever leurs morts et leurs blessés dont, malgré tous leurs efforts, une partie resta entre nos mains. Nous perdîmes dans cette suite de petits combats une vingtaine d'hommes ; ils furent les derniers livrés en 1832. Bientôt le général Boyer, qui affectait une indépendance qui choqua le général en chef, dut quitter Oran pour retourner en France et fut remplacé dans son commandement par le général Desmichels.

LIVRE TROISIÈME.

Les Généraux WOIROL et DROUET-D'ERLON, Gouverneurs.

Le général Woirol, gouverneur provisoire. — Prise de Bougie. — Commission d'enquête en 1834. — Discussions de tribune. — Le général Drouet-d'Erlon, gouverneur-général avec une nouvelle organisation du pouvoir. — Essai du système pacifique. — Commencements d'Abd-el-Kader. Il étend sa domination. — Sa paix avec le général Desmichels. — Affaire funeste de la Macta.

Le duc de Rovigo, partant malade pour Paris, avait laissé au général Avizard le commandement par intérim de la Régence. Au bout de quelques jours, ce dernier fut remplacé par le général Woirol, autre commandant en chef provisoire. Ce régime, qui laissait tout en suspens, dura jusqu'à la fin de septembre 1834; bien que la mort du gouverneur en titre, arrivée le 2 juin 1833, eût permis de lui donner dès lors un successeur. Malgré les inconvénients d'un pareil état de choses, la seule présence d'une armée française devait être, et fut, en effet, une source d'améliorations lentes, mais très réelles dans un pays naguère ravagé et barbare. Le caractère du nouveau gouverneur presque en tout l'opposé du duc de Rovigo, contribua beaucoup à cette prospérité, Alger s'embellissait et s'assainissait. Un service régulier de bateaux à vapeur, partant tous les dix jours de Toulon pour Alger, fut définitivement organisé aux frais de l'État; avantage immense pour la population européenne de cette dernière ville. La culture faisait des progrès, mais se renfermait dans les avant-postes, c'est-à-dire dans un rayon de deux lieues. Quelques colons détachés de cette population flottante que les armées traînent à leur suite, s'étaient définitivement établis dans les villages de Kouba et de Dely-Ibrahim. Le maréchal Clausel avait vu, dans la Régence, une véritable terre promise, le général Berthezène, un pays maudit, dont nous ne nous débarrasserions jamais assez vite. Ni l'une ni l'autre de ces opinions n'était entièrement vraie; l'Afrique est généralement fertile, elle pourra devenir pour la France une source de richesses et de puissance, mais en 1833, elle ne produisait presque rien, et bien des années s'écouleront encore avant qu'elle puisse couvrir les frais qu'elle nous occasionne. Comme dans tous les pays connus, les terres les plus fertiles s'étendent dans le fond des vallées, sur le bord des rivières, qui, livrées à des débordements annuels, engendrent une foule de marais, foyers d'infection et d'insalubrité. Sans doute la main de l'homme peut corriger une partie de ces inconvénients, mais que de travaux, que d'argent ne faudra-t-il pas y engloutir? Les desséchements des marais coûtent, en France, quelquefois plus qu'ils ne produisent; que doit-ce être dans un pays qui n'offre aucune des ressources d'une civilisation avancée? La sagesse commandait de ne marcher que pas à pas dans une pareille carrière; d'établir les populations et les cultures dans des lieux salubres, parce que rien ne remplace un pareil avantage, de livrer les plaines humides, telles que la Métidja, aux prairies, dont le produit spontané peut se recueillir dans un temps assez court pour que les travailleurs ne soient pas éprouvés par l'air dangereux qu'on y respire. Les terrains consacrés aux herbages ne sont pas d'ailleurs ceux dont le revenu net est le moindre, et les plantes fourragères poussent avec une rare vigueur sur les bords de l'Hamise et de l'Aratch. On peut s'en convaincre dans l'été 1833, où l'armée campée dans la plaine récolta dans quelques jours de quoi nourrir ses chevaux pendant toute l'année; aucun ennemi ne vint troubler ses rustiques travaux, qui se firent avec autant d'ordre que de sécurité. Les tribus voisines s'accoutumaient insensiblement à notre présence, en voyant que nous n'abandonnions point notre conquête, comme elles s'en étaient longtemps flattées : la soumission à la force, la résignation au destin est un des dogmes de leur religion. Pour la première fois depuis l'occupation d'Alger, le mois de septembre se passa sans agression de la part des indigènes, bien qu'une légère fermentation suivie de l'assassinat d'un de nos caïts eût signalé cette époque ordinairement si orageuse. Il est possible que notre domination eût continué de faire de pacifiques progrès, qui lui eussent soumis peu à peu toute la Régence, si l'ambition et le fanatisme d'un ennemi implacable n'étaient venus se jeter à la traverse d'une situation qui s'améliorait chaque jour.

Une noble et intéressante figure commence à se dessiner dans les premières années de l'occupation française, celle du jeune officier qui fut depuis le général Lamoricière, et qui, la France l'espère, est appelé à des destinées bien plus brillantes encore. Issu d'une famille distinguée de Bretagne, Léon Juchault de Lamoricière naquit à Nantes, dans l'année 1805. Comme son compatriote Duguesclin, c'était dans ses premières années un enfant vif et remuant, mais très entêté. Reçu à l'école Polytechnique en 1824, ses camarades se rappellent encore sa figure bienveillante, son obligeance à toute épreuve, son inaltérable bonne humeur et son opiniâtreté au travail; classé dans un rang qui n'avait rien de brillant lors de son entrée, il jura qu'il sortirait un des premiers et tint parole. Le trait saillant de M. de Lamoricière, comme celui de tous les grands hommes de guerre, est une énergie indomptable de volonté servie par un tempérament de fer. La réunion de ces deux avantages pouvait seule soutenir les excès de travail, bases de ses succès à l'école, et les fatigues constantes qui, l'ont assailli plus tard dans sa carrière militaire. Cette santé néanmoins lui faillit un moment à l'école de Metz où deux fièvres cérébrales, précédant ses examens de sortie, menacèrent une vie qui plus tard, devait échapper à l'assaut de Constantine ; il se rétablit promptement, sortit le premier de la promotion du génie, et fut classé à ce rang dans un régiment de cette arme. Désigné bientôt après pour l'expédition d'Afrique, il vit avec un sentiment exalté mais réfléchi de joie et de bonheur, s'ouvrir devant lui une occasion de développer tout le jeune courage, toutes les éminentes qualités qu'il sentait renfermées dans son âme. Simple lieutenant du génie au siége de Château-l'Empereur, il fut chargé d'exécuter un boyau de tranchée tracé par son capitaine; l'œil perçant du jeune homme s'aperçut bien vite que l'ouvrage projeté allait être enfilé par les feux de la place. Il en avertit son capitaine qui n'y fit pas grande attention. A une nouvelle observation, ordre péremptoire d'obéir. « Je mourrai s'il le faut pour exécuter vos ordres, répondit M. de Lamoricière, mais il n'en sera pas moins vrai que le tracé est mauvais. » Le tracé fut examiné de nouveau, reconnu défectueux, et rectifié par la fermeté du jeune lieutenant.

La révolution du juillet, coup de foudre plus inopiné encore pour les vainqueurs d'Alger que pour le reste de la France, suprit l'armée au milieu de son triomphe. Lamoricière appartenait par son père à cette opinion qu'un vieux dévoûment ralliait aux Bourbons vaincus, par son éducation à cette jeunesse ardente et généreuse, dont les pensées sont tournées vers l'avenir plutôt que vers le passé. Ces deux impressions contraires durent se livrer bien des combats dans son âme ferme et loyale. Il se décida pour un parti qu'auraient dû suivre, ce me semble, tous ceux qui se trouvaient dans une situation analogue ; il consacra sa jeune épée à son pays, jura dans son cœur de rester fidèle aux nouveaux serments qu'il allait prêter; mais résolut de renfermer son avenir dans l'accomplissement de ses devoirs purement militaires. Rester étranger aux factions qui pouvaient déchirer sa patrie, la servir sur la terre étrangère par ses talents et son courage, tel fut le plan qu'il se proposa dans le principe, et qu'il suivit comme tous ses projets avec un rare esprit de suite et d'énergie. « En Bretagne, disait-il alors, il faut être ou chouan ou révolutionnaire, et je ne veux être ni l'un ni l'autre. » Par suite de cette résolution, il quitta l'arme du génie où l'avaient appelé les études de sa première jeunesse, entra comme capitaine dans le corps des zouaves qu'on organisait alors, et dévoua sa vie à cette Afrique qui devait en retour lui donner tant de gloire. Il dut bien lui en coûter cependant pour abandonner presque toutes les affections de famille, dont nul plus que lui n'éprouvait le charme et le bonheur; mais sa résolution prise, rien ne décéla plus chez lui ni hésitation ni même un regret. On se souvient encore à Alger du temps où, officier subalterne d'un corps composé d'hommes à moitié sauvages, et qui pouvaient à chaque instant massacrer le petit nombre de Français entrés dans leurs rangs, campé sur les bords de la Métidja, si terribles pour les Européens, miné par la fièvre que la force de sa constitution lui fit plus tard surmonter, n'ayant pour tout abri qu'une tente brûlante le jour et glacée la nuit, il consacrait à l'étude opiniâtre de la langue et des mœurs de ses nouveaux soldats, tout le temps qu'il pouvait dérober à ses devoirs militaires, sans jeter un regard sur cette patrie abandonnée pour une terre, qui jusqu'alors ne lui avait offert que des souffrances et des déceptions. Mais le jour des dédommagements ne tarda pas à luire pour lui. Le cabinet français, plus tranquille du côté de l'Europe, commençait à porter ses regards au-delà des flots de la Méditerranée; cependant il ne paraît pas qu'il se soit formé dès lors un plan de conduite bien fixe et bien soutenu; les hommes sont conduits par les évènements et cela est vrai, surtout pour les affaires d'un État constitutionnel où personne n'a le droit positif de dire : « Je ferai. » L'opinion publique, le désir des officiers, qui ne cherchaient que des occasions de se distinguer, la honte de paraître abandonner une conquête de la Restauration, contribuèrent beaucoup à jeter le gouvernement dans une série d'entreprises dont il n'appréciait peut-être pas bien toute la portée, mais qui, en définitive, tourneront à la puissance de la France et au bien de l'humanité. Le général Trézel, arrivé en Afrique en même temps que M. de Rovigo, persuada au ministre de la guerre d'entreprendre une expédition contre Bougie et fut chargé de la diriger ; mais on manquait de renseignements sur les alentours et les fortifications de la place ; M. de Lamoricière s'offrit d'aller seul la reconnaître. Il s'embarque sur un brick avec trois Musulmans, de la fidélité desquels il était sûr, se fait jeter avec eux sous les murs de Bougie, fait le tour de l'enceinte, en impose par son sang-froid à quelques Kabyles qui arrivaient avec des dispositions menaçantes, et ne rentre à bord qu'après avoir terminé sa mission. Pendant ce temps, le canot du brick exécutait des sondages sur toute l'étendue de la rade, pour reconnaître les points où pourraient s'embosser les navires, qui devaient de leurs feux protéger le débarquement des troupes de terre ; muni de ces précieux renseignements, le général Trézel vint à Toulon avec le jeune officier qui les lui avait fournis, organiser et presser l'expédition qui se préparait ; ils étaient accompagné de quelques Musulmans, habitants de Bougie ou des environs, chassés de chez eux à cause des relations qu'ils avaient formées avec nous ; d'après les données qu'ils fournirent, les montagnards que nous allions combattre étaient très braves et très belliqueux. Le 59e régiment, quelques bataillons étrangers, des détachements d'artillerie et du génie partirent de Toulon le 20 septembre, à bord de la Victoire et du Cigne, qui devaient être ralliés en mer par d'autres bâtiments portant des troupes prises à Alger. Contrariée par des vents, la flotille ne put se trouver que le 29 à la pointe du jour, en rade de Bougie ; le défaut de vent, la nécessité de ne s'avancer qu'avec précaution sur des rivages presque inconnus, donnèrent le temps aux tribus des environs et aux habitants de la ville de se préparer à la défendre. Le général Trézel avait divisé sa petite armée en trois colonnes, dont chacune avait sa tâche bien fixée. A peine nos navires se trouvèrent-ils à portée des canons de la place, qu'ils furent accueillis par un feu très vif d'artillerie, qui ne pût être éteint par celui des vaisseaux français que vers les 10 heures du matin ; alors seulement les canots de débarquement furent mis en mer malgré une grêle de balles qui tuèrent quelques hommes. Les trois colonnes débarquées enlèvent d'emblée toutes les positions désignées à leur attaque et la ville est en grande partie occupée ; mais les Kabyles, embusqués derrière les haies, les murs des jardins, ne cèdent du terrain que pied à pied. A mesure que nous avançons, le cercle du combat s'élargit, et pour faire face partout, de nouvelles troupes deviennent nécessaires : la marine fournit deux cents matelots dont l'héroïque bravoure supplée à l'inégalité du nombre ; la nuit arrive, on se fusille au clair de lune ; mais l'ennemi cède sur tous les points, et le lendemain le corps expéditionnaire s'établit et se fortifie dans les positions conquises la veille. Cependant la nouvelle de la prise de Bougie, de la ville sainte, se répand comme un coup électrique parmi les tribus musulmanes qui habitent les hautes vallées du Jurjura ; les Marabouts prêchent partout la guerre sacrée. Ces populations fanatiques s'émeuvent, descendent de leurs rochers sauvages et viennent, indignées et frémissantes, établir un camp immense à une demi-lieue de la ville. Le premier octobre elles nous assaillent avec fureur dans nos avant-postes ; partout la bravoure organisée écrase l'énergie aveugle des Africains : les baïonnettes françaises couronnent quelques-unes des crêtes qui enceignent le bassin de l'Adouse, et des blokaus immédiatement élevés nous en assurent la paisible possession. Restait encore à conquérir le poste important de Gouraya, situé sur la cime extrême de la hauteur au nord de la ville ; de là, les ennemis plongeaient jusques dans le centre de nos possessions. Une colonne française part au milieu de la nuit du 11 octobre et parvient à quatre heures du matin au pied du marabout qui renferme les Kabyles. Il est enlevé à la baïonnette. Tous les autres postes nécessaires à la sûreté de la place sont occupés cette même nuit ; notre ligne de blockaus se complète, et la garnison peut enfin se livrer à des travaux intérieurs sans craindre que les balles ennemies viennent la frapper jusques dans l'enceinte des murailles. Cependant les Kabyles revinrent plusieurs fois à la charge dans les premiers jours de novembre, ou plutôt l'occupation de Bougie ne fut dans son principe qu'une suite continuelle de combats ; mais la sûreté de la place désormais n'en pouvait être atteinte. Le général Trézel en confia le commandement au lieutenant-colonel Duvivier et vint reprendre à Alger les fonctions de chef d'état-major de l'armée d'Afrique. Peu de jours après, le capitaine Lamoricière, qui s'était distingué à la prise de Bougie, fut nommé officier supérieur dans les Zouaves.

Cependant le gouvernement, tout en accordant quelque chose à l'impatience de l'armée, qui réclamait de nouveaux champs de bataille, n'avait alors aucune idée fixe sur la valeur réelle de ses possessions africaines, auxquelles nous avions déjà prodigué tant d'argent et de sang. Beaucoup de plaintes s'étaient élevées contre la conduite de quelques agents de l'autorité, et bien qu'elles fussent généralement mal fondées ou peu importantes, le ministère, éloigné du théâtre des évènements, en présence d'une situation sans précédents, ne savait pas comment il devait les apprécier. Pour s'éclairer, il prit le parti de nommer une commission qui dût se transporter en Algérie pour l'examiner de près et sur tous les points de vue; elle était composée de six membres : M. le général Bonnet, président, du général du génie Montfort, et de MM. Laurence, Piscatory, de la Pinçonnière et Reynard, membres de la Chambre des Députés. Elle devait remplir les cadres d'une foule de questions et de documents qu'on lui avait confiés, mais tout pouvoir d'action lui était refusé. C'était un moyen de réponse tout naturel aux demandes et réclamations dont on prévoyait bien qu'elle allait être assaillie. Débarquée à Alger dans les premiers jours de septembre 1834, la commission y reçut la visite et les observations de tous les hauts fonctionnaires de la Régence, et même de tous les habitants qui crurent avoir quelque chose à lui communiquer. Elle recueillit une foule de notes et de renseignements qu'elle renferma dans un secret impénétrable; puis une colonne de 3 à 4,000 hommes fut mise à sa disposition pour l'escorter jusqu'à Blida, et lui faire connaître un peu l'intérieur du pays. Dans cette excursion, elle put admirer la belle route exécutée, dans le courant de l'été par l'armée, de Dely-Ibrahim à Bouffarick, à travers les tableaux accidentés de Douèra. La petite expédition française ne rencontra point d'ennemis jusqu'à Blida, dont les habitants la reçurent avec un respect qui ne témoignait que leur terreur. Au retour, des coups de fusil furent tirés contre nos troupes; quelques légères blessures en furent la suite; mais près des Dix-Ponts, un affreux spectacle vint glacer les regards de nos soldats. Des traînards suivant la colonne à une trop grande distance, surpris par un parti d'Hadjoutes, avaient été égorgés et décapités. Leurs cadavres, noyés dans une mare de sang, encombraient la route qui serpente à travers les broussailles; l'armée indignée voulait revenir sur ses pas pour brûler la ville de Blida; les généraux ne continrent qu'avec peine son ressentiment. Ce fut, du reste, le seul accident de la journée. Un intérêt romanesque fut attaché à cette expédition insignifiante, par l'épisode d'une jeune fille de douze ans, qui, après avoir embrassé le corps de ses parents massacrés sous ses yeux, au moment même où le yatagan allait lui trancher la tête, s'était jetée à travers les broussailles, et s'était ainsi réfugiée dans un Adouar de la plaine. Elle y fut rencontrée par les épouses des meurtriers de sa famille, et parvint à faire vibrer chez elles un sentiment de pitié qui ne s'éteint jamais chez la femme. Recueillie et bien traitée d'abord, elle fut plus tard ramenée aux avant-postes français, par une tribu qui voulut s'en faire un bouclier pour conjurer notre vengeance. Le courage et la piété filiale de Lucie Brutto devint l'objet de l'entretien de toute l'armée ; une souscription fut ouverte parmi les officiers pour doter la jeune héroïne ; elle fut enfin adoptée par une famille, heureuse de remplacer celle que l'orpheline avait perdue.

En partant d'Alger, la commission parcourut les autres points de la côte occupés par des troupes françaises ; à Oran, elle prit part à une expédition militaire suivie d'un combat contre Abd-el-Kader. Le général Montfort, un de ses membres, avait reçu et exécuté une mission particulière, consistant à suivre toutes les côtes depuis Bone jusqu'au Maroc, pour examiner l'état des places où flottait le drapeau tricolore, et reconnaître les points où il serait utile d'établir de nouveaux postes, servant de comptoirs pour notre commerce avec l'intérieur du pays, et d'abris aux navires battus du mauvais temps. Chaque membre de la commission avait aussi une étude spéciale à suivre et une tâche à terminer. Tous ces travaux prirent place dans un rapport général, et la commission elle-même, de retour d'Afrique, se fondit dans une autre beaucoup plus nombreuse, établie à Paris, qui, par la diversité de ses avis, sembla compliquer la question au lieu de l'éclairer. Un abandon entier et définitif était sans doute le dernier mot de beaucoup de députés, mais aucune voix n'osa l'énoncer ; le public s'accoutuma dès lors à regarder Alger comme une terre définitivement française. Il s'y créait des intérêts qui formaient autant de liens entre la colonie et la mère patrie; cette opinion se répandant chez les Musulmans, réalisait déjà un pas immense vers la sécurité et la pacification générale. Une petite expédition dirigée par le général Trobriant contre les Hadjoutes ne trouva aucune résistance ; elle avait pour but de venger les assassinats commis à Bouffaric, lors de la course de la commission à Blida ; les habitations de cette tribu insolente furent brûlées, en châtiment de ses nombreux méfaits.

La commission générale avait du reste assez bien apprécié, et les avantages que nous pouvions tirer plus tard de notre conquête, et les difficultés que nous trouverions pour y réussir ; mais tout le monde en savait à peu près autant, et aucune idée nouvelle n'avait jailli de ses discussions. Les réunions d'hommes apprécient, jugent, sentent surtout, mais n'inventent rien ; la commission se montra sévère, quelquefois même injuste pour les faits passés et les hommes qui les avaient accomplis, et ne put elle-même formuler une direction quelconque pour l'avenir; il n'était donc pas étonnant que les pouvoirs bornés, éphémères, qui s'étaient succédés plutôt qu'ils n'avaient agi en Afrique, eussent partagé la même impuissance. Peut-être même cut-ce été trop exiger du gouvernement lui-même que de lui demander un système complet et des faits constamment en rapport avec son exécution. N'était-il pas toujours à la merci d'une majorité, c'est-à-dire de la chose du monde la plus insaisissable, la plus fugitive? L'équilibre des trois pouvoirs a de grands avantages, mais qui dit équilibre, dit absence d'action; aussi sommes-nous restés dix ans en Afrique sans y faire un pas, et les seules mesures un peu importantes prises par le cabinet l'ont été sous sa responsabilité personnelle, persuadé qu'il était que le sentiment d'honneur national ne lui ferait pas défaut, et en cela il ne s'est pas trompé. La seule puissance toujours énergique en France, est celle de l'opinion publique, mais qui éprouve, à un degré encore plus fort qu'une assemblée, l'impossibilité de rien inventer, rien coordonner par elle-même, tout en s'appropriant avec une force irrésistible les idées, les projets qui lui conviennent; et quand on réfléchit à tous les maux que la passion ou l'erreur d'un seul pouvoir, soit homme, soit assemblée, sont parvenus à entasser sur l'humanité, on est conduit à penser qu'un gouvernement à plusieurs têtes est le meilleur possible, quoique avec lui on ne doive s'attendre à aucune entreprise hardiment conçue, parfaitement exécutée, rapidement terminée.

La commission, par un sentiment honorable

de protection due à la faiblesse, s'était fait trop facilement l'écho des plaintes de quelques Maures d'Alger qui, s'apercevant du respect que nous avions pour leurs personnes et leurs biens, en avaient facilement abusé, comme d'une chose à laquelle le gouvernement des Turcs ne les avait pas accoutumés. Blessés dans leur orgueil, menacés dans leurs intérêts du moment par le seul fait de notre présence en Afrique, ils exhalaient leurs récriminations avec le chagrin et l'amertume naturels aux vaincus. Leurs plus grands griefs étaient le déplacement de leurs tombeaux, et l'usurpation par la voie publique ou par l'autorité militaire de quelques maisons, avant que le prix en eût été intégralement payé aux propriétaires : mais dans un pays où les environs des villes étaient entièrement envahis par les tombeaux, au travers desquels circulaient à peine quelques sentiers tortueux, praticables seulement pour les bêtes de somme, fallait-il priver à jamais les vivans de communications plus commodes, par respect pour des morts la plupart inconnus ? Quant aux maisons démolies sans indemnité préalable, c'était une mesure nécessaire pour rendre quelques rues d'Alger accessibles à nos voitures et à notre artillerie; et si quelquefois les officiers s'emparèrent, pour loger leurs troupes, d'habitations la plupart abandonnées par leurs propriétaires, on doit se dire que pour une armée, comme pour les individus, la première loi est de vivre, et qu'un abri est nécessaire pour cela en Afrique comme partout ailleurs. Il eut été absurde et de plus impossible d'exiger de nos soldats qu'ils restassent exposés aux pluies torrentielles d'un hiver d'Afrique, en face de maisons commodes et désertes. Ils ont assez prouvé qu'ils savaient souffrir patiemment quand il le fallait, pour qu'on dût leur épargner toute peine inutile. Les dommages qui résultèrent de leur occupation furent soldés plus tard ; c'était tout ce qu'on pouvait demander ; jamais les intérêts ni même les préjugés les plus absurdes des Musulmans ne furent froissés sans de très grands motifs ; l'armée brave dans le combat fut patiente après la victoire, et sauf M. de Rovigo qui usa du pouvoir avec une fermeté peut-être outrée, tous les gouverneurs furent non-seulement justes, mais encore constamment bienveillans à l'égard des indigènes.

Alarmée de ce qu'on voulait bien appeler les effets du despotisme militaire, la commission avait proposé de confier la suprême autorité en Afrique à un pouvoir civil ; c'eut été la plus grande faute qu'on eût pu commettre, et heureusement le cabinet français combattit ce projet de toutes ses forces et parvint à le faire abandonner. Après de longues discussions dans les chambres, il fut enfin décidé qu'un chef militaire continuerait à gouverner la Régence avec une suprématie positive sur tous les autres pouvoirs, mais l'exerçant d'après les règles tracées d'avance ; c'était le seul parti raisonnable ; cette sage décision n'eut qu'un défaut, c'est d'être arrivée trop tard.

Ce point décidé, comme la paix régnait dans toute la Régence, qu'on voulait se borner aux points déjà occupés, on crut pouvoir confier le poste de gouverneur général à M. Drouet d'Erlon, général illustré sous l'empire, mais qui depuis lors, s'était plutôt fait connaître par l'esprit de conciliation et de douceur qui lui avait servi à apaiser les troubles de la Vendée, que par les qualités qui constituent l'homme de guerre. Sa nomination officielle fut annoncée dans le Moniteur du 3 août 1834. Quelques jours après parurent une foule d'ordonnances réglant le gouvernement supérieur et l'administration de la justice en Afrique. Le conseil supérieur était maintenu et les membres augmentés d'un commandant général de la force armée, agissant directement sous les ordres du gouverneur, dont le titre et les fonctions venaient d'être nouvellement créés. On maintenait les trois espèces de tribunaux déjà existans, français, musulmans, israélites, jugeant chacun suivant les lois de leur nation, mais ne pouvant appliquer des peines plus fortes que celles admises par la législation française. Au-dessus d'eux tous, était établi un tribunal supérieur français pour juger les appels des tribunaux inférieurs, et dont les décisions ne pouvaient être réformées que par la cour de cassation, et suivant les règles admises pour les possessions françaises d'au-delà des mers. L'ancienne législation était un mélange confus de coutumes musulmanes, d'ordonnances des anciens gouverneurs, d'arrêtés des intendants civils. Pour préparer le passage de cet ancien ordre de choses au nouveau, on nomma un commissaire spécial de la justice, chargé de fonctions transitoires, qui consistaient à établir peu à peu les règles et les manières nouvelles de procéder, sans trop froisser les habitudes déjà prises par les juges et la population. L'intendance civile fut confiée à M. Le Pasquier, préfet du Finistère, que des liens d'amitié et d'administration unissaient déjà au nouveau gouverneur général. Tous les nouveaux fonctionnaires débarquèrent en Afrique le 27 septembre 1834, et entrèrent immédiatement en exercice ; dans leurs discours d'installation, ils eurent soin de répéter plusieurs fois que jamais la France n'abandonnerait Alger, et ces paroles officielles retentirent jusqu'au désert, comme un gage de protection pour nos amis et de menace pour nos ennemis.

C'était surtout par la paix que le nouveau gouverneur voulait asseoir, en Afrique, l'influence française ; si les indigènes n'eussent pas été aveuglés par le fanatisme, ils eussent reçu avec reconnaissance cette domination étrangère qui les comblait de bienfaits, et tendait à établir définitivement l'ordre et la justice dans leur pays. Le reste de l'année 1834, vit plusieurs nouvelles créations toutes tendant à ce but. Alors fut formé le corps des Spahis, composé principalement de cavaliers indigènes enrégimentés, dont le commandement fut confié au lieutenant-colonel Marey ; il reçut aussi quelques jours après le titre d'Aga des Arabes. Les fonctions de ce titre renfermaient tous les rapports existant entre l'autorité française et les Musulmans, habitant au-dela de nos avant-postes. M. Marey devait veiller à la sûreté des communications, châtier les crimes et délits commis dans les tribus, toutes les fois qu'un corps d'armée ne serait pas nécessaire pour la punition des coupables ; comme moyen d'action il avait directement à sa disposition, tous les indigènes non enrégimentés, entretenus à la solde de France.

Ce fut le 14 décembre 1834, que fut définitivement organisé le conseil municipal d'Alger. Il comptait 19 membres nommés par le gouverneur-général, dont 10 Français, 6 Musulmans et 3 Juifs. Il avait voix délibérative sur tout ce qui concernait les recettes et les dépenses de la ville, les alignements des rues, les projets d'embellissement, les acquisitions, les aliénations d'immeubles, les procès à intenter ou à soutenir. Ses délibérations n'étaient exécutoires qu'après l'approbation de l'intendant civil. Dans la séance d'installation, chacun des membres jura fidélité au roi des Français, obéissance aux lois ; en faisant le serment, les Musulmans avaient la main sur l'Alcoran, les Juifs sur le Pentateuque ; les Européens seuls n'invoquèrent aucun symbole en prononçant le leur. L'intendant civil prit ensuite la parole, et dans un discours sage et éloquent, il s'étendit sur les devoirs des nouvelles autorités, et les sentimens qui devaient présider à leur accomplissement.

Alger renfermait alors tout ce qui caractérise une ville européenne ; une société coloniale était déjà organisée depuis deux ou trois ans ; mais, comme beaucoup d'autres réunions d'agriculture et d'industrie, ses séances n'étaient pas toujours suivies avec beaucoup d'assiduité ; les quelques hommes capables qu'elle renfermait firent à cette époque de grands efforts pour lui donner une vie nouvelle. Elle se réunit avec une certaine solennité le 19 novembre 1834 ; le baron Vialar, un de ses membres les plus distingués, prononça, dans cette séance, un discours plein d'une juste appréciation des faits accomplis et d'espérance pour l'avenir.

Après un séjour de quelques semaines au centre de son gouvernement, le général d'Erlon s'était embarqué pour visiter Bone et Bougie. La dernière de ces places, depuis son occupation par les Français, avait été sans cesse en butte aux attaques des Kabiles, constamment repoussées par la garnison. Une bande de 5 à 6,000 assaillans était venue encore se briser au pied de ses avant-postes, dans le courant de novembre : le lieutenant-colonel Duvivier y préludait à cette réputation de courage et d'art militaire depuis si justement acquise, mais sur ce point, la culture et la colonisation n'avaient pu faire aucun progrès. Il n'en était pas ainsi aux environs de Bone, où la situation n'avait cessé d'être prospère et pacifique. L'année 1834 s'était écoulée à peu près sans combats; en vain dans le mois de septembre, Achmet-Bey s'était approché de la ville avec des forces considérables, pour lever des tribus, et soulever les Arabes contre les Français ; il avait échoué dans tous ses projets, et s'était vu forcé de retourner à Constantine. Deux mois plus tard, un corps de ses troupes vint attaquer et dévaliser une tribu soumise à la France ; nos troupes marchèrent au secours de leurs alliés, battirent l'ennemi, reprirent les bestiaux enlevés, et les restituèrent à leurs légitimes possesseurs.

Le 21 février 1835, l'intendant civil désigna

une commission composée du gérant de la colonisation, du lieutenant de gendarmerie, chargé de l'extérieur, enfin d'un propriétaire important pris dans chaque canton. Elle avait pour fonctions de diviser en communes le massif d'Alger, renfermé dans nos avant-postes, et comprenant environ 43,000 hectares. Cet espace forma quinze communes ayant chacune une moyenne de 3,533 hectares; toutes eurent un maire et un conseil municipal nommé par l'intendant civil. C'était beaucoup d'avoir organisé des autorités locales, qui enveloppaient la campagne d'un réseau d'ordre et de surveillance. La légalité s'établissait peu à peu dans ce pays qui jusqu'alors en avait été si complètement dépourvu.

La fin de janvier et les premiers jours de février 1835 furent signalés par d'immenses sinistres maritimes, sur toutes les côtes de la Régence; Bone fut la première à s'en ressentir. Le 24 janvier, après le coucher du soleil; un vent de nord-est, qui soufflait depuis la matinée, augmenta successivement de violence. D'énormes nuages noirs roulaient dans les cieux, signes infaillibles d'une horrible tempête; en effet, vers minuit elle éclata avec fureur; deux bricks de l'État et douze bâtiments de commerce se trouvaient alors en rade; à six heures et demie du matin, huit navires étaient jetés à la côte; trois furent bientôt entièrement brisés sans qu'il en restât un seul vestige. Un brick de l'État lutta longtemps contre les flots, mais enfin, vaincu par la force toujours croissante du vent, on le vit s'échouer sur un banc de sable, à l'embouchure de la Seybouse. Aussitôt les embarcations du port partirent pour aller lui porter secours. On sauva les hommes du bord, mais le bâtiment fut perdu. Les équipages des navires de commerce furent moins heureux : ils perdirent deux capitaines et dix matelots; quelques jours après, un nouvel ouragan se déchaîna sur Bone, et avec plus de violence peut-être encore que le 24 janvier. Alger cette fois eut sa part de désastre. Des bâtiments furent brisés jusque dans l'intérieur de la Darse, et si le vent qui se maintint au nord-ouest eût passé au nord-est, comme on le craignit un instant, il est probable qu'on n'eût pu en sauver un seul. La Marne, grosse corvette de charge, menaça longtemps d'écraser de sa masse tous les navires qui se trouvaient dans le port, mais enfin on parvint à la maintenir sur ses amarres, ce qui prévint des pertes énormes; en total cependant dix-sept navires, grands et petits, furent perdus dans les journées des 11 et 12 février. Un capitaine d'artillerie, M. de Livois, périt dans cette dernière journée en voulant porter secours à un navire naufragé. Sa perte fut vivement sentie de toute la ville qui avait appris à l'aimer et à l'apprécier. Son corps ne put être retrouvé, et un monument vide, élevé par les regrets de ses camarades, rappelle sur cette terre éloignée, le souvenir de ce jeune homme qu'attendaient les plus brillantes espérances.

Les Hadjoutes, toujours turbulents, furent encore l'occasion, durant l'année 1835, de beaucoup de combats sans grande importance. La destruction des récoltes, l'incendie de quelques misérables huttes de roseaux, voilà quel en était le résultat le plus positif. A la terrible réputation qui s'attachait à cette tribu on aurait pu croire qu'elle renfermait dans son sein une nombreuse population. Il n'en était rien cependant; jamais elle ne compta plus de trois à quatre cents hommes en état de porter les armes, recrutés de tous les vagabonds et aventuriers que pouvaient fournir les tribus environnantes; mais par cela même que leurs Adouars étaient détruits, ils battaient constamment la campagne, paraissaient et disparaissaient avec la même facilité, toujours prêts à piller partout où l'occasion s'en présentait, se multipliant par la mobilité de leurs mouvements et la terreur qu'ils inspiraient.

La session de la chambre des députés de 1835 fut encore signalée par les discussions auxquelles donna lieu notre séjour en Afrique. Les différentes opinions se manifestèrent par une abondance de discours où les faits les plus contradictoires furent successivement énoncés. Autour des deux opinions extrêmes, qui se résolvaient en évacuation ou en conquête totales, et qui eurent rarement le courage de se montrer à découvert, se groupaient une foule d'avis intermédiaires qui se réfugiaient dans une occupation plus ou moins étendue, avec une influence sur les tribus extérieures aussi grande que nous pourrions l'établir. Au premier aspect, ce plan semblait le plus sage; dès qu'un centre de civilisation aurait été positivement établi sur un point quelconque de la Régence, il était probable que, par sa seule force expansive, il l'envahirait bientôt tout entière. Ce genre de conquête successif, se développant au fur et à mesure des besoins, eût été sans doute, non-seulement le plus digne de nos idées de modération et de justice, mais aussi le plus avantageux sous le point de vue uniquement financier. Les conquêtes militaires ne valent presque jamais ce qu'elles coûtent. Les chambres s'associèrent complètement au système d'une occupation restreinte, qui dominait alors; mais, pour réussir, il demandait sagesse et modération dans les hommes chargés de l'appliquer, et chez les populations avec lesquelles nous étions en contact. C'était ce qu'on ne pouvait raisonnablement espérer; aussi dans cette occasion, comme il arrive presque toujours pour le malheur de l'homme, les résolutions les plus modérées furent forcées de céder la place aux plus extrêmes.

Le maréchal Clausel, dont l'esprit actif avait besoin d'aliment, fit à cette époque une visite à la Régence, comme simple particulier, et sans mission officielle de l'État; il s'occupait toujours beaucoup de ce pays, où il avait acquis de grandes propriétés, et qu'il défendait chaleureusement dans les discussions de la chambre des députés. Il accompagna le gouverneur dans une visite que fit ce dernier à tous les avant-postes, jusqu'au pied des montagnes au sud de la Métidja, et parut satisfait des progrès qu'avaient faits la culture et la sécurité. En effet, quelques tribus voisines de nos avant-postes étaient entrées dans nos rangs comme auxiliaires. Les Arabes du Faz, c'est-à-dire de la banlieue d'Alger, faisaient depuis quelques temps la police des avant-postes; on avait choisi parmi eux des cavaliers qui, sous le nom de Spahis d'El-Faz, reçurent un permis de port d'armes et une solde journalière payée par la France, pour veiller à la sûreté des portions éloignées de notre territoire, tâche dont ils s'acquittèrent constamment avec zèle et fidélité. De simples sous-officiers français, avec trois ou quatre hommes, purent parcourir la plaine et s'avancer jusque sur les pentes des montagnes qui la terminent.

Au printemps 1834 avait été conclu un traité de paix avec Abd-el-Kader, que nous désignerons dorénavant sous le nom d'Emir : bien que ce fameux chef de la province d'Oran n'eût pas encore étendu son autorité directe sur celle d'Alger, la pacification de l'ouest ne pouvait avoir qu'une heureuse influence pour celle du centre. Un chef Hadjoute, un de nos ennemis les plus fanatiques, fut tué par un de ses coreligionnaires qu'il avait insulté ; une nouvelle démonstration vigoureuse contre ces brigands, tant de fois châtiés, les détermina à la paix : ils reçurent un caït de notre main ; dans une conférence, on engagea le nouveau chef à venir à Alger ; il murmurait les noms de Meçaoud et d'Arbi-Ben-Moussa et refusait; un officier français se remit entre les mains des Hadjoutes pendant que leur chef se rendait à Alger; la paix parut cimentée; la plaine fut dès lors tout-à-fait sûre; malheureusement une rupture renouvela bientôt les ravages, mais peut-être ne dut-elle pas être tout-à-fait mise sur le compte des Arabes.

Plusieurs fois, le nom de Bouffarick est venu se placer dans notre narration, sans que probablement on se soit fait une idée exacte du lieu qui s'appelle ainsi et de la célébrité qui s'y rattache. Au milieu de la vaste plaine de la Métidja, qui de ce côté a cinq lieues de large, qu'on se figure une grande et belle prairie, traversée par la route d'Alger à Blida; de là, l'œil se repose, au nord sur les collines du massif d'Alger, au midi sur les pentes du petit Atlas. Des deux autres côtés, tout aussi loin que la vue peut s'étendre, elle s'égare sur l'immensité de la plaine sans rencontrer ni village, ni maison, ni même une cabane; seulement à gauche de la route s'élève un petit marabout, à droite, un puits ombragé par un bouquet d'oliviers gigantesques; ce lieu est ordinairement désert; mais tous les lundis, vers les sept heures du matin, les tribus des environs y viennent pour quelques heures dresser leurs tentes et s'y livrer au petit nombre d'échanges que nécessite leur état de société. De tous les points de l'horizon, on voit d'immenses troupeaux de bœufs, de chèvres, de moutons s'acheminer vers ce centre commun, à la file les uns des autres. Des caravanes de chameaux arrivent chargés de tissus, de burnous, de beurre, d'huile et de toutes les productions que les Arabes tirent de leurs Haouchs ou Adouars (fermes et villages). Entre les tentes circulent des multitudes d'hommes aux traits basanés, à la figure sombre et énergique, drapés avec une certaine grâce dans leurs longs burnous qui laissent voir des bras et des jambes maigres, mais nerveux et bien modelés. Presque tous ces hommes sont remarquables par une contenance fière et digne, que rehausse encore leur fidèle fusil, attaché sur des épaules que le travail n'a point courbées.

C'était au milieu de ces mœurs farouches et
indépendantes que le général Woirol avait
cherché à introduire peu à peu le commerce
européen et la suprématie de la France. La
force eut été un mauvais moyen ; elle eut fait
fuir les populations qu'il s'agissait d'apprivoiser.
Trois ou quatre officiers se dévouèrent à cette
tâche périlleuse ; suivis de quelques indigènes
dont ils étaient sûrs, ils osèrent paraître tout-à-
coup au milieu des Arabes. Leur présence excita
un étonnement qui pouvait tourner facilement
en envie de leur faire payer cher leur audace.
Un chirurgien, M. Giscard, se mit à donner
des soins à quelques Arabes malades ; ils s'en
montrèrent reconnaissants ; tout se passa tranquillement ; les jeunes officiers revinrent sains
et saufs de leur excursion périlleuse, plusieurs
colons s'empressèrent de les imiter ; la glace
était rompue, ils purent le faire sans danger.
Bientôt les officiers de santé des régiments, qui
constamment mirent leurs talents au service de
l'humanité, dressèrent une petite tente au milieu
du marché pour y donner des consultations à
des malades, venus souvent de très loin pour
les chercher. Sous leur protection, les Européens
vinrent fréquenter le marché, où leurs sombres
costumes tranchaient avec les grandes draperies
des indigènes. Plus tard, M. Drouet-d'Erlon
profita de ces heureuses dispositions pour établir auprès de Bouffarick, un camp auquel il

donna son nom ; il fit par là reconnaître l'autorité de la France au milieu de ce grand marché qui ne cessa point d'être fréquenté. Un caït nommé par le gouverneur jugeait sommairement les différens qui s'élèvaient souvent au milieu de tant de transactions. Quatre ou cinq gendarmes, se promenant au milieu des tentes, suffirent pour maintenir un ordre parfait, absolument comme en France. Chaque jour les mœurs s'adoucissaient ; les idées d'ordre et de subordination s'infiltraient peu à peu chez ces hommes intelligents quoique ignorants et grossiers. L'influence des bienfaits répandus par nos chirurgiens s'étendait au-delà de l'Atlas ; on admirait la science de ces étrangers venus de si loin pour soulager les enfants d'Allah. Du contact journalier des deux populations naissaient nécessairement pour les indigènes une foule d'idées et d'impressions nouvelles ; nous n'eûmes plus dès lors à repousser les rapides incursions de quelques tribus vagabondes et pillardes. La guerre que nous soutiendrons plus tard contre Abd-el-Kader aura un autre caractère. Elle existera entre la France et une confédération parfaitement organisée, obéissant à un chef qui veut l'empire pour lui et sa race ; mais si l'Émir put réunir tous les Arabes contre nous, ce fut en les pliant à un régime d'ordre dont nous lui avions probablement inspiré le plan. Son pouvoir renversé, nous avons profité de ses travaux. Décider si par là, il n'a pas sans le vouloir rendu autant de services à notre cause, qu'il lui a fait de mal par la guerre acharnée qu'il a soutenue contre elle, est un problême que nous ne nous flattons pas de résoudre; mais quelles actions de grâce son pays et l'humanité n'auraient-ils pas à lui rendre, s'il avait voulu comprendre que nous seuls nous étions en Afrique les propriétaires naturels et légitimes de ces idées d'organisation qu'il voulait introduire parmi les siens, et qu'une alliance étroite avec nous était le vrai moyen de les puiser directement à leur source, dans toute leur force et sans altération ?

Le gouverneur affectionnait beaucoup le camp de Bouffarick, ou camp d'Erlon, dont il était le créateur ; il y faisait de fréquentes apparitions, et chaque visite était le signal de quelque amélioration. Ce poste était établi dans une situation magnifique, entouré de terrains très fertiles, mais malheureusement malsains. La station intermédiaire de Douèra, beaucoup moins favorablement située, avait au moins l'avantage de la salubrité. Un village s'était groupé à l'abri de chaque camp, d'abord pour satisfaire aux besoins de l'armée, puis ensuite la culture s'y était peu à peu établie, mais d'une manière lente et peu avantageuse.

Le 4 juin 1845, le général d'Erlon s'embarqua pour visiter la province d'Oran où il n'avait pas encore paru. La prospérité y avait fait quelques progrès, sous l'influence bienfaisante de la paix conclue par le général Desmichels. Le gouverneur revenait très satisfait de son voyage, lorsque les nouvelles de la Macta vinrent tout-à-coup le surprendre à Alger. Un retour sur nos pas est nécessaire pour raconter les événements qui précédèrent cette funeste affaire, et Abd-el-Kader occupera désormais une si grande place dans notre narration que nous commencerons par un précis de son histoire.

Le Marabout Mahiddin, dont nous avons prononcé le nom en racontant les insurrections de 1832 à Oran, appartenait à la puissante tribu des Hachems, qui cultive la plaine d'Egrès au sud de Mascara ; sa famille y jouissait d'une grande célébrité religieuse, s'étendant sur presque tout le monde musulman ; elle faisait remonter une filiation non interrompue jusqu'aux déserts de l'Arabie, sa patrie primitive, et un de ses membres, du nom devenu si célèbre d'Abd-el-Kader, était vénéré depuis des siècles dans les environs de Damas, où il avait passé sa vie et où il existe dit-on, plusieurs chapelles consacrées à sa mémoire ; Mahiddin lui-même n'était pas un enthousiaste inintelligent et vulgaire. Déjà du temps des Turcs, il nourrissait quelques projets de débarasser les Arabes de l'Algérie du joug de leurs maîtres, de les constituer en corps de nation, et de s'en faire probablement le chef et le souverain ;

ses menées attirèrent l'attention du Bey d'Oran, qui faillit les lui faire payer de sa tête; pour détourner l'orage, il se mit à voyager, emmenant avec lui son second fils, nommé Abd-el-Kader, en souvenir de son aïeul ; celui-ci se trouva dès lors initié, presque dès son adolescence, aux vastes desseins et à l'ambition de son père; ils visitèrent ainsi la Mecque, l'Asie Mineure, l'Egypte, où le jeune Abd-el-Kader s'inspira des créations de Méhémet-Ali. Ils rentrèrent dans leur patrie enrichis des connaissances recueillies dans leur pélérinage, de légendes en l'honneur de leurs aïeux, de récits de miracles opérés sur leurs tombeaux, avec lesquels ils amusèrent la crédulité de leurs concitoyens; et peut-être en renversant les Turcs en 1830, les Français ne firent-ils qu'avancer leur chute de quelques jours. Mahiddin reprit naturellement tous ses projets contre les nouveaux conquérants; mais soit qu'il fut poussé par une tendresse paternelle, assez commune chez les Arabes, soit qu'il eut reconnu dans son fils Abd-el-Kader des talents supérieurs, ce ne fut plus que pour ce dernier qu'il parut désirer le pouvoir sur les tribus environnantes; elles s'étaient émues à la nouvelle de l'entrée des Français dans la capitale : il n'eut pas de peine à les conduire à l'attaque des infidèles ; ses fils se signalèrent dans les combats qui se livrèrent à cette occasion : l'aîné scella de son sang son amour pour la religion de ses pères. Quand le danger commun fit sentir aux Arabes la nécessité de se donner un chef suprême, nul ne leur sembla plus digne de les commander que le fils de l'illustre marabout, le frère du héros mort en combattant l'étranger, le jeune Abd-el-Kader, à peine alors âgé de 28 ans; il fut proclamé chef et prince des croyans dans une réunion de tribus, et dès le 14 décembre 1832, le nouvel élu se trouva assez fort pour faire une entrée triomphante dans la ville de Mascara, qui jusqu'alors s'était gouvernée en république; il la choisit dès lors pour sa résidence principale, et il en fit le centre de son pouvoir et de ses opérations. Actif, ambitieux, très habile surtout à exploiter l'ignorance de ses concitoyens, affectant un rigorisme extrême dans toutes les pratiques du mahométisme, il serait difficile de décider s'il voulait faire servir sa religion à l'accomplissement de ses projets, ou ses projets à la gloire de sa religion; jamais il ne vit dans un premier avantage qu'un moyen d'en obtenir un second, et malheureusement presque toutes ses premières entreprises furent couronnées de succès.

La puissante tribu des Garabas, la plus belliqueuse de la province, fut une des premières à se ranger sous son autorité, et pour nous opposer un ennemi toujours présent, il la décida à quitter ses anciens cantonnements, situés sur le Sig, pour venir dresser ses tentes dans la fertile vallée du Tlelat, à six lieues d'Oran. Voulant se débarasser de ces dangereux voisins, le général Desmichels poussa le 8 mai 1833 une excursion de ce côté, et il enleva aux ennemis un grand nombre de troupeaux. A peine cette nouvelle est-elle parvenue à Mascara, que le père d'Abd-el-Kader se met à parcourir les tribus, prêchant la guerre sainte, promettant une victoire sûre et facile contre les infidèles. Toute la population s'ébranle encore une fois, et le 25 mai une masse de 8 à 10,000 cavaliers vient camper à trois lieues d'Oran. Le général français faisait alors construire quelques fortifications sur le rideau des hauteurs qui entoure la place à une distance d'une demi-lieue. Le 27, l'armée arabe s'avance pour tomber sur les travailleurs ; toute la garnison d'Oran, comprenant 15 ou 1,600 hommes, sortit pour la repousser. La supériorité de notre tactique et de notre organisation nous assura constamment l'avantage dans les combats qui s'ensuivirent. Toute cette masse de cavalerie vint se briser sur les quelques centaines de baïonnettes françaises, liées entr'elles par l'ordre et la discipline. A trois heures du soir, l'ennemi était en retraite sur tous les points après une perte considérable, en hommes et en chevaux. Le 28, une troupe d'Arabes vint, pendant la nuit, reconnaître un blockaus dont la rapide érection leur semblait tenir du prodige ; elle voulait l'attaquer dès le lendemain, mais une pluie battante la força de remettre son projet au jour suivant ; trois ou quatre cent frénétiques, traînant après eux une pièce de canon, usèrent encore une fois toute leur énergie contre un si faible obstacle. Découragées de tant d'échecs, toutes les tribus profitèrent d'une nuit épaisse pour lever leurs tentes, et s'enfoncer dans l'intérieur, abandonnant dans leur précipitation leurs bestiaux et quelques-uns des misérables meubles qui garnissaient leurs tentes.

Abd-el-Kader, déjoué dans ses attaques contre la ville d'Oran, tourna ses tentatives contre ses coreligionnaires ; de gré ou de force il rangea presque toute la province sous son autorité qu'il eut l'art de rendre le drapeau de la foi musulmane. Il convoitait surtout la ville de Tlemcen, alors au pouvoir de deux partis constamment en guerre, les Turcs et les Coulouglis maîtres de la citadelle ou Mechouar, et les Maures ou Hadars, qui occupaient le reste de la ville ; les premiers, d'après l'impulsion donnée par le Bey d'Oran, reconnaissaient de nom, sinon de fait, la suzeraineté de la France. Antipathiques aux Arabes, l'Emir tenta vainement de les rallier sous ses étendards; il fut plus heureux auprès des Maures qui, après une légère résistance, se soumirent à sa puissance. La possession de Tlemcen, quoique incomplète, valut à Abd-el-Kader la domination de tout l'ouest de la province. Tranquille de ce côté, il reporta ses efforts vers l'est où il obtint encore quelques avantages importants. Il voulait se rabattre ensuite sur Mostaganem et Arzew, dont il comptait faire les ports de son empire ; il était parvenu à s'emparer du caït de cette dernière ville et l'avait fait mourir dans ses prisons ; le neveu et successeur du malheureux caït, redoutant un pareil sort, était venu à Oran implorer l'assistance des Français qu'il reconnaissait comme ses maîtres, et qui payaient sa petite armée turque. Le 3 juillet, le général Desmichels dirigea, par terre et par mer, une expédition qui occupa Arzew et mit ce poste en état de résister à une attaque des Arabes. Mostaganem, situé à une quinzaine de lieues plus à l'est, était au pouvoir d'une garnison de Turcs commandés par un nommé Ibrahim, dans les intentions duquel le général Desmichels avait cru découvrir quelque chose d'équivoque. Bien qu'il fût soldé par la France, craignant sa sympathie pour une cause qui s'annonçait comme celle de l'Islalisme, le commandant d'Oran résolut de le surprendre dans sa ville, pour ne pas laisser à l'ennemi et à nos douteux alliés le temps de former une alliance qu'ils méditaient peut-être. La suite prouva que ces soupçons étaient mal fondés. Le général Desmichels s'embarqua, le 23 juillet, avec 1,400 hommes, des vents contraires le retinrent longtemps en mer et finirent par le jeter 8 lieues à l'ouest du point où il voulait débarquer. Il prit sur-le-champ son parti, fit le reste de la route à pied, dissipant à coups de fusil les quelques Arabes qui voulaient lui barrer le passage. Ibrahim et ses Turcs le reçurent avec des protestations de fidélité à la France ; on occupa sans obstacle tous les forts, tous les postes de la ville, dont une partie néanmoins fut exclusivement réservée aux Musulmans qu'on voulait ménager. Les troupes travaillèrent activement à la mettre en état de défense, et le général Desmichels, de retour à Oran, où il avait amené Ibrahim et ses Turcs, y renvoya le colonel Fitz-James pour commander la place et quelques troupes pour renforcer la garnison. Cette précaution n'était pas inutile, car la confédération d'Abd-el-Kader vint quelques jours après essayer toutes ses forces contre notre nouvelle conquête. Tous les postes n'avaient pas encore reçu le complément de défense qui leur était destiné ; néanmoins la petite garnison française suffit à repousser partout les Arabes, qui mirent dans cette nouvelle attaque un acharnement annonçant qu'une main puissante commençait à les diriger et à les façonner à la discipline. Pour la première fois, leurs fantassins s'approchèrent assez des nôtres pour que ceux-ci eussent à croiser la baïonnette et à combattre corps à corps. Les combats qui se succédèrent depuis les premiers jours d'août jusqu'au 9 du même mois eurent toujours le même résultat ; ce jour-là l'ennemi disparut des environs de la ville. De son côté, la garnison d'Oran, apprenant la défection des Smélas et des Douairs, tribus qui jusqu'alors nous avaient été si fidèles, exécuta une rapide expédition qui nous rendit maîtres de beaucoup de troupeaux et d'une centaine de femmes et d'enfants appartenant à cette tribu. Leurs chefs effrayés implorèrent la clémence du général Desmichels, qui leur pardonna à condition qu'ils combattraient désormais sous les drapeaux français, et que trois de leurs principaux personnages viendraient avec leur famille se fixer à Oran pour servir d'ôtages de leurs promesses. Ce traité, quoique imparfaitement exécuté, donna quelque repos à la garnison d'Oran qui, depuis l'occupation de la ville, avait eu constamment les armes à la main. Les Arabes ne se montrèrent plus jusqu'au jour où la commission chargée par le cabinet français d'examiner nos établissements d'Afrique, fut conduite par le général Desmichels jusqu'à Miserghuin. Elle y rencontra Abd-el-Kader, qui sembla vouloir protester contre les apparences de paix qu'offrait la province par un combat livré devant les envoyés du gouvernement. Cependant une nouvelle affaire qui eut lieu quelques jours après à Tamezouat, et dans laquelle il vit ses troupes bien supérieures en nombre écrasées par l'artillerie française, sabrées par les chasseurs d'Afrique, fit sentir à l'orgueilleux Emir la différence qu'il y avait entre des troupes organisées et les hordes sauvages et indisciplinées qui obéissaient à ses ordres. Il commença dès lors à penser qu'une trève dans la guerre implacable qu'il nous avait déclarée dans son cœur, pourrait lui être utile pour asseoir sa domination, et discipliner les troupes régulières et soldées qu'il voulait établir à l'instar des puissances européennes. Abd-el-Kader est un homme fin, intelligent, bien supérieur à tout ce qui l'entoure, sans avoir ces talents supérieurs dont notre courtoisie française a bien voulu le gratifier. Le génie le plus heureusement doué ne pourra jamais se passer de cette masse de faits positifs, de ces notions générales qui forment l'héritage naturel de tout homme qui a reçu l'éducation regardée comme complète dans une nation civilisée. Toute la carrière de notre célèbre rival n'a été qu'une longue erreur, qu'un sens juste eût dû facilement lui faire éviter; la tâche qu'il a entreprise est tout-à-fait au-dessus de ses forces. Dans une lutte entre des puissances très inégales, la plus faible doit redouter les succès autant que les revers, parce qu'elle peut être sûre qu'on les lui fera payer avec usure. C'est à une chimère qu'Abd-el-Kader a sacrifié la position brillante que nous lui avions concédée, le bonheur de son pays mis à feu et à sang, enfin la vie de presque tous ses amis morts en défendant une cause désespérée; la supériorité française lui pesait comme un joug insupportable; il avait assez d'intelligence pour la sentir, et trop d'orgueil pour s'y soumettre définitivement et sans réserve. Mais au commencement de 1833, menacé dans sa résidence de Mascara par notre établissement de Mostaganem, privé d'un port qui pût servir d'écoulement aux denrées qui encombraient son pays, il ajourna ses projets ambitieux et prêta l'oreille aux propositions de paix que lui faisait le général Desmichels. On conclut bientôt un traité de paix assez mal défini, dont quelques articles restèrent secrets, mais qui laissait à l'Emir tout le pays qu'il commandait sans lui assigner aucune limite; ce ne fut que plus tard que le général Woirol voulut borner son territoire au Chélif; de son côté il promettait d'arrêter les hostilités et les brigandages de toutes les tribus de son territoire, d'approvisionner nos marchés, de ramener les déserteurs qui tenteraient de s'échapper dans l'intérieur. Les Européens pouvaient commercer, circuler, s'établir tant dans les villes que dans les campagnes du territoire dont le commandement lui était réservé; il leur devait protection, justice, et s'engageait à les indemniser de tous les torts qu'ils pourraient y éprouver. Enfin des officiers de l'armée devaient résider à Mascara, pour lui servir d'intermédiaire avec le commandant de la province; il pouvait aussi avoir des résidants à Oran, qui serviraient en même temps d'ôtages pour l'exécution de ses promesses; les paroles données, les prisonniers furent rendus de part et d'autre.

Ce traité, qu'Abd-el-Kader parut d'abord exécuter avec d'autant plus de bonne foi que les conditions lui en étaient plus favorables, fut reçu avec espérance et satisfaction dans toute la colonie. On sentait que la guerre n'était pour nous qu'un moyen d'arriver à la pacification du pays, et que plutôt on obtiendrait ce dernier résultat, mieux cela vaudrait pour la civilisation et l'agriculture que nous voulions introduire en Afrique. Notre supériorité sur les Arabes était peut-être encore plus incontestable dans les arts de la paix que dans ceux de la guerre; et une fois en contact libre et journalier avec les indigènes, nos populations nombreuses, actives et opulentes devaient pénétrer bien vite ces tribus éparses, les enlacer par des besoins nés de notre industrie et de notre commerce, et peu à peu sans secouse et sans violence, les entraîner à notre suite dans une marche progressive, dont chaque jour marquerait un pas également favorable aux deux peuples. En effet, les résultats du traité furent immédiats et avantageux. Les officiers français envoyés au camp d'Abd-el-Kader, sur le Sig, furent reçus avec les plus grands honneurs; l'Emir les invita à le suivre à Mascara, et durant leur voyage et leur séjour dans la ville, les traita avec tous les égards qui pouvaient témoigner de son désir de vivre désormais avec nous en bonne intelligence. A leur retour ils trouvèrent les environs d'Oran, qu'ils avaient laissés entièrement déserts, peuplés de nombreuses tribus que la paix avait ramenées dans leurs anciens cantonnements. Des marchands de Tlemcen et de Mascara revinrent en foule renouer avec ceux des ports de mer des relations trop longtemps interrompues. Des parents, des amis de l'Emir s'établirent dans les villes d'Oran, de Mostaganem. Ce dernier s'offrit même, dit-on, à venir conférer avec le général français, sur quelques points encore à régler. Mais cette entrevue n'eut pas lieu : Abd-el-Kader, qui prétendait trancher du souverain indépendant, prétention à laquelle le traité lui donnait bien quelques droits, ne voulait pas paraître devant le général français sur un pied d'égalité, seules bases, il le sentait bien, d'après lesquelles une conférence était possible. Evitant donc tout contact avec ses odieux étrangers, il profita du répit que lui laissaient leurs armes, pour marcher dans la vallée du Chélif qu'il soumit à son pouvoir, après quelque résistance ; il fit chèrement acheter la paix aux vaincus, et les nombreuses contributions qu'il en tira, lui servirent à commencer les divers établissements qu'il projetait à Mascara.

Quelques articles du traité du général Desmichels, tenus d'abord secrets, divulgués bientôt, ayant paru au gouverneur peu compatibles avec la dignité de la France, le général négociateur fut rappelé dans le commencement de 1835 ; il fut remplacé à Oran par le général Trézel qui dut s'arrêter dans les concessions faites à l'Emir, tout en observant celles déjà accordées par son prédécesseur. Les relations avec les Arabes étaient pacifiques, les routes assez sûres, le commerce assez actif, et le gouverneur général qui vint visiter Oran en juin 1835 n'en rapporta que des impressions favorables. Cependant un œil attentif eût pu dès lors s'apercevoir que la paix n'était pas établie sur des bases bien fixes. Abd-el-Kader était trop ambitieux pour ne pas chercher à augmenter son pouvoir, et le traité de paix laissait quelques points en litige, qu'il voulait interpréter à son avantage. Il était même ouvertement sorti de ses limites en envahissant les villes de Miliana et de Médéah, qui dans leur anarchie avaient imploré sa protection ; le gouverneur général avait fermé les yeux ; mais bientôt surgirent de nouveaux sujets de querelle. Les Douairs et les Smélas, ces fières tribus qui servaient jadis au Bey d'Oran d'armée permanente pour gouverner la province et percevoir les impôts, avaient hérité du mépris des Turcs pour les autres Arabes ; ils refusèrent de se soumettre à l'Emir, et leur chef Mustapha s'était déclaré hautement son compétiteur. Abd-el-Kader d'abord battu, entouré de révoltes, presque écrasé, avait fini par prendre sa revanche, et Mustapha poursuivi à outrance, s'était vu forcé d'abandonner tout-à-fait la campagne et de se réfugier dans la citadelle de Tlemcen, où une poignée de Turcs et de Couloughs, jaloux

comme lui du pouvoir de l'Emir, bravaient depuis
longtemps tous ses efforts. Les populations, dont
Mustapha était le chef, se retirèrent dans leur
ancien territoire, sous le canon d'Oran, où elles
implorèrent la protection française. Un traité
complémentaire fut conclu, par lequel elles s'engagèrent en grande partie sous notre drapeau;
Abd-el-Kader les regardait comme des sujets rebelles que nous devions lui livrer, le général
Trézel comme de fidèles alliés, malheureux à la
guerre, et auxquels nous devions aide et secours,
du moment qu'ils voulaient vivre en paix sur notre
territoire. Des communications assez aigres commencèrent à s'échanger à ce sujet entre les deux
partis; enfin le général français fit intimer positivement à l'Emir d'abandonner toute autorité sur
les Arabes qui voudraient vivre sur notre territoire; Abd-el-Kader répondit qu'il irait arracher les
Musulmans à la domination des Chrétiens jusque
dans les murs d'Oran. Dans l'espérance de vaincre
sa résistance par la crainte, le commandant
d'Oran, sans être positivement autorisé par le
gouverneur général, dirigea toutes les troupes dont
il pouvait disposer, sur le Tlélat où il établit son
camp. Cette démonstration n'ayant pas produit
le résultat qu'il en attendait, il résolut de faire un
pas en avant et de s'avancer jusqu'au Sig, sur la
route de Mascara, afin que l'Emir eût à trembler
de plus près pour sa capitale. Le 26 juin l'armée
s'ébranla, et parvint sans rencontrer d'ennemis

jusqu'à un défilé très étroit dans la forêt de Muley-Ismaë, dominé à droite et à gauche par des pentes très raides, couvertes de broussailles épaisses et élevées. L'infanterie arabe s'y était logée. Des cavaliers défendaient la route directe et tous les espaces un peu découverts. Des détachements furent envoyés par le général Trézel pour couronner les hauteurs à droite et à gauche, et débusquer l'ennemi des positions avantageuses qu'il occcupait. Les Arabes reculent d'abord, mais lentement et en maintenant un feu excessivement vif. Les deux têtes des colonnes françaises demandent des renforts pour se maintenir ; elles en reçoivent, mais elles restent flottantes, perdent même une trentaine de pas de terrain. Pour reprendre l'offensive, il devient nécessaire que l'artillerie entre en ligne et que la cavalerie de la colonne essaie une charge à fond sur le milieu de la route. Dès les premiers pas, le brave colonel Oudinot tombe mort frappé d'une balle dans la tête ; le désordre se met parmi ses cavaliers : un trompette sonne la retraite ; la cavalerie recule, mais l'artillerie et les bataillons d'infanterie se trouvaient derrière ; l'armée se raffermit, fait un effort général, et après une lutte des plus opiniâtres, qui coûte à l'ennemi des pertes énormes, le chasse enfin de toutes ses positions et le disperse dans la plaine, où il continue de tirailler sur les flancs et l'arrière-garde. On arrive ainsi sur le Sig, où quelques broussailles fournirent encore à l'ennemi l'occasion d'une résistance bientôt surmontée. Le général Trézel établit son camp sur les bords de la rivière et y reçut deux fois les envoyés d'Abd-el-Kader, protestant de son amour pour la paix, mais ne voulant pas souscrire aux conditions qui lui avaient été proposées.

Cependant les Arabes étaient établis en force à une lieue du camp français; ils recevaient journellement des renforts; la bravoure et l'intelligence qu'ils avaient montrées dans les combats du 26, commençaient à faire pressentir au général qu'il était bien possible qu'il se fût engagé trop avant. Un nombreux convoi d'approvisionnements et de blessés encombraient sa marche; ainsi embarrassé, il n'avait aucun espoir d'atteindre les Arabes et ceux-ci, au contraire, restaient maîtres de l'attaquer dès qu'ils y verraient leur avantage. Il résolut donc de se retirer sur Arzew, le long des rives du Sig, qui prend le nom de la Macta, après sa jonction avec l'Habra. On chemina pendant deux heures au milieu d'une nuée d'Arabes que l'artillerie tenait à distance. Bientôt malheureusement la plaine fit place à un passage étroit, formé à droite par les bords marécageux de la Macta, à gauche, par des collines couvertes de bois épais: l'Emir montrait une malheureuse intelligence dans le choix de ses points d'attaque. A peine engagés dans le défilé, les Français sont accueillis par une fusillade que soutenaient des ennemis invisibles. Pour les combattre, il fallut porter des troupes nombreuses sur les crêtes des hauteurs ; les convois et les blessés ne furent plus protégés que par une faible arrière-garde. L'ennemi, en force partout, l'attaqua avec fureur : un escadron de chasseurs, qui suivait immédiatement le convoi, fléchit vers les marais de la droite, et laissa un espace découvert entre les dernières voitures et une partie du 66e qui marchait immédiatement après la cavalerie. Les Arabes se précipitent dans cette trouée, et massacrent plusieurs voitures de blessés ; les troupes en arrière se croient coupées ; l'épouvante les gagne : elles se jettent à droite et à gauche pour rejoindre le reste de la colonne ; le désordre est à son comble. Cependant une portion de la cavalerie qui marchait en avant du convoi fait face en arrière et charge vigoureusement l'ennemi ; l'escadron, poussé vers la droite, se rallie et rentre en file dans la colonne. Le convoi est dégagé, mais il offrait, alors un affreux spectacle, des attelages dont les chevaux étaient morts, des voitures inondées de sang, renversées pêle-mêle avec des morts et des blessés. Des cris déchirants partaient de dessous ces horribles débris ; les blessés, qui voyaient s'enlever leurs moyens de transport, imploraient la mort comme le seul terme à leurs souffrances, et au milieu de tout cela, les balles arabes tombaient, comme la grêle, sur ce petit espace où étaient déjà réunies tant de douleurs.

Sans perdre un instant, on entassa tout ce qu'on put de blessés sur les attelages qui restaient encore, et l'armée reprit sa marche, semant sa route de cadavres. Quelques officiers dévoués parvinrent cependant à réunir de petits détachements avec lesquels ils tenaient ferme de temps en temps pour donner au reste de l'armée le temps de s'écouler.

L'artillerie, qui à force d'adresse et de dévoûment avait conservé toutes ces pièces hors une seule, faisait feu toutes les fois qu'elle trouvait un espace assez découvert pour se mettre en batterie; elle contribua puissamment à ce que cette funeste retraite ne devînt pas une complète déroute. Enfin on arriva dans la plaine découverte qui s'étend sur les bords de la mer; les corps s'y reformèrent; l'ennemi fut tenu à distance, et l'on marcha vers Arzew en s'appuyant sur le rivage: l'armée y arriva vers les sept heures du soir, épuisée de fatigue; le lendemain, les états fournis par les différents corps accusèrent une perte de 262 morts et 308 blessés, éprouvée dans les combats des 26 et 28 juin. On était si découragé qu'on embarqua l'infanterie pour regagner Oran; heureusement que M. de Lamoricière, envoyé par le gouverneur pour lui rendre compte de la situation des choses dans l'ouest, relachait alors à Arzew; témoin de l'abattement des troupes, il poussa jusqu'à Oran, y réunit 300

Turcs ou Douairs, se mit à leur tête, et revint par terre rejoindre le général Trézel à Arzew ; cet acte d'une heureuse audace, que l'ennemi ne punit pas, redonna du cœur à la cavalerie française, qui rentra à Oran sans tirer un coup de fusil.

Telle fut cette malheureuse affaire de la Macta, la plus sanglante que nous ayons encore éprouvée en Afrique. Le rapport du général Trézel au ministre se terminait ainsi : « J'ai vu perdre dans
» ce fatal combat des espérances qui me parais-
» saient raisonnables ; je suis oppressé par le
» poids de la responsabilité que j'ai prise, et me
» soumettrai sans murmure au blâme et à toute
» la sévérité que le gouvernement du Roi jugera
» nécessaires à mon égard, espérant qu'il ne re-
» fusera pas de récompenser les braves qui se
» sont distingués dans ces deux combats ; les
» jours de désastre font connaître les hommes
» fermes et je ne signalerai que ceux-là aux
» bontés du Roi. » A ces nobles accents, toute l'armée d'Afrique reconnut le général Trézel ; chaque officier ressentit cet échec, comme s'il l'eût éprouvé lui-même, tant il était aimé et respecté. Cinq ans de séjour en Afrique lui avaient inspiré une trop grande idée de la supériorité de ses troupes sur l'ennemi ; noble erreur qu'il paya trop chèrement. Jamais les Arabes n'avaient montré autant d'ensemble et de bravoure ; ils commençaient à se former à notre école. Doré-

navant, en effet, la guerre se fera avec plus d'ensemble de part et d'autre. Nous conserverons toujours notre supériorité, mais il faudra l'acheter par un plus grand déploiement de forces. Il eût peut-être été à désirer que le brave général, qui venait d'éprouver cet échec, eût conservé un commandement qui lui eût permis de prendre sa revanche. Rome entière fut complimenter le consul Varron après la bataille de Cannes. Certes, il y avait peu de rapports entre cette célèbre journée et l'affaire de la Macta, mais un sentiment noble peut se manifester dans les petites comme dans les grandes choses. Le général Trézel, au contraire, fut immédiatement destitué; son successeur, le général d'Arlanges, arriva le 17 juillet à Oran ; quelques jours après, il reçut le commandement des mains de son prédécesseur qui rentra en France sans vouloir toucher terre à Alger. Celui-ci reparut plus tard en Afrique pour assister aux désastres de la première campagne de Constantine, où son courage fut mis à de nouvelles épreuves.

Cependant Abd-el-Kader, à la suite de ses succès, s'était avancé jusqu'à cinq lieues d'Oran, qu'il enveloppait dans trois ou quatre camps. L'ancien caïd de Mostaganem, Ibrahim et ses Turcs, les Douairs et les Smélas, nos alliés Musulmans, qui l'avaient reconnu comme leur chef, occupaient le poste de Miserghuin, à trois lieues de la ville. Le 28 août, le général d'Arlanges les fit rentrer dans les murs d'Oran, soit pour les mettre à l'abri des attaques d'Abd-el-Kader, soit pour leur ôter la possibilité de le rejoindre, si par hasard ils en prenaient envie. Il en était temps, car le lendemain l'ennemi se présentait devant tous nos avant-postes. Nos auxiliaires furent les premiers à le charger vigoureusement, et lui tuèrent quelques hommes. L'artillerie française arriva bientôt sur le champ de bataille et ses boulets suffirent pour disperser entièrement l'ennemi. Nos alliés firent encore plusieurs petites expéditions nocturnes, dans lesquelles ils coupèrent quelques têtes. Abd-el-Kader avait déjà perdu bien assez de monde dans ces petits combats. Jugeant que de nouvelles affaires n'auraient d'autres résultats que d'augmenter ses pertes, il décampa, mettant sa retraite sur le compte du choléra qui désolait alors la Régence. Assez embarassé de sa victoire sur la Macta, il comptait sur les intentions pacifiques du général Drouet, pour conclure un traité avantageux, mais le commandement de ce dernier ne survécut pas longtemps à cette rupture. Il sentit dès lors que son rôle était fini en Afrique; homme de paix et de conciliation, il était peu propre, par son âge et son caractère, aux luttes violentes qu'il voyait poindre à l'horizon. Il avait espéré conduire les Arabes par la douceur; les événements lui donnaient un sanglant démenti.

Les circonstances demandaient essentiellement un homme d'épée, et dès le 8 juillet, le cabinet français avait désigné le maréchal Clausel pour le remplacer. Le dernier acte du général d'Erlon fut la réorganisation et l'embarquement, pour l'Espagne, de la légion étrangère, où elle allait soutenir le trône chancelant de la jeune Isabelle, dont le cabinet avait demandé aide et protection à la France. Quoique combattant sous les drapeaux espagnols, les officiers de cette légion avaient leurs grades et leurs honneurs garantis en France. Ces braves soldats signalèrent leur courage contre les partisans de Charles V, arrosèrent de leur sang les champs de bataille de Huesca et de Barbastro; puis la légion, réduite à quelques centaines d'hommes, rentra en France pour s'y recruter d'élémens pareils à ceux qui avaient présidé à sa première formation, et retourner de là sur le théâtre de ses premiers combats, en Afrique, où elle continua à rendre de bons services à sa patrie adoptive. Le général d'Erlon avait quitté Alger le 8 août; deux jours après son successeur prenait terre; le premier acte de celui-ci fut de proclamer Ibrahim, Bey de Mascara, à la place d'Abd-el-Kader déchu de sa dignité, à cause de sa félonie; Ibrahim fut un des quatre ou cinq Beys qui sortirent tous improvisés des mains du maréchal Clausel. Ces nominations ne produisirent point les résultats qu'on s'en était promis; presque jamais les Arabes ne voulurent les reconnaître. Quand nos armées s'emparaient, par la force, d'un canton dont nous avions antérieurement désigné le chef indigène, ce dernier s'effaçait bientôt devant l'autorité française où résidait la véritable puissance, et à laquelle le dignitaire Musulman servait tout au plus d'enseigne. Il traînait ainsi, dans nos camps un titre que personne ne prenait au sérieux.

LIVRE QUATRIÈME.

LE MARÉCHAL CLAUSEL, UNE SECONDE FOIS GOUVERNEUR.

Le maréchal Clausel revient commander en Afrique. — Projets d'évacuation de Bougie. — Le choléra en Afrique. — Un nouveau Bey nommé à Médéah. — Expéditions de Mascara et de Tlemcen. — Le général Perregeaux parcourt la vallée du Bas-Chélif et la soumet. — Le général D'Arlanges à la Tafna. — Le général Bugeaud une première fois en Afrique. — Bataille de la Sicka. — Le général l'Etang commande à Oran et ravitaille le Méchouar. — Le maréchal Clausel de retour à Alger. — Projets manqués sur Médéah et Miliana. — Le maréchal et le Cabinet. — Première expédition sur Constantine. — Le maréchal Clausel remplacé.

Le maréchal Clausel arrivé en Afrique pour venger l'échec de la Macta, fut reçu avec des transports de joie par toute la colonie : il était la personnification du nouveau système d'extension et de conquête dans lequel le cabinet voulait entrer : cependant, une des premières pensées du nouveau gouverneur fut un projet d'évacuation de Bougie : cette ville, seule au milieu de ce groupe de montagnes que nous avons appelé la grande Kabylie, formait toujours un point isolé, sans commerce et sans relations avec les sauvages populations qui l'entouraient; sa garnison se décimait par l'inaction et la nostalgie ; cependant une foule de combats avaient signalé l'année 1835; mais ils étaient si insignifiants, si monotones, qu'ils avaient finis par ne plus amener même une distraction : on savait que les Kabyles ne pourraient jamais faire courir un péril sérieux même à un simple blockaus, et nous étions trop faibles pour avoir aucune action chez eux ; l'occupation prématurée de ce point avait donc été une faute, restait à savoir si son évacuation n'en serait pas une seconde. Le maréchal le pensa et il eut raison : rien n'est fâcheux en Afrique comme un pas rétrograde ; seulement la garnison fut réduite au nombre le plus strictement nécessaire à la conservation de la place. L'ambition de tous les commandants, qui s'étaient succédés à ce poste, avait été de nouer un commerce avec les indigènes; M. Salomon de Mussis, en 1836, se crut un moment sur le point d'y réussir ; un jeune Kabyle avait amené quelques bœufs chez les Français; mais sa famille devint si suspecte aux autres Musulmans, que pour regagner leur confiance, son chef attira M. Salomon de Mussis, le 4 août, dans une conférence, et le massacra de la manière la plus cruelle et la plus perfide ; on doit ajouter à la louange des Kabyles qu'ils parurent épouvantés eux-mêmes de cet horrible crime. Ils cessèrent quelques temps de venir tirailler autour de Bougie ; mais comme le pays d'alentour était désert, les Français ne s'y trouvèrent pas mieux et les hostilités finirent par recommencer de part et d'autre.

Le choléra, que le maréchal Clausel semblait avoir apporté dans la capitale de la Régence, vint mêler ses crêpes aux fêtes qui célébrèrent son arrivée ; le fléau offrait tout-à-fait les mêmes caractères qu'en Europe ; il frappait principalement sur les tempéraments affaiblis par la vieillesse, les excès, la misère. Les indigènes, et parmi eux les Juifs, vivant dans des habitations basses et mal aérées, se nourrissant de fruits ou de viande de mauvaise qualité, offrirent proportionellement le plus grand nombre de victimes. L'autorité organisa trois espèces d'hôpitaux, pour les Européens, les Maures et les Juifs; puis, pour déblayer le foyer de mortalité qu'offrait la ville, on décida que les Juifs iraient camper sur le sommet de Boujaréah, où un air vif et pur modifia bientôt l'intensité de la maladie. Des citoyens généreux, entr'autres M. de Viallard, se dévouèrent à la pénible tâche d'inspirer à cette malheureuse population quelques idées de propreté et d'hygiène; Alger perdit alors un millier de ses habitans; Blida, où la maladie n'avait pas tardé à se montrer, fut proportionnellement plus maltraité, et dans les populations environnantes, la mortalité fut encore plus grande. Dans l'automne, la maladie disparut tout-à-fait des environs d'Alger. Le fléau, qui décimait les Arabes, n'arrêta pas le cours de leurs querelles intestines, résultat de l'anarchie dans laquelle ils étaient tombés. En vain le maréchal Clausel essayait de les rallier à la cause de la France, en leur désignant des Beys pour les gouverner ; comme on n'avait pas de troupes à leur donner, la plupart de ces titulaires n'essayaient même pas de se mettre en possession de leur gouvernement, et la France manquait de dignité en abandonnant ceux qu'elle avait élevés sur le pavois. Une seule fois ces nominations parurent avoir quelque résultat, et ce fut à Médéah. Depuis que Ben-Omar, le Bey installé par le Maréchal Clausel lors de son premier gouvernement, était revenu à Alger en 1831 avec le général Berthézène, cette malheureuse ville était restée sans autorité et en quelque sorte au premier occupant. Sentant bien le désavantage d'une pareille position, plusieurs fois les habitants s'étaient adressés aux commandants successifs d'Alger, pour leur demander gouvernement et protection, et surtout du secours contre les brigandages des tribus environnantes ; enfin le 24 novembre 1834, M. Drouet-d'Erlon avait reçu une mission ainsi conçue :

« Louange à Dieu ; la puissance est à Dieu
» seul ; les grands, les Scheicks, et tous les ha-
» bitants de la ville de Médéah.

» A M. le gouverneur général, salut à lui :
» Votre puissance est établie sur nous ; vous êtes
» un homme supérieur ; vous dirigez une grande
» administration et vous avez beaucoup de guer-
» riers. Quand vous prîtes Alger, vous détruisîtes
» le gouvernement qui existait, et ensuite vous
» avez laissé sans chef notre province et bien
» d'autres ; nous venons vous demander justice ;
» si vous nous la refusez, nous irons la demander
» au sultan de France ; il jugera si nous, ainsi que
» d'autres, pouvons rester sans gouvernement.
» Dites ce que nous devons faire et dirigez-nous;
» si vous voulez nommer un Bey pour la pro-
» vince, envoyez des soldats avec lui ; il nous
» gouvernera et nous serons ses amis et vos
» alliés. Ce que vous ordonnerez, nous le fe-
» rons ; en nous abandonnant à nous-mêmes,
» vous n'agissez pas comme il convient à des
» hommes puissants comme vous. Autrefois quand
» les Turcs s'emparaient d'un pays, ils y établis-
» saient une autorité. Voyez donc ce que vous
» voulez faire pour nous ; nous vous jugerons
» selon vos décisions bonnes ou mauvaises. »

Cette lettre que nous avons rapportée pour
donner un échantillon des idées et du style des

indigènes, semble prouver qu'il n'eut pas été difficile de pacifier ce pays dans le principe, avec un plan fixe et une force suffisante pour le soutenir. C'est ce qui manqua constamment en Afrique; notre indécision encouragea nos ennemis, et fonda la puissance d'Abd-el-Kader, qu'il fallut ensuite détruire avec une grande perte de sang et d'argent. Le premier soin du maréchal Clausel, lors de son arrivée en Afrique, avait été d'essayer d'utiliser la bonne volonté des gens de Médéah, en leur donnant un nommé Mohammet-ben-Hussein pour les gouverner. C'était un vieux Turc qui, par sa femme, avait des relations de parenté avec le Scheick d'une puissante tribu des environs; mais des populations ennemies interceptaient les communications, et le maréchal n'avait pas seulement une escorte à donner à son protégé; heureusement que, dans les premiers jours d'octobre 1835, on vit arriver à Alger 150 Scheicks ou notables de Médéah ou des environs qui avaient entrepris un voyage très dangereux pour venir chercher leur nouveau souverain. Ils furent reçus avec toutes les marques de considération que put leur donner le gouverneur; il s'empressa d'investir, en leur présence, le Bey Mohammet de sa nouvelle dignité. La cérémonie eut lieu dans la cour du palais du gouverneur. Dès le matin, les galeries qui l'entourent étaient remplies de fonctionnaires civils et militaires. A midi, arrive le nouveau dignitaire suivi d'une nombreuse escorte; son lieutenant se place à sa gauche, son chiaoux ou bourreau, personnage important et honorable chez les Arabes, immédiatement derrière lui, le yatagan au côté et tenant à la main un grand bâton blanc, signe de sa dignité. Les Scheicks les plus importants, au nombre de seize, se rangent en croissant à droite et à gauche. Le maréchal Clausel entre dans la cour entouré de son état-major, et accompagné du colonel Marey, Aga des Arabes; une compagnie de grenadiers, rangée au fond de la cour, leur rend les honneurs militaires. Le maréchal s'adresse au nouveau Bey et lui dit : « Au nom du Roi des Français, seul et » véritable sultan de l'Algérie, je vous fais Bey » de Tittery. » Après ces paroles, le nouveau Bey reçoit un yatagan à fourreau d'or, son lieutenant un yatagan à fourreau d'argent. On le revêt d'un caphtan, espèce de tunique en soie brochée d'or. Les Scheicks, ses nouveaux sujets, reçoivent des burnous rouges, et les chefs de tribu qui étaient venus assister à cette inauguration, des burnous blancs. Les Arabes notables n'ont que des haïcks et des sandales. Le maréchal Clausel se plaisait à ces vaines cérémonies qu'il pensait bien gratuitement laisser une impression profonde sur l'esprit des Musulmans. Le nouveau Bey, accompagné d'une force française, s'avança jusqu'à Bouffarick; on espérait que son gouvernement le recevrait à bras ouverts; il n'en fut rien; Mohammet, qui semble n'avoir pas manqué de courage, passa la montagne dans la nuit, accompagné seulement de son escorte musulmane; après quelque temps de séjour dans la tribu avec laquelle il avait des relations, il parvint même à s'installer dans Médéah, sa capitale, au moment où le maréchal occupa une seconde fois le Col de Mouzaïa, comme nous le dirons plus tard.

Abd-el-Kader remuait aussi tout le centre de la Régence pour se créer des partisans, et détourner l'orage qui allait fondre sur sa capitale; il s'attacha définitivement notre ancien Aga de Coléah, Mahiddin-el-Seghir, de la famille des Embarrecks, et le nomma Bey de Milianah. Celui-ci pénétra jusqu'aux environs d'Alger avec toutes les tribus de l'ouest, et ne se proposait rien moins, disait-il, que de nous chasser de la ville. Le 16 octobre, il vint avec toutes ses troupes attaquer le camp de Bouffarick, qui n'eut pas de peine à le repousser. Le lendemain, le maréchal alla chercher lui-même l'ennemi, et le rencontra non loin du camp; les Arabes occupaient un front de bataille très étendu; leur droite s'appuyait sur les hauteurs de Blida, et leur gauche touchait presque aux pentes du Sahel. Notre ligne de tirailleurs engagea bientôt la fusillade avec l'ennemi qui se retirait peu à peu vers la montagne. Dès qu'il se massait quelque part, un coup d'obusier suffisait ordinairement pour le disperser; il n'essaya de défendre qu'avec mollesse, le passage de la

Chiffa. Cette petite rivière traversée, l'armée française trouva devant elle le Bouroumy, puis le Jer, autre ruisseau qui descend de la montagne et aux sources duquel Hadji-el-Seghir avait établi son camp; il fut abandonné dès que nous approchâmes. Les Arabes se retirèrent sur les mamelons inférieurs du petit Atlas, où deux étendards rouges annonçaient la présence du lieutenant d'Abd-el-Kader. Cependant, cette position ne leur parut bientôt plus assez sûre, car on voyait leurs bagages s'enfoncer dans l'intérieur de la montagne. L'infanterie se mit à escalader les premières pentes, pendant que les chasseurs et la garde nationale à cheval finissaient de nettoyer la plaine. Les Arabes se retiraient sur les crêtes successivement supérieures, tout en continuant un feu de mousqueterie assez peu meurtrier. Pendant que l'infanterie se battait sur les pentes, le général Rapatel, avec une escorte de quarante chasseurs et une vingtaine d'officiers, voulut remonter une gorge conduisant au centre de la montagne. Tout-à-coup il se trouva en présence de trois cents cavaliers arabes qui s'y étaient embusqués. Profitant de la disposition des lieux qui ne permettait pas à l'ennemi de se développer, le général Rapatel fond sur lui, tue un chef de sa propre main; presque chaque officier en fait autant; les Arabes se débandent; on les poursuit en leur tuant des hommes et des chevaux; tous les ennemis étaient disparus, quand l'armée revint camper pour la nuit derrière l'Oued-Jer. Les jours suivants, on parcourut tout le pays des Hadjoutes sans pouvoir les rencontrer; on s'avança même jusqu'à Kobr-Roumia, (Tombeau de la Chrétienne) à vingt lieues à l'ouest où nos armes n'avaient pas encore pénétré; l'ennemi ne se montra nulle part. Le 21, on revint sur Blida dont les habitants nous fournirent des provisions; le lendemain, les troupes revinrent coucher dans leur camp, et les généraux Clauzel et Rapatel rentrèrent dans Alger par la plaine de l'est.

Cette petite expédition porta un coup sensible à l'influence du lieutenant d'Abd-el-Kader dans les environs d'Alger; il ne reparut plus que pour essayer quelques brigandages qui, chaque fois, éprouvèrent un châtiment sévère de la part du colonel Marey, commandant alors du camp de Bouffarick. Ce dernier avait pris aux Arabes leur manière de faire la guerre, et les désolait en leur enlevant leurs troupeaux. Une foule de petits combats résultèrent de ces rapides expéditions qui toutes se ressemblent.

Cependant le gouvernement français prenait des mesures pour venger plus sérieusement encore l'échec de la Macta. Une expédition sur Mascara était décidée, afin d'installer Ibrahim dans la capitale de son Beylick, où l'on espérait qu'il pourrait se maintenir. Trois nouveaux régiments, désignés pour y prendre part, furent débarqués à Oran dans le courant de l'automne 1835. Ils étaient accompagnés d'un matériel considérable en artillerie et en provisions de guerre de toute espèce. Ces nouvelles forces permirent d'étendre nos lignes autour de la place, pour donner un peu plus de territoire aux troupeaux de nos alliés. L'héritier présomptif de la couronne s'annonçait comme devant associer ses efforts à ceux de l'armée; nos soldats y puisaient un nouveau courage et les colons un surcroît d'espoir. C'était la preuve la plus éclatante que pût donner le gouvernement, de l'intérêt qu'il portait à notre conquête. La visite du prince Royal avait du reste un autre but que la guerre et la vengeance. Quoique sans mission officielle, il devait voir par ses yeux l'état de la colonie et l'avenir qu'offrait ce pays, objet de tant de controverses. Débarqué pour la première fois en Afrique le 10 novembre 1835, il fit son entrée dans Alger, sur un magnifique cheval indigène, bridé et sellé à la manière arabe, couvert d'une housse en soie, brochée d'or et d'argent, semblable à celle qui couvrait habituellement le cheval du Dey, quand il se promenait dans la ville. Il semble que le prince avait voulu devenir tout-à-fait Africain, pour le peu de jours qu'il devait passer à Alger. Il demanda l'hospitalité à Mustapha-Pacha, fils d'un des prédécesseurs d'Hussein-Dey, et le plus riche Musulman de toute la Régence.

Celui-ci parut flatté de cette distinction, et soit dévoûment, soit ostentation, fit tous ses efforts pour la mériter. Sa demeure, dont l'extérieur était triste et sombre, comme toutes celles d'Alger, renfermait dans l'intérieur toute la pompe du luxe oriental auquel, depuis notre séjour en Afrique, s'était joint quelque chose de l'aisance européenne. De gracieux jets d'eau, des corbeilles de fleurs odorantes, des marbres éclatants, des tapis précieux, ornaient partout les appartements destinés au prince; tout le premier étage lui était consacré; Mustapha et ses femmes s'étaient retirés au rez-de-chaussée. Le duc d'Orléans fut étonné de l'éclat presque royal dont il était entouré, et en remercia son hôte avec cette grâce digne et simple qui lui était naturelle, et qu'excitait encore le désir de créer à la France des partisans sincères parmi les anciens notables de la ville. Le lendemain de son arrivée, le prince visita les hôpitaux, la Casbah et le fort de l'Empereur. Les revues et les plaisirs se partagèrent le reste du temps qu'il passa dans la ville. La journée du 13 fut consacrée à une course aux avant-postes. Arrivé à Bouffarick, une négresse esclave vint se jeter à ses pieds, en le suppliant de la soustraire aux mauvais traitements de son maître; il la racheta de ses deniers, la dota et la maria avec un nègre, soldat aux gendarmes Maures qui voulut bien s'en accomoder. Retenu plus longtemps qu'il ne le pensait par un temps affreux, il ne s'embarqua définitivement pour Oran que le 19, sur le Castor. Trois autres bateaux à vapeur marchaient de conserve avec lui, portant le maréchal Clausel, le colonel de l'Etang et le fameux Youssouf, qui, sur l'invitation du prince, venait chercher à Oran un nouveau théâtre pour sa bravoure. Le commandant Lamoricière et ses zouaves faisaient aussi partie de l'expédition. A peine arrivé à Oran, le maréchal Clausel poussa tous les préparatifs pour une prochaine entrée en campagne, avec cette activité dont il était éminemment doué. L'Emir avait forcé toutes les tribus établies entre Oran et Mascara, à se retirer derrière cette dernière ville, de sorte que nous n'avions ni vivres frais, ni renseignements exacts sur les forces que nous allions avoir à combattre. De vagues rumeurs donnaient à l'Emir jusqu'à 25 ou 30,000 hommes, mais ce nombre était évidemment exagéré. Le 19, un détachement de Garabas conduisit à Oran quelques troupeaux qu'on s'empressa de leur acheter; ils s'offraient même de marcher avec nous contre Abd-el-Kader, mais ceux qui faisaient cette proposition avaient un air si équivoque qu'on les prit pour des espions plutôt que pour des alliés; ils partirent et l'on n'en entendit plus parler. Ils durent rapporter dans leur désert des nouvelles effrayantes pour nos ennemis. La ville d'Oran, qui, dans les temps ordinaires ne contenait que 7,000 âmes, perdues dans un espace qui pouvait en renfermer 30,000, alors encombrée d'une foule de militaires de tout grade, d'employés, de curieux, était devenue tout-à-coup aussi bruyante que le quartier le plus populeux de Paris. La santé des troupes était très bonne, le temps admirable. La revue qui devait précéder le départ définitif eut lieu au Figuier, où la plus grande partie des troupes était réunie depuis quelques jours. C'était un camp retranché établi dans une immense plaine, semblable aux savanes de l'Amérique du Nord, et si entièrement dépouillée d'arbres, qu'à dix lieues à la ronde il n'en existe que celui dont ce lieu a pris le nom. Cependant ce paysage a une grandeur et un intérêt dont on a peine à se rendre compte, mais qui n'en est pas moins très réel. La vue de la mer est également l'aspect le plus monotone qui existe, et peut-être celui dont on se lasse le moins. Le jour de la revue, la plaine du Figuier présentait un contraste frappant entre cette armée si brillante et cet immense désert où elle était tout-à-coup jetée; l'or de nos uniformes tranchait sur la verdure uniforme de la plaine. La belle musique de nos régiments envoyait se perdre dans la solitude, les airs qui faisaient les délices des dilettanti parisiens. Le Bey Ibrahim et ses Turcs avaient appelé à leur secours tout le luxe oriental de leurs majestueux costumes pour paraître avec honneur au milieu de leurs alliés. Toutes les troupes, quelles que fussent leur race et leur religion, semblaient ne rivaliser que d'ardeur contre l'ennemi commun. Les Turcs avaient peut-être un degré d'animosité de plus contre les Arabes ; c'était un reste de la rivalité des deux peuples que nous avions été assez heureux pour réveiller. Le prince, après cette revue, revint passer encore une nuit à Oran, et s'établit le jour suivant au camp du Figuier, qu'il ne devait plus quitter que pour prendre à la tête de sa brigade la route de Mascara. Déjà on avait aperçu dans la campagne les feux des bivouacs d'Abd-el-Kader ; l'armée les salua de ses transports d'allégresse, car tout ce qu'elle craignait c'était de ne pas rencontrer l'ennemi. Le 27 à midi, l'avant-garde se mit en marche sous les ordres du général Oudinot, qui brûlait de venger la mort de son frère. Il avait pour officier d'ordonnance un Turc, naguère attaché à ce dernier, et qui avait au péril de sa vie arraché son corps aux Arabes, en le rapportant devant lui sur son cheval, depuis Muley-Ismaël jusqu'à Oran ; c'était un jeune homme d'une force et d'une bravoure extraordinaires, et qui déjà avait, sur les champs de bataille, donné la mort à 19 Arabes. La brigade avant-garde passa la nuit à l'ancien camp du général Trézel, sur le Tlélat, dont les fortifications furent trouvées intactes. Le lendemain, le maréchal Clausel s'y rendit lui-même, avec le reste des troupes et le prince Royal. Déjà Ibrahim et les Musulmans auxiliaires qui précédaient toutes les troupes françaises, avaient poussé jusqu'à deux lieues en avant sans rencontrer d'ennemi. Bientôt

toute l'armée arriva au défilé de Mulcy-Ismaël
dont la possession avait coûté un combat sanglant
au général Trézel et la vie au colonel Oudinot.
Averties par un souvenir si récent, les quatre
brigades de l'armée se serrèrent sur quatre lignes
parallèles, afin de masser le plus possible toute la
colonne; mais, cette fois, cette précaution devint
inutile; l'ennemi ne défendit pas ce passage qui
fut franchi avec le plus grand ordre, et, à une
heure après-midi, les quatre brigades débou-
chèrent à la fois dans la belle plaine, arrosée par
le Sig, dont on apercevait, à deux lieues et demie,
les rives revêtues de hautes broussailles; sur ce
terrain, l'armée marchait comme dans un champ
de manœuvre, sous un soleil radieux qui faisait
briller les étendards, et étinceler les baïonnettes.
A cinq heures du soir, Ibrahim était campé de
l'autre côté du Sig, et toutes les troupes arrivèrent
bientôt après sur les bords de la rivière, où elles
établirent le bivouac de la nuit. Dans ces haltes,
les troupes formaient un grand carré dont chaque
brigade occupait un côté, et dont le centre renfermait les bagages. Le maréchal avait eu d'abord
l'intention d'y laisser un millier d'hommes pour
occuper un camp retranché qu'il avait construit
sur le Sig; mais ce projet fut abandonné et toute
l'armée le suivit à Mascara. Le 1er décembre, le
gouverneur conduisit, en personne, quelques
troupes à l'attaque d'un fort parti d'Arabes qui
avaient établi leur camp à peu de distance du

nôtre. Après une courte résistance, l'ennemi s'enfuit dans la montagne, en abandonnant plusieurs tentes qui tombèrent entre nos mains, puis revint selon son habitude tirailler contre nos soldats dès que le mouvement de retraite vers le camp se fut prononcé.

A partir du point où les troupes étaient campées, la route directe d'Oran à Mascara s'avance perpendiculairement au cours du Sig, jusqu'au pied d'une chaîne de hauteurs, qui sépare son bassin de celui de l'Habra, situé six lieues plus loin. Les deux rivières coulent au nord-est, d'abord parallèlement, puis se rapprochent et forment, par leur réunion, la Macta de funeste mémoire. Le maréchal Clausel redoutait avec raison l'espace compris entre les deux vallées, parce que la route s'y engage au fond d'une gorge étroite, boisée, et qui offrait à notre rusé rival une de ces positions dont il savait si bien tirer parti. En effet, Abd-el-Kader s'y était caché avec la plus grande partie de ses troupes, et le camp établi au débouché de la plaine n'était probablement qu'une amorce pour attirer les Français dans le piège. Les fuyards, que chassait le maréchal dans sa sortie du 1er décembre, se retirèrent vers la gorge, d'où l'on voyait sortir de temps en temps quelques cavaliers peu nombreux comme pour nous engager au combat ; mais le gouverneur avait expressément défendu au général Oudinot, qui commandait la cavalerie avant-garde, de s'engager dans la montagne ; ce dernier chassa donc l'ennemi jusqu'au bout de la plaine, puis fit battre la retraite, et rentra à six heures du soir au camp où toutes les troupes étaient rassemblées.

Durant le combat du 1er décembre, les Arabes se battirent avec courage et résolution. Plusieurs fois, ils s'approchèrent d'assez près pour que l'artillerie pût tirer à mitraille ; aussi leur perte dut-elle être assez forte. Après le combat, ils continuèrent à se montrer en force dans la gorge, paraissant disposés à en défendre vigoureusement le passage. Le général français résolut de tourner cette position formidable. La journée du 2 fut consacrée au repos. Le 3, l'armée s'ébranla tout entière, marchant droit aux positions ennemies, comme si elle avait eu l'intention de les attaquer directement. L'artillerie lança quelques boulets sur des groupes compacts d'Arabes, qui avaient osé se montrer dans la plaine et les força de regagner bien vite les flancs de la montagne, puis tournant brusquement à gauche, la colonne dessina enfin sa marche et descendit la vallée du Sig, pour arriver ensuite dans celle de l'Habra et prendre le chemin de Mostaganem à Mascara. Cette manœuvre allongeait un peu la route mais évitait un terrain difficile où de grands moyens de défense avaient été entassés par Abd-el-Kader. Dès que ce dernier s'aperçut de notre nouveau projet, il quitta à la hâte sa forte position pour se jeter sur le flanc droit de l'armée française sans oser pourtant abandonner entièrement les pentes des hauteurs qui lui offraient un asile. Les Français continuèrent à marcher en plaine, parallèlement au cours du Sig pendant que les Arabes, s'appuyant des broussailles qui couvrent le pied de la montagne, les poursuivaient d'un feu incessant de mousqueterie. Pour s'en débarasser, l'aile droite française fit un mouvement offensif sur la droite qui, soutenue par le feu de huit pièces de canon arrivées au galop, balaya la plaine pour quelque temps.

L'angle, formé par la jonction des deux rivières, est occupé par un bois appelé la forêt de l'Habra, qui, remontant assez loin sur les bords du Sig, rétrécit la plaine découverte et la change en un défilé étroit, compris entre le pied des montagnes d'un côté et la lisière du terrain boisé de l'autre. La chaîne de hauteurs qui sépare les eaux des deux vallées, s'abaissant lentement pour se perdre dans l'espace angulaire, ne forme plus qu'un rideau peu élevé au point traversé par la route. Les pentes orientales de ce rideau se précipitent brusquement dans un ravin profond qui les sépare du cimetière de Sydi-Embareck, dernière difficulté que l'armée avait à surmonter pour gagner la route de Mostaganem. Il était planté, comme tous les lieux de repos des Musulmans, d'une foule d'arbres, parsemé de tombeaux et s'appuyait d'un côté sur la montagne, de l'autre sur le bois de l'Habra dans lequel même il s'enfonce assez profondément. Il coupait donc entièrement l'espace découvert par où devait déboucher la colonne française. L'ensemble de tous ces obstacles composait une assez bonne ligne de défense que la prévoyance de l'Emir avait encore fortifiée, pensant que nous pourrions bien prendre cette route. Chassée de la vallée du Sig, son infanterie avait été s'embusquer sur la lisière du bois, dans le cimetière, tandis que sa cavalerie s'était portée un peu en avant, derrière le rideau de hauteurs dont nous avons parlé, qui la dérobait entièrement à la vue des Français; enfin trois pièces de canon, placées sur un mamelon qui s'avance en promontoire des dernières pentes de la montagne, enfilait directement le ravin.

Impatients de franchir l'obstacle qui leur bornait la vue, le maréchal Clausel et le duc d'Orléans, accompagnés d'un peloton de cinquante chasseurs d'Afrique, marchaient en avant de l'armée, précédés de quelques pas par cinq ou six tirailleurs qui éclairaient la marche. A peine sont-ils arrivés sur la crête, qu'ils se trouvent tout-à-coup en face des cavaliers arabes. Les deux généraux et l'escorte brillante qui les accompagnait, cédant à un mouvement de bravoure peut-être irréfléchi, entraînèrent le peloton de chasseurs à l'attaque de cette foule ennemie, qui recula d'abord, étonnée de tant d'audace; mais bientôt elle s'arrêta et s'apprêtait à faire repentir les assaillants de leur témérité, lorsqu'une compagnie d'infanterie et deux obusiers se montrèrent à leur secours. Le reste de l'armée fut bientôt en vue, et la cavalerie ennemie se retira en désordre; restait le ravin à franchir, et le cimetière de Sidy-Embarrack à enlever; l'artillerie française commença par le labourer de ses projectiles. La brigade Oudinot, appuyant son extrémité à la montagne formait l'aile droite, la brigade Perregeaux, qui rasait le bois de l'Habra, l'aile gauche, les zouaves et les voltigeurs le centre de la ligne d'attaque. Un feu extrêmement vif partait des pentes de la montagne, de la lisière du bois et du cimetière en face. Les trois brigades s'ébranlent en même temps ; les pièces d'artillerie d'Abd-el-Kader commencent à tirer d'une manière lente quoique assez juste; le général Oudinot et le duc d'Orléans sont blessés chacun d'une balle dans la cuisse, mais les troupes marchent en bon ordre; le ravin est franchi; l'ennemi fuit de toutes parts laissant le champ de bataille jonché de cadavres. L'armée traverse rapidement ce dangereux passage, et débouche enfin dans la vallée de l'Habra, où elle pouvait repousser facilement toutes les forces de l'Afrique; à sept heures du soir, elle campe sur les bords de la rivière.

Le lendemain 4 décembre, toute l'armée passa l'Habra sur un pont construit pendant la nuit, et vint se former sur la rive droite, sous le feu de quelques cavaliers arabes disséminés dans la plaine; les boulets de l'artillerie les dispersait sitôt qu'ils paraissaient vouloir se réunir. Au lieu de remonter la vallée pour se diriger du côté de Mascara, le maréchal Clausel marcha quelque temps, au nord-est vers Mostaganem, laissant s'accréditer le bruit qu'il voulait gagner cette ville pour s'y ravitailler; son intention était, sans doute, d'engager les Arabes à descendre en force dans la plaine pour pouvoir les joindre et livrer un combat un peu sérieux. Cette manœuvre n'eut qu'un demi-succès; une partie des ennemis se mit en effet à notre poursuite, mais les autres continuaient à se montrer sur les pentes des hauteurs au sud, et dans une gorge profonde que suit la route qui devait nous conduire à Mascara. A une heure après-midi, le gouverneur fit volte-face, et marcha rapidement vers l'ennemi pour ne pas lui laisser le temps de s'établir fortement dans la position qu'il ne voulait pas abandonner. Bientôt les deux pentes de la gorge furent fouillées par les boulets de l'artillerie française, et le désordre commençait à se mettre parmi les Arabes, quand les tirailleurs et les zouaves les assaillirent au pas de course, et, dans moins d'une demi-heure, les chassèrent de tous les postes qu'ils occupaient. Les ennemis découragés disparurent sur tous les points à la fois. L'armée et les bagages franchirent librement la gorge et la crête qui la termine, et descendirent dans une petite vallée, où sont situés les marabouts connus sous le nom de Sidy-Ibrahim : le maréchal Clausel y plaça son quartier-général pour la nuit.

Restait à franchir pour arriver à Mascara un pâté de montagnes dont les cimes s'élèvent en étage les unes au-dessus des autres, mélange confus de crêtes escarpées, de pentes raides et déchirées, de vallées étroites et profondes, se croisant dans tous les sens, au fond desquelles se glisse une route tortueuse et très dangereuse à parcourir. L'armée fut divisée en quatre brigades disposées de manière à former les quatre angles d'un quadrilatère irrégulier, se modifiant suivant les formes du terrain : le centre était occupé par le convoi; une diagonale se confondait avec la route. Les brigades tête et queue de colonne suivaient ainsi le fond des vallées, et celles de droite et de gauche se maintenaient à la hauteur du convoi, cheminant sur les crêtes les plus élevées. Les compagnies du génie eurent quelques travaux à faire pour rendre le chemin praticable aux voitures; la journée fut pénible pour les troupes qui parcouraient un pays affreux et ne trouvaient à boire qu'une eau désagréable et malsaine; cependant elles franchirent heureusement tous les obstacles, dissipant quelques groupes d'Arabes qui essayèrent encore de nous barrer le passage et arrivèrent vers le soir aux bords d'une source abondante et salubre nommée Aïn-Kebyra (la Grande Fontaine). Pendant qu'elles s'y délassaient de leurs fatigues, le maréchal Clausel, avec une petite avant-garde, poussa jusqu'à un village nommé El-Bordgi, situé sur la dernière crête des montagnes, et là il apprit que des scènes de meurtre et de pillage venaient d'ensanglanter Mascara. L'Émir, désespérant de défendre sa capitale, n'avait pas voulu y rentrer et s'était retiré au sud chez les Hachems, avec quelques cavaliers qui lui restaient fidèles. D'autres Arabes avaient envahi la ville, et massacré une foule de Juifs, de femmes et d'enfants; la famille d'Abd-el-Kader elle-même n'avait pas été épargnée. A ces tristes nouvelles, le maréchal Clausel, quoique éloigné encore de cinq lieues de la ville, résolut de s'y porter le soir même par une marche forcée. Il laissa deux brigades à la garde du convoi qui marchait lentement dans les chemins difficiles, prit les deux autres avec lui, puis les devançant avec une faible escorte, il arriva en vue des portes de Mascara, dans la soirée du 5 décembre. Elles furent sur-le-champ occupées par le colonel de l'Estang, qui avait à ses ordres un escadron de chasseurs et de Spahis, et depuis lors l'ordre y fut maintenu. A cinq heures, le prince royal y fit son entrée avec le maréchal. La ville, où il ne restait plus que sept à huit cents Juifs consternés et tremblants, offrait un spectacle pitoyable; des traces de carnage souillaient partout les rues, et l'incendie dévorait une partie des maisons; l'armée française rassura les rares habitants perdus au milieu des ruines, et s'empressa de les aider à sauver ce qui restait de leurs effets.

Notre Bey Ibrahim était entré dans la capitale du gouvernement que nous lui avions concédé; mais les tribus voisines ne donnaient aucun signe de soumission. Il désespérait de pouvoir s'y maintenir avec le seul soutien de ses fidèles Turcs. Nous n'avions malheureusement pas de forces permanentes à laisser dans la ville, et nous venions d'éprouver combien les communications avec les ports de mer étaient difficiles; Mascara était à moitié détruit. Tout ce qui restait de vivant dans ces ruines nous suppliait de ne pas l'y abandonner. La ville de l'Émir fut condamnée, mais on dut regretter amèrement que quelques bataillons de plus ne nous permissent pas d'occuper définitivement un point si important; peut-être un séjour un peu prolongé aurait-il eu quelque résultat pour la soumission du pays. Les trois jours qu'y passa l'armée française furent consacrés à l'œuvre de destruction; des magasins de soufre et de salpêtre, rassemblés par l'Émir pour fabriquer de la poudre, servirent à rallumer l'incendie à peine éteint; les pièces de canon qui armaient les murs et les forts furent enclouées; on retrouva un obusier que nous avions perdu à l'affaire de la Macta. Enfin le 9 décembre, à la lueur des flammes qui dévoraient cette malheureuse cité, l'armée reprit le chemin de Mostaganem. Cependant la ville était si grande qu'on ne put tout détruire, heureuse impossibilité dont nous eûmes à nous féliciter plus tard lorsque le maréchal Bugeaud occupa définitivement Mascara. Nos soldats traînaient à leur suite une malheureuse population composée de Juifs et d'Arabes appartenant à des tribus amies. Ils devaient s'établir aux environs de Mostaganem, sous le patronage d'Ibrahim et de ses Turcs.

Les Arabes ne nous inquiétèrent pas dans notre retraite, mais un temps épouvantable nous avait assaillis le jour même de notre entrée à Mascara ; les routes étaient inondées et presque impraticables ; la patience de nos jeunes soldats égalait heureusement leur courage ; ils avaient un surcroît de charge, par les cartouches qu'on avait été forcé de leur distribuer, pour soulager les chameaux qui marchent mal par le mauvais temps. Souvent encore, ils portaient secours aux malheureux fugitifs qui suivaient l'armée. Les zouaves, qui formaient l'arrière-garde, chargeaient les enfants sur leur dos, tandis que les cavaliers prenaient les mères en croupe derrière eux. Au milieu de tant de fatigues, on marcha constamment en ordre, ne laissant en arrière que quelques chameaux tombés dans les ravins. Le

11 décembre, le temps se remit au beau; le général Oudinot, remonté à cheval malgré sa blessure, avait repris son commandement; enfin l'on arriva le 12 à Mostaganem, où officiers et soldats purent enfin goûter un repos bien nécessaire après tant de fatigues et de combats.

Ibrahim revenu à son ancienne résidence de Mostaganem, y établit le centre du pouvoir que nous voulions opposer à celui d'Abd-el-Kader. Tous les réfugiés formèrent bientôt une petite colonie, à laquelle venaient chaque jour se rallier quelques familles, que des liens de parenté rattachaient à nos alliés, ou qui étaient fatiguées des sacrifices de tout genre, que l'Émir exigeait de ses partisans. L'influence de notre Bey faisait ainsi quelques progrès. La conquête la plus importante pour nous fut celle d'un chef nommé El-Mézari, neveu de notre vieil allié Mustapha-ben-Ismël, et chef d'une des fractions de Douairs qui s'étaient rangés sous les étendards d'Abd-el-Kader et qui s'établirent alors à Mazagran, à une lieue à l'ouest de Mostaganem. Ce dut être un jour heureux pour Mustapha, que celui où il apprit que toute sa famille combattrait désormais pour la même cause, et sous le même drapeau; plus tard il put présenter lui-même au maréchal Clausel un guerrier de son sang et de la fidélité duquel il répondait. L'orgueil d'El-Mézari souffrit au contraire profondément de se voir tout-à-coup allié de ces chrétiens qu'il avait passé une partie de sa vie à détester. Il montra au maréchal Clausel la blessure qu'il avait reçue le 3 décembre en combattant avec fureur contre nous. Il n'était pas entré à Oran depuis que les Français en étaient les maîtres; mais plus il s'était montré ennemi acharné, plus il devint ami fidèle. On le nomma califat d'Ibrahim et aga de la plaine.

Cependant, malgré la destruction de sa capitale et la perte de quelques-uns de ses partisans, la puissance de l'Émir semblait peu ébranlée. Les combats, les revers même d'Abd-el-Kader avaient fortement frappé l'imagination impressionnable des Arabes; ils le regardaient comme le champion de leur religion et de leur nationalité. Ces deux mots vibrent dans tous les nobles cœurs, et nous ne pouvions leur opposer les idées de civilisation et de progrès, seul beau côté de notre cause, mais trop élevées pour être comprises des indigènes; nous étions ainsi réduits, pour agir sur eux, à nous appuyer sur la crainte et l'intérêt. Ces deux sentiments ont ordinairement peu d'empire sur les esprits enthousiastes qui, dans tous les temps, ont eu le pouvoir de remuer les masses, surtout chez un peuple ignorant et primitif comme les Arabes; aussi toute la province se soulevait-elle en 1836, comme un seul homme, pour repousser l'étranger. Le manque d'organisation et de discipline de nos ennemis les rendaient incapables, il est vrai, d'arrêter dans sa marche toute colonne française qui voudrait parcourir leur territoire; l'expédition de Mascara venait de le prouver; mais parcourir un pays n'est point le soumettre. Il nous était facile d'incendier leurs villes, de brûler leurs moissons, d'en enlever même quelques troupeaux; mais leurs villes, les Arabes y tenaient peu, leurs moissons étaient abondantes, leurs troupeaux pouvaient s'enfuir avec leurs maîtres. Les difficultés de cette conquête furent plus tard parfaitement comprises par le général Bugeaud, et expliquées par lui à la tribune des députés. Il demandait cent mille hommes pour la compléter. Ce discours et un autre du général Rogniat, à la chambre des pairs, conçu dans un sens tout différent, sont tout ce que les discussions de tribune ont enfanté de réellement raisonnable et de pratique sur la question d'Afrique.

A son retour de Mascara, le maréchal Clausel n'avait fait que passer à Mostaganem pour se rendre à Oran; il y préparait une nouvelle expédition dirigée cette fois-ci sur Tlemcen. Dès le 30 octobre, et par conséquent presqu'un mois avant le départ pour Mascara, il avait fait occuper, par quelques troupes sous les ordres du commandant Sol, un îlot nommé Harcghoun, situé à l'embouchure de la Tafna, à 25 lieues sud-ouest d'Oran et à 10 lieues au nord de Tlemcen. Ce point formé par un plateau escarpé, élevé de cent pieds au-dessus du niveau des flots, où l'on ne débarque qu'avec peine, est d'une facile défense. Il n'est, du reste, intéressant que comme position militaire, car la végétation s'y borne à quelques buissons de lentisques, et il n'avait jamais été habité avant le débarquement des Français. C'était annoncer d'avance nos desseins sur Tlemcen dont l'embouchure de la Tafna forme comme le port. Pour reconnaître la force et les intentions des tribus environnantes, le brick le Loiret, qui occupait cette station, simula quelques jours après l'occupation de Harcghoun, un débarquement sur le continent. Cette démonstration amena sur-le-champ, le rassemblement d'une centaine d'Arabes auxquels l'artillerie du navire envoya quelques boulets. Depuis lors les indigènes avaient établi sur le rivage un camp d'observation, dont on voyait briller les feux pendant la nuit. Dans les premiers jours de décembre, la marine transporta à Harchgoun, 4 pièces de 24, et un approvisionnement complet de vivres et de munitions. Ce n'était point de là, cependant, que le maréchal Clausel comptait partir pour Tlemcen, mais bien d'Oran, où l'armée expéditionnaire se trouvait rassemblée. Pendant les onze jours qu'il passa dans cette dernière place, les occupations de la politique avaient succédé aux travaux de la guerre. Son quartier-général ressemblait à la cour d'un petit souverain, par la multitude d'intrigues dont il était le centre; des courriers lui arrivaient de tous les points de la Régence. C'était à lui que venaient aboutir toutes les ambitions jalouses de se faire une influence dans les changements qui s'annonçaient dans la province. Abd-el-Kader lui-même fit quelques ouvertures qui n'eurent pas de suite. L'esprit actif, délié et inquiet des Arabes se plaisait au milieu de ces négociations, et plusieurs y développaient une adresse, une politique qui aurait défié les diplomates les plus renommés de l'Europe. C'était naturellement de Tlemcen que le gouverneur recevait le plus de missives. Cette ville s'était soumise, comme nous l'avons dit, à l'autorité de l'Emir peu de temps après son élévation, mais les Turcs et les Coulouglis, qui composaient une partie de ses habitants, s'étaient constamment maintenus dans la citadelle, où ils avaient recueilli Mustapha, chef des Douairs, réfugié chez eux après sa défaite. L'Emir les y tenait étroitement bloqués quand notre pointe sur Mascara le contraignit à concentrer toutes ses troupes pour la défense de sa capitale. Les Turcs profitèrent de leur liberté pour s'emparer de la ville, mais ils sentaient bien qu'ils ne pourraient s'y soutenir sans la protection française. En effet, leur infatigable ennemi, rentré en campagne avant le maréchal, avait, dans l'espace de quinze jours, menacé les environs d'Oran, défait les Angades, tribus belliqueuses du désert, hostiles à l'Emir,

qui voulaient secourir les défenseurs du Méchouar et refoulé ceux-ci derrière leurs murailles d'où ils pressaient de toute leurs forces l'arrivée du maréchal; celui-ci était très jaloux de son côté de profiter des bonnes dispositions de cette brave population. Il ne put cependant quitter Oran que le 9 janvier. Dès la seconde marche, il reçut un courrier lui annonçant un nouveau mouvement des Angades, sortant de leurs sables pour se joindre aux Français contre l'ennemi commun. Ces bonnes nouvelles contribuèrent probablement au succès pacifique de l'expédition qui accomplit sa marche sans avoir tiré un coup de fusil. Abd-el-Kader était cependant rentré à Tlemcen depuis son retour de Mascara, mais menacé par cette foule d'ennemis qui lui tombait sur les bras de tous côtés, il n'avait pas tenté de défendre la ville ; il se contenta d'en amener avec lui les principaux habitants en leur promettant que les Français ne passeraient que trois jours chez eux ; il rôdait ainsi dans les environs épiant nos démarches. Débarrassés de sa présence, les Coulouglis de la citadelle et les Scheicks de l'Angad se réunirent pour marcher à la rencontre de la colonne française. La première entrevue eut lieu sur les bords du Safsaf, petite rivière qui coule à une demi-lieue des murailles. « C'est au milieu de tous ces bra-
» ves gens mêlés à mon état-major, dit le maré-
» chal Clausel, que j'entrai, le 13 janvier, une
» heure après dans la ville, dont la population

» turque et juive nous accueillit avec des cris de
» joie. » On trouva dans les habitations abandonnées par leurs propriétaires et dans deux jolis villages, situés dans un rayon d'une lieue, de grandes provisions de blé et d'orge qui nourrirent les hommes et les chevaux pendant les 25 jours que l'armée passa à Tlemcen. Pour se débarrasser du dangereux voisinage de l'Emir, alors campé à deux lieues à l'est, deux colonnes, sous les ordres des généraux D'Arlanges et Perregeaux, ayant chacune à leur suite une moitié des auxiliaires musulmans, partirent en même temps de la ville dans deux directions différentes ; elles comptaient cerner l'ennemi par un mouvement convergent ; mais Abd-el-Kader décampa dès qu'il eut vent de notre approche. La colonne Perregeaux le poursuivit par des chemins affreux ; sa cavalerie l'atteignit au bout d'un grand plateau, qui couronne une chaîne de hauteurs. En vain l'infanterie ennemie essaya quelque résistance ; elle fut culbutée et précipitée avec perte dans les rochers et les pentes escarpées qui terminent le plateau. Abd-el-Kader lui-même poursuivi vivement par Youssouf n'en fut souvent séparé que par une distance de quarante pas ; l'Emir ne dut son salut qu'à la difficulté des chemins et à l'épuisement du cheval de son terrible adversaire ; mais toutes ses troupes se débandèrent et il ne parvint qu'avec la plus grande peine à se réfugier presque seul sur les frontières des Beni-Amers, où il put enfin respirer ;

ses tentes, ses drapeaux, ses magasins étaient tombés en notre pouvoir.

Après la fuite de l'Emir, le général Perregeaux se mit à la recherche des Maures ou Hadars qui avaient abandonné la ville à notre arrivée, pour se réfugier dans les montagnes du sud. La colonne française vint établir son bivouac dans un village nommé Jebder, dont les habitants avaient accompagné les fugitifs de Tlemcen dans leur retraite plus au sud. De là le général Perregeaux envoya des émissaires vers ces malheureuses populations pour les engager à rentrer chez elles. Quelques-unes obéirent, d'autres restaient dans une attitude hostile ; Mustapha-ben-Ismaël et ses Coulouglis, Lamoricière avec ses Zouaves marchèrent à eux par des chemins épouvantables. Après quelques coups de fusil, ils firent leur soumission et rentrèrent à Tlemcen sous l'escorte du général Perregeaux qui donna des ordres sévères pour que leurs biens et leurs personnes fussent respectés. Ces musulmans ignorants et fanatiques se battaient pour avoir la faculté de vivre hors de leurs demeures, comme d'autres l'auraient fait pour y rester. Le général d'Arlanges était rentré à Tlemcen sans rencontrer d'ennemi.

On se reposa dans la ville jusqu'au 25 janvier ; ce jour-là le maréchal partit lui-même pour une reconnaissance au nord, sur la route qui conduit à l'embouchure de la Tafna, à travers un pays âpre et difficile ; c'était le lieu de retraite d'Abd-el-Kader, accompagné d'un personnage important de Tlemcen du nom de Ben-Nouna, son partisan dévoué. Les journées des 26, 27 et 28 furent marquées par des combats qui coûtèrent la vie à beaucoup d'ennemis ; parmi eux on reconnut un grand nombre de Marocains, que le fanatisme appelait dans la Régence pour y faire la Djéah ou guerre sainte. Malgré leurs secours plusieurs tribus furent forcées de faire acte de soumission ; le maréchal les reçut sans trop croire à leur sincérité ; mais il n'avait ni le temps ni les forces nécessaires pour en obtenir de plus efficaces ; il ne put même pénétrer jusqu'à la mer comme il en avait le projet. Rentré à Tlemcen, il désigna pour gouverner la ville un chef musulman qu'il mit sous la protection d'une petite garnison française de 500 hommes, établie dans le Méchouar et commandée par le capitaine Cavaignac ; puis il donna des armes à ceux des Coulouglis qui en manquaient, et repartit pour Oran le 7 février, par la route dite du Milieu, située au sud de celle qu'il avait déjà parcourue. Il traversa, en revenant, les sauvages montagnes des Beni-Amer, où nos troupes eurent encore plusieurs combats à livrer pour s'ouvrir un passage ; elles le firent avec leur bravoure ordinaire et arrivèrent enfin le 12 février à Oran, après plus d'un mois de courses et de victoires, qui ne nous avaient coûté que de très faibles pertes. Pendant son séjour à Tlemcen, le maréchal Clausel, voulant faire payer les frais de la campagne à ceux qui en avaient surtout profité, frappa les Turcs et les Coulouglis de la ville d'une contribution de 150,000 fr.; envain lui députèrent-ils Mustapha pour lui exposer leur impossibilité de la payer, leurs ressources ayant été épuisées par la guerre qu'ils soutenaient depuis six ans ; le maréchal chargea Youssouf et deux autres indigènes de faire rentrer la contribution; ceux-ci pour arracher de l'argent aux récalcitrants volontaires et forcés, employèrent la bastonnade; les bijoux des femmes, tous les objets de quelque valeur, furent reçus à compte de la contribution; mais ces moyens odieux et impolitiques, à l'égard d'une population qui nous était dévouée, refroidirent beaucoup son zèle pour nous; l'opinion publique s'en émut en France; les inculpations les plus graves furent lancées contre le maréchal; celui-ci, averti trop tard, fit cesser toute nouvelle levée. Ce qui en était rentré fut presque entièrement rendu à ceux qui l'avaient fourni, et il ne resta de cette malheureuse affaire, qu'un vernis d'avidité et de tyrannie jeté sur l'autorité française, et la confirmation d'une remarque souvent faite, qu'il valait mieux être son ennemi que son allié.

Les deux expéditions de Mascara et de Tlemcen

ne furent pas inutiles à la science ; M. Berbrugger, bibliothécaire d'Alger, avait voulu partager les fatigues et les dangers de l'armée. Il rapporta de ces deux villes plusieurs manuscrits arabes, dont malheureusement une partie fut perdue pendant le retour. Le reste renfermait des documens très précieux et fut envoyé à la bibliothèque d'Alger, et dès lors livré à la curiosité publique.

Peu de jours après son retour de Tlemcen, le maréchal s'embarqua pour Alger avec une grande partie des troupes. Il laissa le commandement d'Oran au général Perregaux, avec ordre de ne pas laisser à l'ennemi un moment de repos. Pour remplir ses intentions, une colonne française se remit en marche, le 23 février, et se porta sur le Sig, chez les Garabas, dont elle enleva le bétail, brûla les maisons et dévasta les récoltes. Ce n'était du reste qu'une représaille, car ceux-ci pendant notre expédition sur Tlemcen, avaient pillé les Arabes alliés de la France. Une seconde expédition porta le général Perregaux jusqu'au confluent du Chélif et de la Mina, à trente lieues à l'est d'Oran ; elle fut du petit nombre de celles qui ne furent signalées par aucune hostilité. Les tribus dont nous traversions le territoire envoyaient des députés pour faire leurs soumissions et ne s'enfuyaient point à notre approche. Elles venaient même apporter des vivres aux soldats qui de leur côté observaient la plus exacte discipline; mais les résultats ainsi obtenus ne durèrent guère plus que la course qui les avait amenés. L'expédition du général Perregeaux ne fut point contrariée par l'Émir, dont il semble que les traces se perdent pendant quelques jours. Les renseignements sur ses démarches et ses intentions étaient très vagues. On le disait réfugié à Nédroma, petite ville kabyle à l'extrémité ouest de la Régence; on ajoutait qu'il avait renoncé à la guerre, congédié ses troupes et qu'il se disposait à passer dans le Maroc. Il paraît même qu'il fit réellement à cette époque un voyage dans cet empire; mais la suite prouva que c'était bien plus pour s'y procurer les moyens de renouveler la guerre que pour y chercher un asile.

A peine le général Perregeaux était-il rentré de son expédition à l'est, que le général D'Arlanges partit à son tour pour l'ouest, avec une colonne de 3,000 hommes. Il avait pour mission d'établir un camp à l'embouchure de la Tafna, pour servir de port de Tlemcen, puis de ravitailler cette dernière ville, au moyen d'un grand convoi, dont il était chargé. On eût dû pressentir par les obstacles qu'avait rencontrés le gouverneur, combien étaient difficiles les communications entre ces deux points, et terribles les tribus qui les gardaient. En vain Mustapha qui connaissait le pays, fit-il tous es efforts pour empêcher une entreprise qu'il regardait comme très hasardeuse ; le général D'Arlanges, mu sans doute par des ordres supérieurs, passa outre et rencontra, avant d'arriver à la Tafna, l'Émir lui-même de retour du Maroc, avec des forces considérables ; néanmoins après un combat acharné, les troupes françaises forcèrent le passage, et parvinrent à l'embouchure de la Tafna, où elles se mirent sur le champ à l'ouvrage, pour élever les retranchements qui devaient assurer cette position. Mais elles n'avaient encore accompli que la partie la plus facile de leur tâche. Il fallait pénétrer avec le convoi à Tlemcen, à travers les défilés des monts Talgoats, encore vierges des armes françaises. Avant de s'y engager avec les faibles forces dont il pouvait disposer, le général D'Arlanges résolut de pousser en avant une forte reconnaissance de 1,500 hommes pour recueillir quelques données sur la marche qu'il aurait à suivre. La suite fit voir combien ce parti était prudent ; après avoir laissé quelques troupes pour garder le camp, il sortit dans la nuit du 24 au 25 avril et se trouva au point du jour en face des vedettes de l'ennemi. Bientôt on découvrit un petit noyau d'Arabes, que quelques coups de canon suffirent à faire reculer. Le gros de l'ennemi était caché derrière un rideau de terrain. Sans se douter des forces considérables qu'ils allaient avoir sur les bras, nos alliés musulmans se laissèrent entraîner à la poursuite des Kabyles fuyant dans la plaine ; cinq grands quarts d'heure furent perdus à les attendre. Dès qu'il les vit de retour, le général français, qui commençait à soupçonner la gravité des circonstances dans lesquelles il allait se trouver engagé, serra sa colonne et ordonna la retraite. Il en était temps car plus de 10,000 Arabes, Kabyles ou Marocains parurent tout-à-coup et se précipitèrent sur nos troupes. En vain l'artillerie tirait à mitraille sur ces masses confuses et en faisait une horrible boucherie, les ennemis semblaient se multiplier sous les coups de nos soldats; il en arrivait de tous côtés et ils s'approchaient de si près que plusieurs fois il fallut croiser la baïonnette et combattre corps à corps. Ils montraient un acharnement qui rappelait la journée de la Macta. Les Français ne laissaient pas que de perdre du monde, perte sensible pour leur petit nombre; il fallut des efforts héroïques pour sauver l'artillerie; le général D'Arlanges lui-même reçut une balle à travers le cou; la douleur en fut bientôt si vive qu'il en perdit plusieurs fois connaissance et qu'il fut forcé de remettre le commandement au colonel Combe. La retraite se fit néanmoins en très bon ordre jusqu'au camp, où nos soldats trouvèrent enfin un abri; mais le lendemain les rapports des chefs de corps accusaient une perte de 23 hommes tués raides, et de 180 blessés, la plus part très grièvement. Si la marche eût duré quelques heures de plus, il est probable que toute la colonne eut été exterminée.

Il devint dès lors évident que l'expédition ne devait plus songer à pénétrer jusqu'à Tlemcen. Les troupes se mirent avec beaucoup d'ardeur à perfectionner les retranchements qui devaient les défendre, et qui devinrent bientôt inexpugnables pour l'ennemi. Le général D'Arlanges fut réduit à rester bloqué dans son camp, en attendant les renforts qu'on lui préparait en France, les autres points de la Régence n'ayant point de troupes disponibles à lui fournir. Dès que ces nouvelles arrivèrent à Paris, le général Bugeaud, désigné pour prendre le commandement des nouvelles forces qu'on allait embarquer, en partit en poste le 24 mai, et descendit le 6 juin à l'embouchure de la Tafna, où le lendemain toutes les troupes nouvellement parties de Toulon et de Port-Vendres se trouvèrent réunies. La petite garnison du camp dont le courage et la santé n'avaient jamais faibli, reçut, avec des transports d'allégresse, ces nouveaux compagnons de gloire et de dangers. Dès le 11 juin tout était prêt pour prendre l'offensive, mais avec les forces imposantes dont il peuvait disposer, le général Bugeaud n'était pas homme à borner sa mission au dégagement de la colonne D'Arlanges et au ravitaillement de Tlemcen. Le nouveau succès des Arabes avait porté leur enthousiasme jusqu'au délire ; tout le fruit des combats du maréchal Clausel, du général Perregeaux était perdu ; une action d'éclat était nécessaire pour redonner à nos armes cet ascendant qu'elles n'eussent jamais dû perdre ; mais aussi une victoire devenait plus facile, parce que l'ennemi puisait dans ses avantages une confiance qui devait le perdre ; le nouveau général sut apprécier cette situation ; ayant appris que l'Émir avait paru aux environs d'Oran, cherchant à brûler les récoltes de nos alliés, il se dirigea de ce côté après avoir laissé 1,800 hommes au camp de la Tafna. Bientôt, en effet, il rencontra l'ennemi, lui livra quelques petits combats qui n'eurent pas de résultats, parce que l'ennemi évitait encore de s'engager à fond, et arriva enfin le 15 juin jusqu'à Oran, où il accorda quelques jours de repos à ses troupes. Il jugea très bien dans cette première marche que le point le plus difficile pour lui n'était pas de vaincre l'Émir, mais bien de l'amener à combattre sur un terrain où l'artillerie et la cavalerie françaises pussent avoir une libre action, et il essaya d'y réussir en l'amorçant par l'espoir de s'emparer du convoi qu'il devait conduire à Tlemcen. Mais pour cela il fallait du temps et une connaissance au moins sommaire des lieux où il devait agir ; il se décida donc à porter quelques secours provisoires à la garnison de Méchouar, pour de là reconnaître la route qui menait à l'embouchure de la Tafna, et par laquelle devait enfin cheminer le grand convoi. Il partit d'Oran le 17 juin, marchant d'abord à petites journées pour ne pas trop fatiguer les troupes, tua quelques hommes à l'ennemi qui continuait de nous harceler pendant la route, et arriva le 24 à une lieue de Tlemcen, dans la belle et vaste plaine qui s'étend au nord de la ville; il y rencontra le capitaine Cavaignac et ses braves soldats, qui depuis six mois étaient privés de toute communication avec la côte. Ce fut un spectacle bien doux pour ces derniers, que celui de cette armée française leur apportant des nouvelles de la patrie. Cavaignac était accompagné des Turcs et des Coulouglis de Tlemcen, avec lesquels il avait toujours vécu en parfaite intelligence; mais Musulmans et Français avaient été presque constamment bloqués dans l'intérieur des murailles, par les forces que l'Émir maintenait autour de la ville. La veille encore, il campait aux portes avec 6,000 hommes et 12,000 têtes de bétail, auxquelles il avait fait dévorer toutes les récoltes à six lieues à la ronde. Le séjour du maréchal Bugeaud à Tlemcen ne fut pas long; il en repartit le lendemain et franchit sans obstacle l'Isser et les monts Talgoats, où les Français pénétraient pour la première fois. Il étudiait avec soin ce terrain difficile et accidenté, où il pensait qu'il pourrait enfin livrer bataille à l'ennemi. Il arriva le 29 au camp de la Tafna, y passa cinq jours pour donner quelque repos à ses troupes et organiser le convoi.

A quatre ou cinq lieues de la mer et parallèlement à la côte, court de l'est à l'ouest la chaîne du Talgoat ; l'Isser arrivant du sud vient en laver les bases méridionales, puis s'infléchit à l'ouest, jusqu'à ce que rencontrant à angle droit la Tafna ; les deux rivières réunies percent enfin leur formidable barrière, et courent droit au nord se précipiter dans la mer, alors sous le canon du camp français. Tous les cours d'eau de ce pays coulent au fond des gorges formées par des rochers presque partout inaccessibles. Si jamais l'on établit une route de l'embouchure de la Tafna à Tlemcen, elle suivra sans doute la vallée de la rivière qui coupe directement cette chaîne, dont l'ascension serait difficile ; mais en 1836 il n'existait d'autre communication qu'un mauvais chemin qui s'écartait à l'est, pour gravir par des pays affreux les monts Talgoats, et se diriger ensuite sur Tlemcen après avoir franchi l'Isser. C'était sur les crêtes extrêmes qu'Abd-el-Kader attendait l'armée française, comptant lui faire acheter chèrement son passage. Le général Bugeaud, redoutant avec raison ces lieux qu'il commençait à connaître passablement, parvint à dérober une marche à l'ennemi, et traversa ces âpres montagnes encore plus à l'est, au-delà de l'Émir, dont il menaçait ainsi les derrières ; il marcha vers Tlemcen, passa l'Isser, remonta la Sicka, un des torrents qui viennent en grossir les eaux et dont la source est tout près de la ville. Entre l'Isser au nord, la Sicka à l'est, la Tafna à l'ouest, s'étend un plateau de trois ou quatre lieues de large et qui s'allonge sans obstacles vers le midi, jusqu'au pied des murs de Tlemcen. C'est sur ce terrain facile et découvert que devait se livrer la bataille de la Sicka.

Abd-el-Kader apprenant que sa position au sommet du Talgoat était tournée, s'était mis sur le champ à la poursuite des Français, et divisant son armée en deux corps, il comptait les assaillir à droite et à gauche, pendant qu'ils remontaient la gorge difficile de la Sicka. Le général Bugeaud, prévoyant les intentions de l'ennemi, s'était hâté de sortir de cette position dangereuse, et l'armée française se déployait déjà sur le plateau à droite, quand les Arabes se présentèrent. Le convoi qui marchait en tête fila rapidement sur Tlemcen, pour rendre toute la liberté de ses mouvements, à l'armée française qui se retirait lentement devant l'ennemi. Trompé par cette apparence de crainte, l'Émir aventura toutes ses troupes sur le plateau à la suite de la colonne française, qu'il attaqua à la fois en tête et en queue. Dès que le général Bugeaud jugea que l'ennemi était assez engagé pour que la retraite lui devînt difficile, il s'arrêta et reprit vivement l'offensive. L'artillerie commença par vomir des obus et de la mitraille au milieu de cette masse d'ennemis, puis l'infanterie l'aborda avec franchise et résolution. Les Arabes s'arrêtèrent, plièrent même, mais lentement et de manière à se retirer sans grande perte. Ce n'était pas le compte du général Bugeaud. La cavalerie alors reçoit l'ordre de charger à fond ; elle sabre un grand nombre d'ennemis, mais à mesure qu'elle pénètre au milieu de cette multitude, les cavaliers français se trouvent exposés de tous côtés à un feu extrêmement vif, qui les force de rétrograder ; ils viennent se rallier derrière l'infanterie arrivant au pas de course pour les soutenir. Devant elle les Arabes plient une seconde fois ; la cavalerie réformée et soutenue par 400 Arabes auxiliaires, exécute une seconde charge qui cette fois devient décisive; les ennemis sont partout rompus. Abd-el-Kader qui commençait à prendre quelques leçons de la guerre, avait conservé en réserve autour de sa personne son infanterie régulière et sa cavalerie. Il les lance rapidement contre les Français, mais ceux-ci, enhardis par leurs premiers succès, culbutent ces nouveaux ennemis sans s'arrêter, et les poussent au pas de charge vers un point où le plateau penchant d'abord vers l'Isser, se termine brusquement par un rocher de plus de quarante pieds de haut ; c'est là que le carnage devient horrible. Les Arabes, pour éviter le sabre de nos chasseurs, se précipitent du haut des rochers et arrivent au fond de la vallée, ou morts ou estropiés. Bientôt la cavalerie trouve un passage qui la conduit au bas des rochers, et les Douairs achèvent tout ce qui respire encore. Cependant les officiers français font tous leurs efforts pour arrêter la fureur de nos alliés et sauvent 130 fantassins de l'infanterie régulière de l'Émir. Ce furent les premiers prisonniers que l'on fit dans cette guerre. La cavalerie arabe avait abandonné son infanterie presque sans combattre; elle se hâta de mettre la Tafna entre elle et les vainqueurs. Ceux-ci ramassèrent sur le champ de bataille une multitude d'armes de toute espèce, entr'autres plusieurs fusils de fabrique française, remis à l'Émir avant la rupture.

Le général Bugeaud passa la nuit sur le champ de bataille; le lendemain il entra en vainqueur dans Tlemcen, ou le convoi fut enfin déposé. Il fit ensuite une tournée au sud, dans les montagnes, pour atteindre une tribu hostile, dont il moissonna les blés et vida les silos. De retour à Tlemcen, il en repartit bientôt pour Oran, ou il arriva le 19 juillet après avoir traversé le territoire de la puissante confédération des Beni-Amer, sans tirer un coup de fusil. Sommés de se soumettre, leurs chefs nous firent une réponse dont la naïveté eût du nous servir de leçon. Ils dirent qu'ils resteraient soumis aux Français, tant que ceux-ci seraient les plus forts.

Jamais, depuis la conquête, les champs de l'Algérie n'avaient vu d'affaire aussi importante que celle de la Sicka; les Français y avaient engagé 6,000 combattants, et les Arabes environ de 10,000. Les premiers y perdirent une centaine d'hommes et les vaincus à peu près 1,200; bien que ceux-ci en parussent dans le moment très abattus, cette journée n'eut point en définitive les résultats qu'on s'en était promis. Le général Bugeaud quitta la province d'Oran, et beaucoup de troupes partirent avec lui. L'Émir découragé, privé de ressources, s'était d'abord retiré à Nédroma, son refuge ordinaire ; il y devint le centre et le point de ralliement de tous les fugitifs ; on ne les poursuivit pas. Les vides causés dans les rangs ennemis par la perte de leurs plus braves guerriers, furent bientôt remplis. Peu à peu ces peuples légers et changeants, oublièrent la rude leçon que nous leur avions donnée, et qui aurait dû bien les convaincre de notre supériorité ; peu de temps après, l'Émir reprit la campagne et nous livra de nouveaux combats.

Après la retraite du général Bugeaud, le commandement de la province fut confié au général de L'Estang, qui sentait qu'il fallait montrer notre armée aux tribus pour ne pas perdre tout le fruit de la victoire du 6 juillet. Il sortit d'Oran le 16 août, se porta chez les Garrabas, de là chez les Beni-Amer. Il paraît que ces derniers jugèrent que nous n'étions pas alors les plus forts, puisqu'ils nous reçurent à coups de fusils ; on coupa quelques arbres, on vida quelques silos. Ab-el-Kader de son côté détruisait tout aux environs de Tlemcen. Les Français rentrèrent le 20 août dans leur camp, après des courses dont ils n'avaient recueilli que des fatigues.

Peu de jours après, l'armée tout entière, Arabes et Français, fut passée en revue, et le général de L'Estang lut devant le front des indigènes une ordonnance royale qui accordait une pension aux Arabes blessés à notre service. Cette mesure juste et politique les confirma dans la fidélité qu'ils nous avaient jurée. Le 10 septembre le général L'Estang reprit la campagne et s'avança cette fois droit au sud, dans un pays tout nouveau pour nous. Son but était de choisir l'emplacement d'un grand camp, qu'on devait établir au centre du triangle formé par les trois villes d'Oran, de Tlemcen et de Mascara. Un point, à vingt lieues des bords de la mer, sur les rives du Sig, où l'eau et le bois se trouvaient en abondance, parut le lieu le plus convenable pour ce nouveau poste, qui bientôt ébauché, fut relié à Oran par quatre redoutes également espacées. Enfin la colonne expéditionnaire rentra le 18 dans cette dernière ville, conduisant avec elle de nombreux convois de blés récoltés dans les silos des tribus hostiles, et qui furent en grande partie distribués à nos alliés, dont la guerre avait détruit les récoltes. Mais à peine ces nouveaux travaux étaient-ils commencés, qu'ils furent arrêtés par le général Rapatel, arrivé d'Alger avec d'autres instructions de la part du gouverneur. Ce dernier commençait à préparer l'expédition de Constantine, et l'est de la Régence absorbait toute son attention. Les forces de la province d'Oran furent réduites à 4,000 hommes de disponibles. Il eût peut-être mieux valu cependant en finir avec un ancien ennemi avant que d'en attaquer un nouveau.

En effet, Abd-el-Kader à l'affût de nos moindres fautes profita du répit qu'on lui laissait pour relever son influence; toutes les tribus soumises par le général Perregeaux rentrèrent sous ses drapeaux; il empêchait toujours les Arabes de nous apporter des vivres, et pour mieux nous affamer, il les forçait à émigrer des environs d'Oran, dont il voulait faire un désert; il tâchait d'élever une barrière de fer entre les indigènes et les Chrétiens, qu'il détestait et craignait également; ce fut alors qu'il conçut le dessein de fonder dans les montagnes une ville qu'il croyait hors de leurs atteintes, et qui devait devenir le siége de sa domination. Tous ces changements n'eurent pas lieu sans froisser les intérêts de quelques tribus, dont il parvint cependant à vaincre la résistance par la force des armes. Ces obstacles détruits étaient pour lui une source de puissance, par l'idée qui s'enracinait chez les Arabes qu'il était inutile et par cela même impie de lutter contre son pouvoir.

Le général L'Estang sortit de nouveau d'Oran le 4 octobre, et traversa successivement et sans hostilité le Sig et l'Habra, et vint camper le 9 à Mazera, petite ville à une journée de marche à l'est de Mostaganem. Il eut dans les environs quelques petits engagements avec les Medjéers, qui n'avaient pas encore éprouvé la force de nos armes. Abd-el-Kader qui le suivait avec 2,000 hommes et 3,000 chevaux, essaya de défendre ses partisans ; mais il fut battu à son tour et on le poursuivit jusques dans des montagnes épouvantables où il s'était refugié. Malgré ces succès et une proclamation bienveillante que leur adressa le général L'Estang, les Arabes environnants ne donnèrent aucune marque de soumission. On coupa leurs arbres, on combla leurs puits. Ce général s'arrêta sur les bords de la Mina, et revint sur ses pas sans événements importants.

Cependant notre garnison de Tlemcen n'avait pas reçu de vivres depuis le 9 juillet, jour auquel le général Bugeaud en était définitivement parti. On savait qu'elle avait été constamment bloquée depuis lors par les Arabes ; les troupes d'Oran étaient alors très affaiblies par de nombreux contingents fournis pour l'expédition de Constantine qui se préparait à Bone et cette question du ravitaillement de Tlemcen reparaissait plus difficile que jamais. Le général L'Estang essaya de donner le change aux Arabes ; il savait que ceux-ci, qui n'ont ni provisions ni magasins, ne peuvent rester longtemps sous les armes. Il publia longtemps d'avance un ordre du jour annonçant le départ du convoi pour le 8 novembre. Les voitures furent chargées, le convoi organisé et prêt à se mettre en route. Tous les contingents des tribus ennemies se réunirent et Abd-el-Kader se mit en embuscade avec son monde ; mais l'expédition française n'arrivant point, les Arabes se dispersèrent. Lorsque le général français supposa qu'ils étaient rentrés chacun chez eux, il se mit tout-à-coup en marche, le 23 novembre, et arriva sans coup férir au but de son voyage. La brave garnison de Tlemcen nous attendait avec impatience ; depuis plus de six semaines, elle était réduite à une demi-ration de pain d'orge. Quelques courses heureuses, exécutées aux alentours, avaient constamment fourni de la viande fraîche à tous les soldats ; mais la misère dans la ville était affreuse ; aussi pour les habitants, l'arrivée des Français fut-elle une véritable fête. Le Bey Mustapha Ben-Mékeleck et tous ses officiers vinrent complimenter le général à son bivouac. Plusieurs Coulouglis, qui mouraient de faim sous le canon français, demandèrent à ce qu'on voulût bien les amener à Oran, où ils comptaient s'établir. Le 30, on se remit en route ; si la colonne craignait de rencontrer l'ennemi lorsqu'elle avait un convoi sur les bras, il n'en était pas de même lors du retour ; la fortune nous servit à souhait. Abd-el-Kader était accouru avec sa cavalerie ; il voulut nous disputer le passage d'un défilé étroit qu'il fallait franchir. L'armée française battit l'Émir et força le passage. Le lendemain, il avait reçu son infanterie, mais il n'osa pas recommencer la lutte. Cette expédition exécuté avec une faible colonne de 4,000 hommes tout au plus, fit le plus grand honneur au général L'Estang. Il était de retour à Oran le 3 décembre.

Nous avons abandonné les traces du maréchal Clausel depuis son expédition de Tlemcen, après laquelle il s'embarqua pour Alger. A son entrée il y fut salué par des cris de triomphe ; la colonie s'empressa de fêter son défenseur revenant dans ses murs, avec des espérances que la situation semblait justifier. Les populations environnantes étaient assez tranquilles, à l'exception des Hadjoutes qui, toujours châtiés, recommençaient toujours leurs brigandages. A la fin de mars 1836, ils enlevèrent une femme et deux hommes qui traversaient la Mitidja; un de ces derniers avait été blessé en se défendant; prisonnier chez les Hadjoutes, il fit demander à Alger un chirurgien et celui-ci put se rendre auprès du blessé, le panser et revenir en sûreté au milieu des siens ; cet accident prouvait donc que les plus féroces habitants de la pleine pourraient être amenés à respecter la vie de leurs prisonniers et à garder la foi promise, et annonçait un adoucissement dans leurs mœurs du plus heureux augure pour l'avenir.

Après quelques règlements sur l'administration intérieure de la colonie, le maréchal Clausel reprit les armes le 30 mars 1836. Il s'agissait alors de porter des munitions et des secours à Mohammet-Ben-Hussein, notre Bey de Titery qui avait trouvé un asile dans une tribu aux environs de Médéah; mais qui restait sans pouvoir au milieu de populations divisées, et que les intrigues d'Abd-el-Kader agitaient encore. De là, l'expédition devait se rabattre sur Milliana, pour en chasser Hadgi-el-Séghri, notre ancien aga de Coléah, qui, depuis sa défection sous le duc de Rovigo, était devenu notre ennemi le plus acharné, et maintenait l'autorité de l'Émir dans les environs de la ville où il s'était établi. Le corps d'armée fut assailli, dès les premiers pas, par des nuées de Kabyles qui combattaient avec acharnement et qu'on repoussa, non sans quelque perte. La ferme de l'aga devint encore le lieu de repos de la première nuit de marche, et le lendemain on y laissa une grande partie des bagages; mais cette fois le maréchal voulait rendre praticable à l'artillerie la route qui conduit au col et amenait avec lui plusieurs compagnies du génie chargées de cette tâche; elle fut facilement exécutée malgré les attaques incessantes des montagnards. Près du sommet, un nouveau tracé devenait nécessaire; le colonel de génie Lemercier, dessina une rampe, d'un développement total de 600 mètres, à laquelle les soldats se mirent à travailler jour et nuit. Un détachement escalada le contrefort de gauche et couronna toutes les crêtes en en chassant les Kabyles; mais ceux-ci, écrasés par la mitraille, précipités par les baïonnettes

dans les précipices et le long de rochers à pic
qu'ils rougissaient de leur sang, n'en revenaient
pas moins continuellement à la charge. Enfin la
rampe fut entièrement terminée, les canons roulèrent jusqu'aux sommets, et une salve de vingt-un coups proclama la domination française. Durant ces travaux le général Desmichels, avec un
corps de troupes, s'était porté sur Médéah ; il se
mit en communication avec notre bey Mohammet,
qui, enhardi par l'approche de la colonne française,
soutenu par les Turcs et les Coulouglis habitant le
siége de son gouvernement, était enfin parvenu à
s'y installer. Il y reçut les armes et les munitions
qui lui étaient destinées. Il se servit aussi des
troupes françaises pour châtier quelques tribus
hostiles ; aucune cependant ne fit sa soumission.
Au milieu de ces populations acharnées, la pointe
sur Miliana paraissant imprudente, un retour direct
sur la plaine fut résolu. L'armée l'exécuta sur deux
colonnes, dont l'une, appuyant à droite par des
crêtes escarpées et un terrain affreux, reconnut un
pays tout-à-fait nouveau ; le général Rapatel qui la
commandait fut forcé de marcher à pied comme
le dernier des soldats. Chemin faisant on livrait
aux flammes les habitations des ennemis. Les
deux colonnes se retrouvèrent à la ferme de
l'aga, et le lendemain tout le corps expéditionnaire était de retour à Bouffaric en longeant la ville
de Blida, dont les habitants se mirent pour la première fois en communication amicale avec nous.

Cette expédition avortée, et qui ne laissa pas que d'être assez sanglante, n'eut d'autres résultats que de prouver que l'esprit d'Abd-el-Kader commençait à mouvoir les montagnards des environs d'Alger. Notre bey de Médéah qui semble avoir été plus courageux que capable, profita mal des secours que nous lui avions donnés. Entouré d'ennemis et d'intrigants, il y succomba, et fut livré entre les mains de l'Émir. En vain, ses partisans essayèrent quelque temps de prolonger la lutte; ils disparurent de la scène et Médéah tomba tout-à-fait sous l'influence d'Abd-el-Kader. Ce fut une véritable perte pour la cause française et le contre-coup ne tarda pas à s'en faire ressentir dans la plaine. Quelques jours après, Mohammet-Ben-Allah-Ould-Sidy-Embarrach qui commençait à marquer parmi nos ennemis les plus acharnés, et dont l'Émir fit plus tard son lieutenant le plus redoutable, vint attaquer le camp de Bouffaric avec une réunion de plusieurs tribus. Il fut facilement repoussé; mais une pareille audace, prouvait combien notre influence pâlissait devant celle d'Abd-el-Kader.

En nous voyant porter nos armes dans tant de lieux et n'établir notre domination nulle part, on se demande quelle cause paralysait ainsi tous nos efforts; elle est facile à trouver : le maréchal Clausel se trompait en croyant, avec une trentaine de mille hommes, pouvoir dominer un pays aussi vaste que la Régence, quoique notre supériorité dans l'art de la guerre, ne permît à aucune force indigène de tenir tête devant nous. Nos succès mêmes nous devenaient funestes, en propageant et entretenant cette grande erreur. Dans le nord où l'homme a besoin, pour soutenir sa vie, d'habitations bien closes et d'une foule d'objets préparés de longue main, un conquérant est toujours sûr d'un pays lorsqu'il peut transporter une force prépondérante successivement sur chaque point du territoire; en détruisant les villes et les villages, il forcerait bien vite une population rebelle à mourir de faim et de froid; il n'en est pas ainsi dans des climats plus doux; le méridional qui peut vivre à la rigueur sans autre abri que la voûte de son ciel, et qui trouve facilement et sans travail, le peu de nourriture, nécessaire à sa sobriété, s'enfuit devant une domination qui lui pèse; cette existence nomade n'est pas sans charmes pour lui; la diversité des objets, le spectacle de la nature et du désert conviennent à son imagination mobile et enthousiaste. Les Arabes, dans leur patrie primitive, n'ont jamais formé de corps de nation gouverné par une autorité régulière; les Turcs, il est vrai, avaient plié ceux de l'Algérie à quelque chose qui ressemblait à de la soumission, mais cet exemple tant de fois cité ne prouve rien; ils avaient pour eux la force d'inertie d'un ordre de choses établi dans des circonstances différentes, la similitude de religion, une férocité dans les moyens de gouvernement que nous ne pouvions ni ne devions imiter. Le gouverneur eut dû plutôt se rappeler les Espagnols qui, maîtres d'Oran pendant de longues années, et poussant des expéditions jusqu'à trente lieues dans l'intérieur, furent en définitive contraints d'abandonner tout ce qu'ils possédaient dans la Régence. Les armes françaises traversaient le territoire des tribus presque aussi facilement qu'un vaisseau la plaine des mers, mais aussi sans laisser beaucoup plus de traces. Une évacuation immédiate eut été préférable à la continuation d'un pareil système. Abd-el-Kader exploitait cette idée avec son habilité ordinaire ; les tribus ennemies s'accoutumèrent à nos expéditions, comme au passage d'une tempête, et, chose plus fâcheuse que toutes nos pertes, les populations qui nous avaient témoigné de la sympathie, tels que les habitants de Médéah, de Bone, de Tlemcen, en furent constamment les victimes. Vainqueurs, nous pardonnions à nos ennemis ; en retraite après la victoire, nous leur abandonnions nos alliés compromis pour notre cause. Si dans le principe on eut débarqué en Algérie les quatre-vingts ou cent mille hommes nécessaires pour la dominer, on eut épargné bien du sang et des ravages ; mais le général Bugeaud, qui le premier proclama cette nécessité, ne l'eut peut-être pas découverte les premiers jours de l'occupation.

Le cabinet français paraît avoir entrevu la vérité sur l'Afrique dès 1835 ; malheureusement il était gêné par les Chambres qui ne votaient que des ressources insuffisantes pour une pareille entreprise; les crédits, il est vrai, furent constamment dépassés et les Chambres s'en plaignirent amèrement dans la session de 1836. Le langage du cabinet, cette fois ferme et décidé, obtint un bill d'indemnité pour le passé et le pouvoir d'agir pour l'avenir; mais le retentissement de toutes ces discussions n'en fut pas moins fâcheux pour la colonie et les indigènes en étaient beaucoup mieux instruits qu'on ne l'eut supposé. Que les députés adversaires de la conquête d'Alger aient eu raison de soutenir que les sacrifices de la France seront toujours plus grands que les avantages qu'elle doit en tirer : c'est une question que la postérité seule pourra résoudre avec quelques degrés de certitude. Du reste, les affaires d'une grande nation ne doivent pas se résoudre uniquement en des comptes financiers, toujours très difficiles à établir, et ce qui ne tarda pas à devenir évident pour tout le monde, c'est que l'opinion publique voulant le maintien de notre domination en Afrique, il eut fallu, dès le principe, faire les efforts proportionnés au but qu'elle se proposait.

Peu de jours après son retour d'Alger, le maréchal s'embarqua pour Paris, où il soutint à la tribune les intérêts d'une colonie qu'il se croyait appeler à fonder; malheureusement toujours mu par cette imagination qui le portait sans cesse vers de nouveaux projets; il s'occupait alors d'une expédition sur Constantine, pour laquelle il demandait des renforts; il s'entendit assez bien avec M. Thiers, président du Conseil des Ministres, qui avait un goût prononcé pour les partis décisifs et les guerres aventureuses; aussi quand le gouverneur revint à Alger dans le mois d'août 1836, il était plein d'espoir pour l'avenir. Il commença par établir un nouveau camp sur la Chiffa, sans que les Arabes fissent le moindre effort pour s'y opposer. Son but était surtout de tenir en bride les Hadjoutes qui, forcés d'émigrer, se retirèrent à l'ouest dans la forêt des Karezas. Nos troupes allèrent les y attaquer sans pouvoir les détruire. Ils étaient soutenus dans cette opiniâtre résistance par Sidy-Embarrach et son oncle Hadjy-el-Seghir, bey de Miliana. L'ouest de la plaine fut mis alors sous le commandement du lieutenant-colonel Lamoricière. Sous le nom de milice africaine, le maréchal organisa une garde nationale s'étendant sur tout le territoire occupé par nos armes, et comprenant tous les individus âgés de 18 à 60 ans de quelque race et de quelque nation qu'ils fussent.

Mais pendant que le gouverneur préparait l'exécution de ses vastes projets, M. Thiers sortit des affaires. Son successeur, qui ne partageait peut-être pas toutes ses idées d'agrandissement du côté de Constantine, voulait se renfermer davantage dans la limite des crédits votés par les Chambres. Il ne fut pas d'accord avec le gouverneur sur le chiffre des troupes qui lui avait été promis. A des menaces de retraite de la part de ce dernier, il fut répondu par l'envoi en Afrique du général Damremont, pour prendre le commandement sitôt qu'il plairait au maréchal de la quitter. Dans l'alternative, ou d'abandonner une entreprise annoncée d'avance, ou de laisser à la fortune quelques chances de non-réussite, le maréchal se décida pour ce dernier parti; il fut puissamment confirmé dans sa résolution par Youssouf, qui, en récompense des services rendus à la France, et d'après le conseil du duc d'Orléans, venait de recevoir le titre de Bey de Constantine. Cette nomination peut-être impolitique était une déclaration de guerre implacable à Achmet-Bey, et donnait au fidèle Youssouf des espérances qui ne devaient point se réaliser. A son retour de la province d'Oran, il avait fait à Bone une entrée triomphante, et fut dès lors reconnu comme chef par toutes les tribus soumises à la France. L'administration juste, douce et loyale du général Monck d'Uzer, avait porté les fruits les plus heureux; mais il désapprouvait les manières d'agir du nouveau Bey, comme un peu trop africaines. M. Monck d'Uzer fut sacrifié et emporta les regrets des Arabes qu'il aimait et dont il était aimé; il fut remplacé par des colonels ayant ordre de laisser le champ libre à Youssouf, qui dès lors ne travailla plus qu'à étendre son influence.

La puissante confédération des Hannéchas, établie à vingt lieues sud-est de Constantine, reconnut son autorité; leur chef Hasnaoui vint même jusqu'à Bone pour lui rendre hommage, et, dans son retour chez lui, fut accompagné par un officier français, M. de Saint-Alphonse, qui reçut l'hospitalité la plus amicale des populations qu'il venait visiter. Youssouf s'était ménagé des intelligences jusque dans Constantine, où Achmet commençait à trembler. Ce dernier, dit-on, voulut se débarrasser de son rival par le poison. Youssouf averti se tint sur ses gardes et, usant des droits de souveraineté que nous lui avions donnés, fit couper la tête à l'émissaire d'Achmet.

Mais si le caractère actif et ambitieux d'Youssouf lui créait des influences au sein de la province, les populations des environs de Bone goûtèrent beaucoup moins l'autorité de leur coreligionnaire; Achmet-Bey faisait tous ses efforts pour les pousser à la révolte; le général Trézel, dont, malgré son échec sur la Macta, le ministère appréciait la bravoure chevaleresque, fut alors appelé à commander à Bone, où il y débarqua le 1er octobre. Déjà l'influence française était considérablement amoindrie. Le lendemain même de son arrivée, un corps d'Arabes hostiles se présenta tout-à-coup aux avant-postes et donna une alerte à la garnison. Ces tentatives, qui se renouvelèrent quelques jours après, avaient pour but de troubler les préparatifs de la prochaine expédition ; ils n'en furent pas moins poussés avec vigueur. Un camp français fut établi à Dréan, au milieu de la plaine de la Seybouse, à quatre lieues et demie de la ville. Il devait servir de première étape, et Youssouf s'y établit avec ses spahis et un détachement d'infanterie française.

Bientôt arrivèrent à la fois à Bone, et le maréchal Clausel et le duc de Nemours. Ce dernier devait assister à l'expédition sans y avoir de commandement positif. Sa présence à l'armée semblait indiquer que si le nouveau cabinet, maîtrisé par les Chambres, n'avait pas cru devoir accorder de nouveaux secours à l'Afrique, du moins il ne désapprouvait pas les projets du maréchal Clausel. Malheureusement la température qui devait avoir une si funeste influence, commençait à se montrer peu favorable. Des temps orageux, des vents contraires signalèrent les derniers jours d'octobre 1836, et retardèrent l'arrivée des troupes à Bone. Débarquées à la suite d'une longue et pénible navigation, elles furent accueillies à terre par une série de pluies qui augmentaient l'insalubrité ordinaire des bords de la Seybouse. Bientôt les hôpitaux furent encombrés de 2,000 malades ; les terres détrempées n'offraient plus un chemin solide aux lourdes voitures de l'administration de la guerre ; les moindres cours d'eau changés en torrent interceptaient les communications. Sans se laisser décourager par tant de traverses, comptant sur les intelligences qu'Youssouf croyait s'être ménagées à Constantine, le maréchal pressa l'organisation de ce qui lui restait de troupes disponibles; elles furent divisées en quatre brigades, et formaient un total de 7,000 hommes, y compris l'artillerie et le génie. Enfin, tout étant prêt, et après une série de pluies, le temps s'étant remis au beau le 12 novembre, le départ fut fixé au lendemain.

Après quelques alternatives de soleil et d'ondées, l'armée arriva le 15 sur les ruines d'une ancienne ville romaine, baignées par la Seybouse, et connues sous le nom de Guelma. L'enceinte d'une forteresse assez bien conservée permit d'y laisser 200 soldats, si fatigués par les premiers jours de marche, qu'on désespérait de les voir arriver jusqu'à Constantine; on y établit un poste pour les garder. Le 19, on se trouvait sur les hauts plateaux occupés par les Zénati, tribu hostile, qui cependant ne fit aucune démonstration menaçante. Les cieux nous préparaient des difficultés bien plus redoutables que les armes des Musulmans. La nuit suivante, le temps devint menaçant, les nuages se chargèrent, des torrents de pluie mêlés de grêle et de neige inondèrent les bivouacs de nos malheureux soldats, et tout le pays n'offrait pas un seul morceau de bois qui put les réchauffer. Les terres déjà pénétrées par les pluies précédentes, regorgeant d'eau, ne présentaient plus un seul point où l'on put se reposer. Après la nuit la plus cruelle, l'armée s'ébranla le 20 au matin, laissant en arrière les bagages enfoncés jusqu'au moyen dans une mer de boue, avec l'arrière-garde pour les protéger. On arriva avec beaucoup de peine jusque sur les bords d'un affluent du Rummel, qui se trouva tellement grossi par les pluies, qu'il fut impossible de le franchir; on s'établit là pour la nuit; elle fut encore plus pénible que la précédente; le froid était devenu de plus en plus rigoureux, et toujours même absence de bois pour l'adoucir. Ce retard eut du moins un avantage en ce qu'il permit aux bagages, sur lesquels on doublait, on triplait les attelages, de rejoindre le gros de l'armée. Le lendemain 21, dans la matinée, on passa le torrent, les hommes ayant de l'eau jusqu'à la ceinture; plusieurs chevaux des équipages périrent dans cette traversée. Mais enfin toute l'armée se trouva transportée sur l'autre bord, et quelques heures après, elle prenait position sur le plateau de Mansourah, d'où elle aperçut, s'étendant à ses pieds, les maisons et les remparts de Constantine.

Constantine est admirablement fortifiée par la nature. Le Rummel débouchant des montagnes du sud forme à peu de distance de la ville de magnifiques cascades qui le précipite au fond d'un ravin d'une largeur de soixante mètres et d'une profondeur au moins double. Les bords, tout-à-fait à pic, sont revêtus de murailles de rochers inattaquables à la mine et au boulet. Cet infranchissable rempart entoure les habitations comme une ceinture et en fait une véritable presqu'île, qui ne se relie au terrain environnant que par une langue de terre de deux ou trois cents mètres de large. Cet isthme, qui s'étend au sud-ouest, forme le plateau de Coudiat-Aty, seul côté par lequel la ville soit accessible. Cependant, par une nouvelle bizarrerie d'une nature qui en offre tant sur ce point, d'immenses ponts de rochers, jetés à différentes hauteurs du fond du ravin, en réunissent les deux bords sans pourtant être d'un accès praticable. Une seule de ces communications naturelles a été perfectionnée par la main de l'homme qui, en l'exhaussant au moyen de plusieurs arches, à permis à une route tracée au fond d'une gorge, qui s'enfonce dans le plateau de Mansourah, de pénétrer dans la ville par la porte d'El-Cantara.

A la vue d'une position si formidable, le maréchal Clausel sentit une première fois faiblir au fond de son cœur, l'espoir dont jusqu'alors il s'était si fatalement bercé. Mais il était trop tard pour reculer et cette idée lui rendit tout son courage. Il établit son quartier à Sidy-Mécid, vieille tour ruinée située au bord du plateau de Mansourah, et séparée par le gouffre où grondait le Rummel de cette ville, où ses regards plongeaient avec tant d'activité. Il se flattait encore que les intelligences ménagées par Youssouf pourraient amener la reddition de la place; il fallait les encourager en commençant les hostilités sans perdre un instant. Un seul coup d'œil suffisait pour prouver que le plateau de Coudiat-Aty était le véritable point d'attaque; mais on désespéra d'y faire arriver les quelques canons de campagne, seule artillerie que possédat l'expédition. Il aurait, pour cela, fallut leur faire traverser le Rummel, grossi par les pluies, et gravir ensuite les pentes inaccessibles qui l'encaissent. Cette faible ressource fut donc réservée pour une attaque de vive force contre la porte El-Cantara. L'avant-garde passa sous le Rummel pour diriger une autre attaque contre la porte de Coudiat-Aty qu'on devait faire sauter avec un pétard. Pendant ces préparatifs le maréchal attendait toujours quelque messager porteur d'offres d'accomodement. Tout-à-coup, un drapeau rouge, symbole d'une guerre à outrance, se dresse sur les remparts; un nuage sanglant les enveloppe, et deux coups de canons viennent jeter des boulets de 24 au milieu des positions françaises. A cet insolent défi, le gouverneur entièrement détrompé ne pense plus qu'à pousser l'attaque. Cependant Achmet-Bey avait quitté la ville, mais elle avait une garnison de 2,000 Turcs ou Kabyles, tous gens de résolution et commandés par le lieutenant du Bey, le fameux Ben-Aïssa, homme dont nous avons été à même d'apprécier plus tard le caractère énergique.

A la pointe du jour du 22 novembre, l'artillerie était parvenue à établir, sous le feu continuel de l'ennemi, ses pièces de campagne, à bonne portée et en face de la porte El-Cantara. Toute la journée cette porte fut canonnée et définitivement mise en pièces. Mais indépendamment de ce premier obstacle, se trouvait une seconde porte, non située dans le prolongement de la première et par suite inaccessible aux coups de l'artillerie. Le maréchal décida qu'une attaque de vive force conduirait les troupes dans la nuit du 22 au 23 jusqu'au pied de cette dernière défense, que le génie la ferait sauter avec un pétard, et que cinq compagnies d'élite, conduites par le capitaine de Rance, aide-de-camp du maréchal, pénétreraient par là dans l'intérieur de la ville. Ordre fut donné aux troupes campées à Coudiat-Aty d'enfoncer cette même nuit la porte qui leur ferait face. Mais les soldats du génie avaient passé plusieurs nuits à rendre les routes praticables aux voitures ; leur matériel cheminant avec une extrême lenteur n'arriva que le 22 à 8 heures du soir ; officiers et soldats étaient exténués de fatigue. En vain leur colonel Lemercier reçut-il ordre d'aller sur-le-champ reconnaître la porte encore intacte ; cette reconnaissance ne put être faite que le matin peu avant l'aube, et d'ailleurs il fallait toute une journée pour les préparatifs nécessaires ; les deux attaques furent donc remises à la nuit suivante ; pendant la journée du 23, l'artillerie continua à battre la ville, et les deux divisions de l'armée repoussèrent sans peine les efforts de quelques Arabes qui étaient venus les assaillir dans leurs positions.

Dès que la nuit fut venue le général Trézel plaça lui-même les compagnies d'élite qui devaient emporter la place. Les sapeurs du génie chargés de frayer le passage à l'infanterie, s'avancent les premiers, chargés du pétard qui doit détruire la porte et d'échelles pour escalader les murailles. Le chef de bataillon Morin et les capitaines Huy et Hackett marchent à leur tête. Un ciel constamment couvert semble favoriser leur audace ; mais il était décidé que tout tournerait contre nous dans ce malheureux assaut : tout-à-coup les nuages se déchirent et un rayon de lune vient tomber en plein sur la colonne en marche ; elle est assaillie par un feu de mousqueterie extrêmement meurtrier. Elle s'avance néanmoins en semant la route de morts et de blessés, quand un ordre donné mal à propos jette parmi ces braves soldats quelque confusion et leur fait perdre un temps précieux ; chaque minute met plusieurs hommes hors du combat ; le capitaine Huy a la jambe et le bras fracassé ; le général Trézel qu'on vit toujours à l'endroit le plus périlleux, reçoit au coup une grave blessure, le colonel Lemercier s'aperçoit alors qu'il n'a plus autour de lui le nombre d'hommes matériellement et strictement nécessaires pour l'accomplissement de sa tâche, il déclare qu'insister davantage serait sacrifier inutilement le sang du soldat ; le maréchal prévenu ordonne sur-le-champ la retraite.

On comptait peu sur l'attaque de Coudiat-Aty, qui n'avait point de canon pour la soutenir; elle fut également infructueuse, quoique conduite avec un rare courage. Le colonel Duvivier resta pendant plusieurs minutes au pied de la porte de Coudiat-Aty, sous une grêle de balles, demandant à grands cris pour la détruire des haches qui ne se trouvèrent pas. De braves officiers trouvèrent la mort à ses côtés, entre autres le commandant de Richepanse et le capitaine du génie Émile Grand, jeune homme du caractère le plus aimable et qui joignait aux charmes d'une imagination méridionale et poétique, l'esprit d'ordre et de calcul qu'on puise dans les études qui avaient occupé sa jeunesse. Il ne restait plus à la colonne française, après ce double échec, qu'à reprendre la route de Bone. Le maréchal dépêcha sur-le-champ M. de Rancé à l'avant-garde, pour qu'elle eût à se replier et à repasser le Rummel avant le point du jour; on profita du reste de la nuit pour concentrer tout le corps d'armée sur le Mansourah. Ce mouvement rapidement et heureusement exécuté, l'ordre de la retraite fut donné, l'ordre de marche réglé, et toute l'armée s'ébranla dans la matinée du 24 novembre.

Des nuées d'Arabes, semblables à des essaims de guêpes, fondirent sur la colonne au moment où elle commençait son mouvement; ils se ruaient surtout avec fureur sur l'arrière-garde, dans l'espoir d'enlever les bagages et les blessés; ils disparaissaient dès qu'un feu un peu nourri s'ouvrait sur eux. Ce fut alors que le commandant Changarnier donna les premières preuves de ce sang-froid, intrépide et intelligent, qui le rendit l'admiration de toute l'armée, et commença cette carrière si brillamment parcourue depuis. Chargé, avec un bataillon du 2ᵉ léger, de maintenir l'ennemi à l'extrême arrière-garde, il fit former ses hommes en carré, et sans tirer un coup de fusil, se laissa entourer par l'ennemi jusqu'à une distance de vingt pas : « Allons mes amis, disait-il à ses hommes, vous voyez ces gens là; ils sont six mille, vous n'êtes que trois cents, la partie est donc égale. » Tout-à-coup, aux cris de vive le Roi, poussés par tous les soldats à la fois, le bataillon ouvre un feu de deux rangs, avec une rapidité et une précision admirables; et dans quelques secondes l'ennemi a jonché de ses cadavres les trois faces du carré. Cette rude leçon ne fut pas perdue pour les Arabes; ils mirent dès lors plus de circonspection dans leurs approches.

Cette première journée de retraite ramena l'armée à Somma où elle passa la nuit. Pendant la seconde marche, elle eut encore à repousser les attaques incessantes de l'ennemi, plutôt il est vrai fatigantes que meurtrières. Plusieurs soldats harassés de fatigue restèrent en arrière; ils se couchaient, se voilaient la face et attendaient leur sort avec résignation. Une dernière fois, au col de Rez-el-Akba, les Kabyles essayèrent de nous fermer le passage; quelques coups de fusil suffirent pour les disperser, et la colonne arriva de bonne heure le 28 novembre à Guelma. La petite garnison qu'elle y avait laissée, avait repoussé deux attaques d'une tribu kabyle; le maréchal décida que l'occupation de ce poste serait maintenue; on y laissa les malades et les blessés que l'armée traînait à sa suite.

L'échec de Constantine, important seulement par l'influence qu'il eut sur l'esprit des Arabes, causa en France une consternation beaucoup plus grande qu'il ne le méritait. Quelques journaux le comparèrent à la campagne de Russie. Comme Napoléon, le maréchal Clausel se confia à son étoile, comme lui, il en fut trahi; ce fut là toute la ressemblance. La perte totale du corps expéditionnaire ne fut que de trois cents hommes, et pas un canon, pas une voiture ne furent abandonnés. Des soldats, qu'on croyait morts de froid et de fatigue ou massacrés par les Arabes rejoignirent peu à peu l'armée, et quelques jours suffirent pour les remettre. A peine arrivé à Bone, le maréchal s'embarqua pour Alger, amenant avec lui le colonel

Lemercier qui mourut dans la traversée, épuisé par les guerres d'Afrique, auxquelles la dernière campagne avait mis le comble. La Régence lui devait peut-être plus qu'à tout autre officier français; il l'avait dotée d'une foule de travaux, dont l'utilité survivra au souvenir des combats que nous y avons livrés.

Le cabinet Français, qui n'avait jamais été parfaitement disposé pour le maréchal Clausel le rappela dans les derniers jours de 1836. Il quitta Alger le 12 janvier suivant, en laissant le gouvernement provisoire de la colonie au général Rapatel. Ce dernier eut à repousser quelques tentatives des Hadjoutes et un rassemblement de tribus, soulevés par le contre-coup de Constantine. Sous l'administration de M. Rapatel, fut enfin terminée la partie ouest du retranchement continu. Il partait de Fouka, point situé au bord de la mer, à huit lieues ouest d'Alger, se dirigeait au sud, enveloppait Blida, puis traversant la Mitidja rejoignait la Chebeck et ensuite l'Aratch qu'il suivait jusqu'à son embouchure dans la mer; il isolait ainsi le Sahel et une partie de la plaine du reste de la Régence, et les mettait complètement à couvert des incursions des Arabes. Une pareille défense eut pu être utile dans le commencement de l'occupation, mais avec l'extension que prit la domination française, elle fut bientôt laissée en arrière.

LIVRE CINQUIÈME.

Le général DAMREMONT, et le maréchal VALÉE, gouverneurs.

Le général Damremont remplace le maréchal Clausel. — Le général Bugeaud une seconde fois en Afrique. — Traité de la Tafna, son appréciation. — Préparatifs de la seconde expédition de Constantine. — Mort du gouverneur et prise de la ville. — Le maréchal Valée à Alger. — Ses rapports avec Abd-el-Kader. — Il occupe Blida et Coléah. — L'Émir devant Aïn-Madhi. — Le gouverneur se rend à Constantine avec le duc d'Orléans pour franchir les Portes-de-Fer. — — Événements dont la province de Constantine avait été le théâtre depuis la prise de la capitale. — Administration du général Négrier. — Il étend l'influence française. — Il est remplacé par le général Galbois. — Le gouverneur général organise la province. — Occupation de Rusicada, aujourd'hui Philippeville. — Tentative avortée sur Sétif. — Prise de Gigelly. — Le duc d'Orléans et le gouverneur à Constantine. — Passage des Bibans.

Le général de Damremont avait déjà été désigné par le ministère, pour remplacer le maréchal Clausel, dans le cas où celui-ci aurait quitté le commandement avant l'expédition de Constantine. Il fut donc naturellement chargé de soutenir l'honneur de nos armes, dans les circonstances critiques où elles se trouvaient engagées; une partie de la chambre des députés reprochait violemment au cabinet français, les sacrifices incessants qu'il consacrait à une entreprise, qui jusqu'alors avait eu de si faibles résultats. Il avait cependant obtenu, dans la session de 1836, une sorte de plein pouvoir, dont il se servit pour accorder au nouveau gouverneur des forces considérables, qui débarquèrent en Afrique presque en même temps que lui. Peu de jours après, au commencement d'avril 1837, le général Damremont put donc passer dans la plaine de Mustapha, aux portes d'Alger, une revue qui réunit le plus grand nombre de troupes qui eussent paru en Algérie depuis la conquête; on y vit défiler un bataillon de la nouvelle légion étrangère, presque aussi fort à lui seul que tout un régiment. La lutte était alors sérieusement engagée contre les deux puissances qui se partageaient presque toute la Régence; malgré notre échec à Constantine et notre victoire de la Sicka, celle d'Abd-el-Kader était évidemment la plus redoutable; nous avons raconté comment elle avait envahi la province d'Alger. L'Émir lui-même était venu asseoir son autorité à Médéah; en quittant cette ville il y établit son propre frère avec une garnison de 500 réguliers; Cherchell le reconnut pour maître, et lui paya tribut ; les Kabyles du Dara lui offrirent leur amitié, et complétèrent ainsi l'investissement de la Mitidja du côté de l'ouest. Un camp de 6,000 Français fixé à Bouffarick, parut à peine suffisant pour contenir le torrent prêt à déborder sur le massif d'Alger ; Abd-el-Kader, pour se créer une influence à l'est de la ville, parvint aussi à s'entendre avec le marabout Sidy Saady, que nous avons vu figurer dans un mouvement sous le duc de Rovigo. Ces deux ennemis acharnés, réunirent toutes les populations du Sébaou dans une même ligue, où entrèrent les habitants de Delly, petit port de mer situé à vingt-trois lieues d'Alger, qui jusqu'alors avaient fait avec la capitale un commerce également avantageux pour les deux parties. Dans le courant d'avril 1837, cette masse d'ennemis inonda l'est de la plaine, en ruina les habitations et menaçait de s'avancer jusqu'au-delà de l'Aratch ; le colonel Schawembourg marcha contre les Arabes, les repoussa, envahit à son tour leur pays, sans obtenir une seule soumission. Rappelé par le manque de vivres, il laissa un détachement de 1,000 hommes à l'extrémité de la Mitidja, dans un lieu du nom de Boudouaou ; cette petite troupe, sous les ordres du commandant de la Torre, eut l'occasion de livrer un des plus glorieux combats qui aient illustré nos guerres d'Afrique. Les soldats étaient occupés aux travaux d'une redoute, quand ils furent tout-à-coup assaillis par 5 ou 6,000 ennemis. Une fausse manœuvre mit un moment les Français dans le plus grand danger; les officiers se jetèrent en avant; le cri *à la baïonnette* retentit sur toute la ligne. Les Arabes enfoncés se sauvèrent en désordre, chargés de blessés et de morts; une centaine restèrent sur le champ de bataille. Le lendemain, le colonel Schawembourg, ravitaillé, reprit l'offensive, pénétra de nouveau sur le territoire ennemi qu'il ravagea; en même temps deux navires de guerre se portaient devant Delly, prêts à en canonner les murailles. Les habitants effrayés demandèrent grâce, et envoyèrent des députés au gouverneur, pour lui offrir de payer les dommages éprouvés par les possesseurs des habitations ruinées dans la plaine. Les tribus de leur côté firent quelques démonstrations de soumission et l'orage finit par disparaître entièrement. Il y eut encore cependant quelques mouvements de ce côté dans le mois de juin suivant; le colonel Schawembourg les apaisa, en occupant Boudouaou d'une manière permanente.

La tranquillité était rétablie aux environs d'Alger; Abd-el-Kader y renfermait alors ses forces dans une inaction calculée, qui aboutit au traité de la Tafna; le gouverneur profita de ce temps de repos pour se rendre dans la province de Bone, où se préparaient les événements les plus dignes de fixer son attention; avant de le suivre sur ce théâtre, revenons à Oran, où la situation de nos affaires était également assez triste au commencement de 1837 ; excepté nos fidèles alliés, les Douairs et les Zmélas, étroitement campés sous le canon français, aucune tribu de cette province ne s'était réellement dévouée à notre cause. Les soldats y étaient fatigués et mal nourris, les chevaux ruinés et la plupart hors de service ; les environs des villes occupées par nos troupes se transformaient en de véritables déserts, où erraient des groupes de cavaliers ennemis, guettant l'occasion de quelque coup de main, et disparaissant dès qu'une force un peu imposante paraissait pour les attaquer. Les garnisons de Tlemcen et de la Tafna étaient encore plus étroitement bloquées s'il est possible ; la première n'avait pas la mer pour lui fournir des vivres, et ses magasins ne contenaient des approvisionnements que pour deux mois. De son côté, Abd-el-Kader avait éprouvé des pertes énormes, sa capitale était réduite en cendres. Éminemment doué de l'esprit d'ordre et de centralisation, il ne savait plus où établir le siège de son pouvoir pour le mettre à l'abri de nos coups ; il s'était plaint plusieurs fois à nos prisonniers du général Trézel, qui, disait-il, l'avait forcé de reprendre les armes, et il manifestait depuis quelque temps des intentions plus pacifiques.

Dans ces circonstances, un juif, négociant à Alger, nommé Ben-Durand, homme d'un esprit fin et délié, conçut l'espoir de faire ses affaires en servant d'intermédiaire à deux pouvoirs qui, semblaient avoir une égale envie de faire la paix ; il s'offrit d'abord aux Français, pour approvisionner les garnisons d'Oran et de Tlemcen avec des vivres achetés chez Abd-el-Kader lui-même, et conclut dans ce but un marché, dont il remplit exactement les conditions. Le 14 janvier 1837, le général de L'Étang avait été remplacé dans son commandement par le général de Brossard, qui suivait une marche moins belliqueuse que son prédécesseur. Des cavaliers Garabas, munis de sauf conduits, vinrent à Oran recevoir l'argent et les marchandises que leur livrait Ben-Durand en échange des troupeaux qu'il leur avait achetés. Ils donnèrent de bonnes nouvelles de quelques militaires à la solde de France, enlevés naguère par les Arabes et qu'on désespérait de revoir jamais. Ces prisonniers furent ramenés à Alger et échangés contre des partisans de l'Émir tombés entre nos mains, sur la proposition positive de ce dernier. Cet adoucissement dans les mœurs des indigènes permettait d'espérer une solution pacifique dans la question de l'Algérie. Peu de jours après Ben Durand se mit à la tête d'un convoi organisé par Ab-del-Kader et le conduisit au commandant Cavaignac, à Tlemcen.

Confiants dans cette espèce de trêve, nos alliés

arabes se remirent à ensemencer leurs terres, et bien qu'ils eussent à essuyer de temps en temps quelques tentatives sur leurs troupeaux, elles semblaient plutôt l'effet d'actes isolés de brigandage, que d'un système général d'hostilité ; cependant pour y mettre un terme, le général Brossard fit occuper par une force permanente le poste avancé de Miserghin, sans que personne n'y mit obstacle. Voulant profiter de cette nouvelle tournure des choses, le cabinet français envoya à Oran le lieutenant-général Bugeaud, comme commandant général de la force armée de la province, et muni de pouvoirs très étendus, indépendants du gouverneur général, pour faire la guerre ou la paix comme il le jugerait convenable. Ce nouveau chef plaisait aux soldats par les soins qu'il prenait de leur bien-être, ses idées pratiques, sa parole brusque et originale. Débarqué à Oran le 16 avril 1837, quelques jours après l'arrivée de M. de Damremont à Alger, il reprit les ouvertures déjà entamées avec l'Émir, et pour les appuyer par une démonstration imposante, il se porta vers l'ouest le 14 mai, à la tête d'une armée de 8 ou 9,000 hommes, prêt à combattre ou à conclure la paix suivant la marche des négociations. Il commença par ravitailler Tlemcen, où il arriva le 20 mai ; de là il se rabattit sur la Tafna à la suite de l'Émir.

Celui-ci redoutant une épée dont il avait

déjà éprouvé le poids, mit un terme aux tergiversations qui jusqu'alors avaient signalé sa manière de négocier; le général, de son côté, fit quelques concessions nouvelles et la paix fut conclue à peu près sur les bases établies dans les correspondances précédentes. Les deux camps étaient établis sur les bords de la Tafna, à dix lieues l'un de l'autre. Après bien des allées et des venues entre les deux points, l'original du traité fut remis entre les mains du général Bugeaud, revêtu du cachet de l'Émir, parce que les Arabes n'ont pas l'habitude de signer leurs conventions.

Le général français fit alors proposer, pour le lendemain, une entrevue à l'Émir, dans un lieu désigné entre les deux camps. L'offre fut acceptée sans hésitation, et le jour suivant, à neuf heures du matin, le général français était rendu sur le terrain avec six bataillons, sa cavalerie et son artillerie. Abd-el-Kader ne s'y trouva pas. Comme il avait une plus grande distance à parcourir que le général Bugeaud, ce dernier l'attendit tranquillement et sans inquiétude jusqu'à deux heures du soir. Il commençait à trouver ce retard extraordinaire, lorsque plusieurs émissaires vinrent successivement de la part de l'Émir, lui dire que leur maître avait été malade, qu'il était tout près, et qu'il priait le général français de vouloir bien faire encore quelques pas. Celui-ci voyant que le jour baissait et ne voulant pas perdre l'occasion d'une entrevue qu'il avait demandée lui-même, se porta en avant suivi seulement de son état-major. Le chemin raboteux suivait une gorge étroite et tortueuse. La vue constamment bornée à une distance de quelques pas, ne se reposait que sur des pentes rudes et déchirées, jamais lieu ne sembla plus propre à une embuscade. La petite troupe française marcha pendant une heure sans rencontrer âme qui vive. Enfin, au détour d'un coude de la route, on aperçut tout-à-coup le corps d'armée arabe rangée au fond de la gorge et sur les mamelons environnants, de manière à présenter un front imposant et pittoresque; le général se trouvait au milieu des avant-postes de l'Émir. A l'instant, le chef de la tribu des Oulassas s'en détacha, et vint aborder le général français; quelques officiers de son escorte ne purent retenir un léger signe d'hésitation : « N'aie pas peur, dit le chef arabe, l'Émir est là, sur le mamelon, qui t'attend. — Je n'ai peur de rien, dit le général Bugeaud, mais je trouve indécent de la part de ton chef de me faire venir de si loin et attendre si longtemps. » Le spectacle faisait naître ces sortes d'impressions qui se gravent profondément dans la mémoire. Un âpre soleil éclairait ces lieux sauvages; on distinguait d'abord 150 ou 200 chefs de tribus, la plupart de haute taille, d'une physionomie ardente et énergique, revêtus de leurs draperies majestueuses et montés sur des chevaux superbes qu'ils prenaient plaisir à faire piaffer; ils servaient d'escorte au prince arabe, qui ne se distinguait de ses sujets que par la simplicité, peut-être un peu affectée, de son costume. Il montait lui-même un très beau cheval noir, et des Arabes tenaient ses étriers et les pans de son burnous. Les quelques Français qui s'avançaient vers lui faisaient une assez triste figure devant la pompe orientale de l'Émir. Mais la mâle et forte simplicité de l'Europe reprit bien vite l'avantage dans la conversation qui s'ensuivit; le général Bugeaud, représentant une civilisation vigoureuse, envahissante, peu soucieuse des formes parce qu'elle sent qu'elle a la réalité et l'avenir pour elle, s'avança par un temps de galop auprès de l'Émir, et après lui avoir demandé s'il était Abd-el-Kader, lui saisit la main qu'il serra deux fois en signe d'amitié et de confiance; il l'engagea ensuite à mettre pied à terre pour que l'entretien en fut plus facile. L'Arabe saute de son cheval et s'assied sur l'herbe, le Français en fait autant; la musique des indigènes pousse des sons âpres et discordants. Le général français la fait taire d'un geste de la main, et pour couper court à des préliminaires toujours fort longs chez les Arabes, il attaque brusquement la conversation. « Sais-tu, lui dit-il, que peu de généraux français eussent osé traiter avec toi et agrandir ta puissance et ton territoire comme je l'ai fait? Mais j'espère que tu n'en feras usage que pour le bonheur de la nation Arabe, en la maintenant en paix avec la France. — Je te sais gré de tes bons procédés pour moi ; si Dieu le veut, je ferai le bonheur des Arabes, et si la paix est jamais rompue, ce ne sera pas de ma faute ; Allah défend de manquer à sa promesse, je ne l'ai jamais fait. — A ce titre, je te demande ton amitié particulière et t'offre la mienne. — Je l'accepte avec reconnaissance, mais que les Français se gardent de prêter l'oreille aux intrigants. — Les Français ne prennent conseil que d'eux-mêmes, pour ce qu'ils ont à faire en Afrique, et si quelques brouillons cherchaient à semer le trouble et le désordre, nous nous en préviendrions mutuellement afin de les punir.—C'est bien, tu n'as qu'à me dénoncer ceux qui violeront le traité, je les punirai. — Je te recommande les Coulouglis qui restent à Tlemcen. — Tu peux être tranquille, ils seront traités comme les Hadars. Mais tu m'as promis de cantonner les Douairs et les Zmélas entre le lac Sebka et la mer. — Je ne sais si ce pays pourra leur suffire ; dans tous les cas ils seront placés de manière à ne pas troubler la paix. »

Il se fit un moment de silence. « As-tu ordonné, reprit le général français, le rétablissement des relations commerciales de l'intérieur avec Alger et les autres villes que nous occupons. — Non, je le ferai quand tu m'auras rendu Tlemcen. — Tu peux être sûr que je te le rendrai, dès que le traité aura été approuvé par le Roi. — Tu n'as donc pas le pouvoir de traiter ? — Je puis traiter, mais le Roi doit ratifier ce dont nous sommes convenus ; sans cela un autre général pourrait défaire ce que j'ai fait. — Si tu ne me rends pas Tlemcen comme tu me l'as promis dans le traité, au lieu de la paix, nous n'aurons fait qu'une trêve. — En effet, si le Roi ne ratifie pas le traité, il ne sera qu'une trêve; mais tu n'as qu'à gagner à cet intervalle, puisqu'en tout le temps qu'elle durera, je ne détruirai pas les moissons des Arabes. — Tu peux les détruire si tu veux : une fois la paix faite ; je t'en donnerai l'autorisation par écrit, si cela te fait plaisir ; il nous en restera toujours plus qu'il ne nous en faut.—Tous les Arabes ne pensent pas comme toi, ce me semble, car plusieurs m'ont fait remercier d'avoir ménagé leurs récoltes. » Abd-el-Kader, sentant alors qu'il s'était trop avancé, sourit d'un air dédaigneux. « Combien de temps, reprit-il, faut-il attendre la ratification du Roi des Français? — Trois semaines, environ. — C'est bien long. » Ici Ben-Arach, confident de l'Émir, se rapprocha du général; « c'est trop long que trois semaines, dit-il, nous ne pourrons attendre cette ratification que dix ou douze jours. — Peux-tu commander à la mer, répondit le général français ? — Eh bien! dans ce cas nous ne rétablirons les relations commerciales que lorsque la ratification du traité sera arrivée. — Comme il te plaira, dit le général français, c'est aux Musulmans que tu fais le plus de tort, puisque tu les prives d'un commerce avantageux, tandis qu'à nous la mer fournit tout ce dont nous avons besoin. Le détachement que nous avons laissé à Tlemcen peut-il, avec tous ses bagages, nous rejoindre à Oran?—Il le peut. » La conversation, rendue plus grave et plus lente par la nécessité du truchement, en resta là. Le général Bugeaud se leva, mais l'Émir restait assis, affectant peut-être de vouloir faire tenir le Français debout devant lui. C'était un acteur qui cherchait à jouer son rôle de son mieux devant la galerie qui l'entourait. Le Général Bugeaud s'en aperçut, et lui dit brusquement que quand lui, représentant de la France, se tenait debout, le chef des Arabes pouvait bien en faire autant, et sans attendre la réponse, il saisit d'un poignet robuste les mains frêles et délicates de l'Émir, et l'enleva de terre en souriant. Les Arabes, grands observateurs des formes parurent très étonnés du procédé un peu leste du général français, mais la bonne intelligence n'en fut pas troublée.

Il était tard; les deux chefs se quittèrent pour ne plus se revoir que sur les champs de bataille. La nombreuse escorte de l'Émir le salua de longs cris qui retentirent le long des montagnes. Au même instant un grand coup de tonnerre éclata dans le ciel et vint ajouter encore à tout ce que cette scène avait d'imposant. Le cortége du général français, vivement impressionné, reprit lentement le chemin du camp, en s'entretenant du commandant des Arabes, de sa cour, du beau spectacle auquel on venait d'assister et que pas un de ceux qui en ont été témoins n'oubliera de sa vie.

Le général Bugeaud retrouva le détachement qu'il avait laissé en arrière un peu inquiet de son absence, et commençant à penser s'il ne devait pas se porter en avant pour avoir des nouvelles de son général. « Malgré les 10,000 hommes qui entouraient l'Émir, dit le général Bugeaud, je pensais qu'une fois à la tête de ma petite troupe j'aurais pu, s'il eut été nécessaire, tenter les chances d'un combat sans trop de témérité : le nombre sans la puissance de l'ordre et de l'organisation n'est rien dans les combats ; nous aurions eu raison de cette multitude avec nos six bataillons d'infanterie et notre artillerie. »

Peut-être ne sera-t-on pas fâché de trouver ici le portrait de l'homme qui jouait alors un rôle si important. Abd-el-Kader est assez petit, et peu fortement constitué ; sa figure est pâle, mais belle, calme et expressive : un air un peu mélancolique lui donne, dit-on, quelque ressemblance avec le portrait traditionnel de Jésus-Christ ; son front est vaste et bien développé, son regard beau, et un léger tatouage entre les deux sourcils caractérise son origine purement arabe ; sa bouche est grande et assez mal meublée ; il a la barbe et les cheveux châtains foncés ; il roule constamment entre les mains les gros grains d'un chapelet musulman et une expression d'austérité et de dévotion réside continuellement sur sa physionomie.

Je ne sais si le patriotisme m'aveugle, mais il me semble que la France conserva dans cette entrevue, l'ascendant qu'elle avait acquis sur les champs de bataille; ce général français qui va presque seul, sans hésitation et sans crainte, aborder son rival au milieu de ses farouches compagnons, cette conversation vive où il interpelle constamment son interlocuteur qui veut inutilement déguiser la faiblesse de sa cause sous une vaine réserve et sous une forfanterie plus vaine encore, tout, jusqu'à la taille robuste, les mouvements brusques et francs du Français, comparés à la complexion délicate, à la physionomie affectée, à la pose un peu théâtrale de l'Arabe, annoncent l'ascendant que les peuples européens doivent désormais exercer sur les races orientales et le besoin qu'elles éprouvent d'aide et de secours pour arriver à de plus hautes destinées. Que l'Émir eût voulu comprendre que la nationalité française était assez belle et assez forte pour que les Arabes n'eussent rien à perdre en s'y associant, et dès ce jour de nouvelles destinées se levaient pour la Régence (1).

---

(1) Texte même du traité de Tafna :
Entre le lieutenant-général Bugeaud, commandant le troupes françaises dans la province d'Oran

L'armée française rentra dans Oran le 8 juin, après avoir remis le camp de la Tafna au chef des Oulassas, qui en prit possession au nom de

---

Et l'Émir Abd-el-Kader.

A été convenu le traité suivant :

Art. 1ᵉʳ. L'Émir Abd-el-Kader reconnaît la souveraineté de la France en Afrique.

Art. 2. La France se réserve dans la province d'Oran, Mostaganem, Mazagran et leurs territoires : Oran, Arzew, plus un territoire ainsi délimité : à l'est, par la rivière de la Macta et le marais d'où elle sort; au sud, par une ligne partant du marais ci-dessus mentionné, passant par le bord sud du lac Sebka et se prolongeant jusqu'à l'Oued-Malah (Rio-Salado) dans la direction de Sidi-Saïd, et de cette rivière jusqu'à la mer, de manière à ce que tout le territoire compris dans le périmètre soit territoire français.

Dans la province d'Alger : Alger, le Sahel, la plaine de la Mitidja, bornée à l'est jusqu'à l'Oued-Khadara et au-delà; au sud, par la première crête de la première chaîne du Petit-Atlas jusqu'à la Chiffa, en y comprenant Blidah et son territoire, de manière à ce que tout le territoire compris dans le périmètre soit territoire français.

Art. 3. L'Émir administrera la province d'Oran, celle de Titery, et la partie de celle d'Alger qui n'est pas comprise, à l'ouest, dans les limites indiquées dans l'art. 2.

Il ne pourra pénétrer dans aucune autre partie de la régence.

Art. 4. L'Émir n'aura aucune autorité sur les musulmans qui voudront habiter sur le territoire réservé à la France, mais ceux-ci resteront libres d'aller vivre sur le territoire dont l'Émir a l'administration, comme les habitants du territoire de l'Émir pourront venir s'établir sur le territoire français.

l'Émir ; on conserva sur l'îlot d'Harshgoun une garnison de 150 hommes. Peu de jours après, le général Bugeaud rentra en France, et la plus grande

---

Art. 5. Les Arabes vivant sur le territoire français exerceront librement leur religion.

Ils pourront y bâtir des mosquées, et suivre en tout point leur discipline religieuse sous l'autorité de leurs chefs spirituels.

Art. 6. L'Émir donnera à l'armée française :

    30,000 fanègues (d'Orient) de froment ;
    30,000   —   d'orge ;
    5,000 bœufs.

La livraison de ces denrées se fera à Oran par tiers ; la première livraison aura lieu du 1er au 15 septembre 1837, et les deux autres de deux mois en deux mois.

Art. 7. L'Émir achètera en France la poudre, le soufre et les armes dont il aura besoin.

Art. 8. Les Coulouglis qui voudront rester à Tlemcen ou ailleurs y posséderont librement leurs propriétés et y seront traités comme les Hadars ; ceux qui voudront se retirer sur le territoire français pourront vendre ou affermer librement leurs propriétés.

Art. 9. La France cède à l'Émir Harshgoun (la côte et non l'île), Tlemcen, le Méchouar, et les canons qui étaient anciennement dans cette dernière citadelle. L'Émir s'oblige à faire transporter à bras tous les effets, ainsi que les munitions de guerre et de bouche de la garnison de Tlemcen.

Art. 10. Le commerce sera libre entre les Arabes et les Français qui pourront s'établir réciproquement sur l'un ou l'autre territoire.

partie des troupes qu'il commandait allèrent chercher de nouveaux dangers sous les murs de Constantine.

Art. 11. Les Français seront respectés chez les Arabes, comme les Arabes chez les Français.

Les fermes et les propriétés que les sujets Français auront acquises ou acquerront sur le territoire arabe leur seront garanties ; ils en jouiront librement, et l'Émir s'oblige à leur rembourser les dommages que les Arabes leur feraient éprouver.

Art. 12. Les criminels des deux territoires seront réciproquement rendus.

Art. 13. L'Émir s'engage à ne concéder aucun point du littoral à une puissance quelconque, sans l'autorisation de la France.

Art. 14. Le commerce de la régence ne pourra se faire que dans les ports occupés par la France.

Art. 15. La France pourra entretenir des agents auprès de l'Émir et dans les villes soumises à son administration, pour servir d'intermédiaires près de lui aux sujets Français, pour les contestations commerciales et autres qu'ils pourraient avoir avec les Arabes.

L'Émir jouira de la même faculté dans les villes et ports français.

Tafna, 30 mai, 1837.

Le lieut.-général commandant la province d'Oran,
BUGEAUD.

Cachet du général
Bugeaud.

Cachet
d'Abd-el-Kader.

L'opinion publique s'émut en France de ce traité, et la rupture qui le suivit deux ans et demi après sembla la justifier. Cependant, il ne cédait à l'Émir que ce qui nous eût coûté beaucoup d'hommes et d'argent à conquérir immédiatement, pour n'en retirer que de très faibles avantages. Il réservait à notre administration directe un territoire assez étendu pour n'être entièrement ni habité ni cultivé dans cinquante ans, en supposant les chances de colonisation les plus favorables; il ouvrait les portes de l'intérieur de l'Afrique au commerce et à l'industrie française; enfin, l'Émir ne faisait qu'administrer le pays qu'on lui confiait sans garantie d'avenir pour lui ou sa race. La chose réellement à blâmer n'était pas le traité lui-même, mais le peu de clarté des expressions qui le composaient. C'était moins un traité actuel, que les premières bases pour un traité à venir. Beaucoup de points restaient dans le vague. Les limites des possessions respectives étaient mal définies, et coupaient en deux le territoire de plusieurs tribus qui forment chacune une unité qu'on ne peut pas fractionner. Il est, du reste, très difficile de traiter avec les Arabes; leur esprit vif et subtil plutôt que calme et raisonné, le peu d'habitude qu'ils ont de la logique et des relations ordinaires aux nations civilisées, la défiance naturelle chez eux dans leurs rapports avec les chrétiens, mille préjugés de nationalité et de religion qu'on heurte sans le vouloir et même sans s'en douter, enfin la nécessité de se servir de truchements souvent peu éclairés, et qui rendent rarement la pensée telle qu'on la leur transmet, composent une multitude d'obstacles qu'il faut avoir éprouvés pour bien s'en rendre compte.

Mais enfin la France, se constituant souveraine de toute la Régence, était seule arbitre des difficultés qui pouvaient subvenir, et elle avait la puissance nécessaire pour donner force à ses jugements. La clause la plus à regretter était celle qui livrait à l'Émir la ville de Tlemcen dont les Koulouglis s'étaient dévoués pour nous, et le général Bugeaud, en les recommandant à la bienveillance d'Abd-el-Kader, prouvait par là qu'il sentait lui-même qu'il y avait quelque chose de plus à faire pour eux; ce n'est pas à un ennemi qu'il faut confier le soin de protéger ses alliés. Il était à craindre aussi qu'à travers la rédaction obscure du traité, obscurité que la traduction arabe ne pouvait qu'augmenter, l'Émir ne se rendît pas bien compte des obligations qu'il contractait, ou que les comprenant bien lui-même, il ne les expliquât uniquement à son avantage à ses coreligionnaires, et par là ne relevât beaucoup son pouvoir et son influence parmi eux. Qu'était-ce, d'ailleurs, aux yeux des Arabes, qu'une souveraineté qui ne se manifestait par aucun acte sensible? Le tribut que payait l'Émir n'était que passager, et ne caractérisait pas à leurs yeux l'état d'infériorité d'un feudataire à l'égard de son souverain. En dernière analyse, les résultats bons ou mauvais du traité allaient dépendre de l'esprit dans lesquel il serait exécuté par l'Émir; mais on pouvait raisonnablement espérer que satisfait de la position brillante que nous lui avions concédée, ayant éprouvé deux fois les armes de la France, il fonderait désormais ses projets d'organisation et d'avenir sur une étroite alliance avec elle; malheureusement l'inquiétude de son esprit en décida autrement.

Les changements immédiatement amenés par le traité, furent très avantageux; la pacification rétablie comme par enchantement, aux environs d'Oran, permit de retirer de la province la plus grande partie des troupes qui l'occupaient pour les employer à l'expédition de Constantine. Des relations commerciales s'y renouèrent rapidement entre les européens et les indigènes; nos marchés furent approvisionnés de toutes les denrées que produit le pays, en abondance et à bas prix. Dans la province d'Alger, où l'autorité d'Abd-el-Kader était moins bien reconnue, de pareils résultats se firent attendre davantage. La mort du scheick de Miliana laissait cette ville sans autorité, et le frère de l'Émir établi à Médéah était peu digne de servir ses projets par sa capacité et son caractère. Les tribus dont le territoire entourait la

Mitidja continuaient à se livrer à quelques actes de brigandage ; l'Émir, peu de temps après le traité, se rendit à Miliana dont il confia le gouvernement au neveu du dernier Bey, le jeune Mohammet-Ben-Allah-Ould-Sidy-Embareckarack, devenu depuis si célèbre; l'influence des deux chefs musulmans eut bientôt pacifié cette ville et toute la partie de la province d'Alger que nous leur avions cédée. Partout ils firent reconnaître leur autorité et respecter notre territoire. Abd-el-Kader accompagné de M. de Menonville, officier français accrédité auprès de lui, fit ensuite plusieurs excursions dans le midi de la province et jusque dans le désert, qu'il assujetit à son pouvoir, et dont il tira de nombreux tributs. Chargé d'argent et de butin, sûr de n'avoir plus dans la Régence de puissance musulmane en état de lutter avec la sienne, il rentra enfin triomphant à Mascara. Il y trouva M. de Maussion, qui venait remplacer M. de Menonville comme chargé d'affaires et M. Eynard, aide-de-camp du général Bugeaud, qui lui apportait un présent de la part du Roi des Français. Il était composé de très belles armes à feu, d'un sabre magnifique et de tasses en porcelaine de Sèvres pour prendre le café, façonnées à la manière musulmane. L'Émir, ne voulant pas se laisser vaincre en courtoisie, envoya à Louis-Philippe vingt-trois superbes chevaux et des tapis magnifiques.

En conséquence du traité, Tlemcen fut évacué par les Français; cinquante familles de Coulouglis, se fiant peu aux promesses du nouveau maître de leur ville, l'abandonnèrent pour s'établir à Oran sous la protection des lois Françaises. Elles emportèrent avec elles d'assez fortes sommes que l'Émir, s'il l'eût su, n'eut peut-être pas laissé sortir si facilement de son territoire. La plupart des Juifs suivirent cet exemple et vinrent encombrer Oran d'une population misérable; Rostchild, leur coreligionnaire, envoya une somme de 10,000 francs pour être distribuée aux plus malheureux; la suite prouva, du reste, que tous ces exilés avaient bien jugé à qui ils avaient à faire. Les Coulouglis restés à Tlemcen en butte à l'antipathie des Arabes et à la jalousie de l'Émir essuyèrent une foule de persécutions. On leur enlevait leurs enfants dès qu'ils approchaient de l'âge de raison pour les transporter à Mascara, afin de leur faire perdre le souvenir de leur origine et les plier plus facilement aux volontés de l'Émir.

Après le malheureux résultat de la première expédition de Constantine, nous avons laissé les Français en possession de Guelma où ils n'avaient trouvé que des ruines; le génie militaire en sut tirer bon parti pour loger les troupes et les magasins de toute espèce qui leur sont nécessaires; 1,500 hommes y passèrent l'hiver, vivant en paix avec les tribus voisines et n'ayant à supporter que les intempéries des saisons ; tous les jours il leur arrivait des soldats, qui, engourdis par le froid ou accablés de fatigue pendant cette funeste retraite, avaient été accueillis par les Arabes et généralement traités avec beaucoup d'humanité. Les uns avaient été relâchés volontairement, d'autres s'étaient échappés des mains des Indigènes. Plusieurs restaient encore prisonniers, retenus soit par des tribus qui voulaient s'en faire une espèce de sauve-garde dans le cas d'une nouvelle invasion, soit par Achmet-Bey, à Constantine, où ils travaillaient à fortifier la ville, et à d'autres industries ayant trait à la guerre. Comme les marins renfermés au bagne d'Alger lors de la conquête, ils attendaient patiemment leur délivrance de la valeur de leurs camarades. Tout se préparait en effet pour une nouvelle et prochaine expédition ; Guelma s'encombrait de matériel de guerre et d'approvisionnements de bouche ; dans le mois de janvier 1837, le colonel Foy, aide-de-camp du ministre de la guerre, vint visiter le nouveau camp, dont il trouva les travaux étonnamment avancés. Il poussa une reconnaissance au-delà de Medjez-Amar, jusqu'à douze lieues de Constantine sans rencontrer d'ennemis. L'administration de la guerre avait commandé pour Guelma, à un entrepreneur de Toulon, 22 barraques en planches pouvant contenir chacune 20 à 25 malades, 10 hangars pour magasins de vivres, deux ponts de chevalets pour traverser la Seybouse, et enfin 10 blockhaus qui devaient être placés entre Bone et Guelma et occupés chacun par une compagnie d'infanterie et quelques artilleurs pour maintenir la liberté des communications. Bientôt toutes ces constructions mobiles arrivèrent à leur destination et suppléèrent à l'insuffisance des bâtiments en pierre qu'on élevait néanmoins le plus rapidement possible. L'intention du nouveau gouverneur était de marcher sur Constantine dès le mois d'avril ou de mai 1837; mais l'expédition fut différée à cause de la peste qui se déclara à Tripoli et d'un affreux accident arrivé à Bone. Le magasin à poudre de la Casbah sauta le 30 janvier à sept heures un quart du matin; les logements du fort furent totalement détruits avec tous les approvisionnements et équipements qu'ils contenaient; 108 militaires de tous grades restèrent sur le coup, et 192 furent blessés, beaucoup très grièvement. C'était un spectacle horrible que cette masse de décombres mêlés d'hommes morts ou expirants, qu'on en retirait tout sanglants et poussant des gémissements affreux. La perte matérielle fut évaluée à un million.

Le colonel Duvivier, déjà connu avantageusement par l'administration de Bougie, commandait à Guelma et surpassa encore dans ce dernier poste l'idée qu'on s'était formée de ses talents; l'exacte discipline qu'il maintenait parmi les troupes, sa justice à l'égard des Arabes, la protection qu'il leur promettait et qu'il était toujours prêt à leur accorder le firent bientôt chérir de toutes les populations environnantes et le rendirent l'arbitre de leurs différends. Guelma présentait dès le milieu de l'été 1837 l'aspect d'un établissement très important, auquel venait aboutir un grand mouvement commercial; les Arabes y apportaient des vivres en abondance. Un bataillon de tirailleurs d'Afrique arrivé dans le mois de juillet fut envoyé camper à trois lieues en avant pour construire la route qui devait nous conduire à Constantine ; Achmet, cependant,, eut pu encore conjurer l'orage prêt à fondre sur lui, en acceptant la paix sur des bases qui eussent lavé l'affront de l'échec précédent. On ne pensait plus à Youssouf pour en faire un bey de Constantine et le commandement des spahis indigènes avait été donné à un officier français; mais aveuglé par son succès éphémère, le maître de Constantine voulait tenter encore une fois le sort des armes; il réunissait tous les moyens de défense, travaillant avec ardeur à compléter les fortifications de sa ville et intriguait auprès de la Porte Ottomane pour en obtenir des secours. Enfin il vint se présenter devant Guelma avec une force de 4 à 5,000 hommes. Le colonel Duvivier marcha droit à lui avec 700 baïonnettes et le rencontra à deux lieues du camp. La petite troupe française entourée par la multitude ennemie fit face de partout et donna le temps aux Arabes alliés de se réfugier avec leurs troupeaux dans l'intérieur du camp ; Achmet-Bey éprouva des pertes qui le dégoûtèrent de s'attaquer désormais aux Français ; il se rabattit sur les Arabes alliés avec lesquels il eut plusieurs engagements ; il alla ensuite rôder dans les environs de Bone, mais sans rien entreprendre d'important.

Le gouverneur général était débarqué dans cette ville le 3 août. Il fut de là, visiter le poste de la Calle, chef-lieu des anciens comptoirs français dans la Régence, où M. de Berthier, jeté au milieu des Arabes, avec 40 Européens seulement, et sans force armée pour les protéger, avait fondé un établissement dont la prospérité était surprenante. Le gouverneur lui donna un officier du génie et quelques hommes pour réparer le mur d'enceinte, bâtir des demeures commodes, et mettre ce point en état de résister à un premier effort des indigènes, si, plus tard, il leur prenait envie de l'attaquer. Pour le moment, ces travaux n'attirèrent aucune attention de leur part. Le gouverneur admira la beauté et la richesse du pays et fit faire des recherches parmi de superbes forêts qui couvraient les montagnes des environs. Elles étaient formées d'ormes, de chênes liéges, de chênes verts dont plusieurs avaient jusqu'à six pieds de circonférence sur une hauteur de vingt-cinq à trente. De retour à Bone, le général Damremont se rendit sans perdre de temps à Guelma, où il ne fit que passer ; le 7 août il était établi avec des troupes à Medjez-Amar, à deux lieues en avant, où il voulait former un dépôt d'approvisionnements et de matériel de guerre encore plus rapproché de Constantine ; ce fut là qu'il établit son quartier général.

Medjez-Amar est un plateau occupant une presqu'île formée par le confluent du Cherf et du Mridi, qui, réunis, s'appèlent la Seybouse; l'espace ainsi entouré était d'une défense facile, et assez vaste pour contenir toutes les troupes destinées à l'expédition et le matériel qui leur était nécessaire. De là, le regard embrasse tout le haut bassin de la Seybouse, dessiné par une enceinte de montagnes couvertes d'une sombre verdure ; les lentisques, les caroubiers, les oliviers y étalent tout le luxe d'une végétation vigoureuse. Le général gouverneur reçut à Medjez-Amar des propositions d'accommodement d'Achmet-Bey, qui comprenait enfin le danger de sa position ; le Musulman acceptait la paix sur les bases qu'on lui avait fixées ; il conservait son pouvoir, en ne l'exerçant que sous la suzeraineté de la France ; mais à peine ses députés avaient-ils perdu de vue les murs de Constantine, que leur maître apprit qu'une flotte turque venait de quitter les eaux de Constantinople, l'espérance du secours qu'il en attendait le porta à ne donner aucune suite à ses aventures pacifiques; cependant Achmet-Bey se trompait; la flotte turcque devait seulement croiser sur les côtes de Tripoli et de Tunis. Le Bey de cette dernière ville, ancien feudataire de la Porte, aspirait alors à l'indépendance; allié de la France il comptait sur elle pour arriver à son but; il était contrarié dans ses propres états par un parti de Musulmans fanatiques, qui ourdirent un complot dans lequel entrèrent les principaux fonctionnaires du Beylick. Les conjurés s'étaient unis étroitement au maître de Constantine qu'ils devaient secourir, si une fois ils parvenaient à s'emparer du pouvoir à Tunis; ils nouèrent des relations avec la cour de Constantinople, qui arma une escadre pour les soutenir; le Bey de Tunis se trouvait dans le plus grand danger; il connaissait les traîtres qui l'entouraient et n'osait les punir; heureusement pour lui qu'à la première nouvelle des projets des Turcs, une flotte française partit de Toulon pour soutenir notre allié et repousser les vaisseaux ottomans, s'ils tentaient de pénétrer dans le port de Tunis. Mais les Turcs qui se souvenaient de Navarin n'eurent garde d'engager une lutte qui eut pu leur coûter cher; ils retournèrent à Constantinople sans rien essayer. Le Bey de Tunis rassuré par la présence des Français fit saisir et étrangler les conspirateurs et Achmet-Bey n'eut plus rien à espérer de ce côté.

La rupture définitive des négociations ayant convaincu le général Damremont que la question ne devait être décidée que par les armes, il mit, s'il était possible, un nouveau degré d'activité dans les préparatifs d'une prochaine entrée en campagne; Constantine l'occupait tout entier; soins d'hygiène pour le soldat, revue exacte et continuelle du matériel, renseignements les plus minutieux sur le pays qu'on avait à parcourir, aucun détail ne semblait trop minime pour lui; le ministère, du reste, lui avait prodigué toutes les ressources qui pouvaient assurer le succès de l'expédition; tous les jours de nouvelles troupes débarquaient à Bone; quelques mois de séjour avaient transformé les ruines de Guelma en une véritable place de guerre, imprenable pour des Arabes, et capable de loger 8 à 10,000 hommes. Achmet-Bey, de son côté, recevait des renforts de l'intérieur du pays; les Kabyles des environs de Bougie étaient descendus en foule de leurs montagnes pour venir se ranger sous ses drapeaux; toutes ses forces montaient à 12 ou 13,000 hommes, divisées en deux camps, l'un établi à quelques lieues en face de nos troupes et l'autre formant une sorte de réserve était situé à six lieues de Constantine.

Les travaux de Medjez-Amar furent bientôt presque aussi avancés que ceux de Guelma; l'artillerie jeta un pont de chevalets sur l'Oued-Zénati ou le Mridi, pour le passage des plus lourdes voitures, et une passerelle pour l'infanterie. Les fortifications qui assuraient les deux têtes de ces communications furent complétées et abritaient derrière leurs lignes des fours en tôle pour le pain, des magasins, des hôpitaux. Le gouverneur y fut rejoint le premier jour de septembre par le colonel Duvivier, arrivant de Guelma avec 22 Scheicks arabes, qu'il présenta à M. de Damremont; leur entrée au camp se fit avec une grande pompe; ils s'offraient, comme représentants de leurs concitoyens, à marcher sous les étendards de la France, contre Achmet-Bey, qui les avait accablés d'exactions et d'avanies. On ne profita pas de leur bonne volonté, mais du moins leurs tribus ne commirent aucun acte de brigandage et apportèrent au camp plus de vivres que l'armée n'en pouvait consommer. Quelques jours après, le gouverneur ayant reçu des renforts, voulut faire un pas en avant et chasser l'ennemi dont les coureurs infestaient les environs. Il se mit en marche pour Raz-el-Akba (tête de la montagne), point culminant des hauteurs qui enceignent le bassin de la Seybouse, en repoussa les Musulmans après un combat peu important, et revint à Bone recevoir le duc de Nemours, qui, témoin des désastres de la première expédition, avait voulu prendre part à la vengeance promise par la seconde. Le prince, accompagné des généraux Valée et Fleury, qui devaient commander, l'un l'artillerie, l'autre le génie, s'était hâté de passer la mer et d'arriver aux avant-postes français, où il reçut le commandement d'une brigade. De retour à Medjez-Amar, le gouverneur trouva les hostilités complétement engagées. Pendant son absence l'ennemi avait attaqué le camp avec une vigueur dans laquelle on avait cru reconnaître le commandement de Ben-Aïssa, le fameux lieutenant d'Achmet-Bey. Repoussé avec perte, il avait continué de rôder dans les environs; le 22 septembre, de fortes masses ennemies se présentèrent devant le plateau, défendu par la tête du pont au confluent des deux rivières. Le colonel Lamoricière qui y commandait marcha vivement à l'ennemi; un orage épouvantable qui vint à éclater au plus fort du combat sépara les deux armées; mais à peine était-il calmé que les Musulmans, commandés par Achmet-Bey en personne, vinrent occuper un mamelon à peu de distance du camp. Il était évident qu'une affaire importante se préparait pour le lendemain. Le poste commandé par M. de Lamoricière fut renforcé; cette précaution ne lui fut pas inutile. Dès la matinée du 23, les Constantinois, maîtres d'une position qui dominait les Français, dirigèrent contre eux une fusillade très meurtrière. Heureusement qu'elle ne dura pas longtemps; le colonel, à la tête de ses Zouaves, reprit à son tour l'offensive, escalada les pentes occupées par les Musulmans, qui, chassés avec peine, s'éloignèrent encore une fois du camp.

L'audace qu'avait montrée l'ennemi, les forces

qu'il avait déployées dans les combats précédents, la nouvelle qui s'était faussement répandue qu'il venait de recevoir un secours de 5,000 Turcs, engagèrent le lieutenant général à convoquer un conseil de guerre. Il y fut décidé qu'on attendrait de nouveaux renforts avant de se porter en avant. Quelques cas de choléra s'étaient aussi manifestés dans un régiment, et l'on craignait de donner un nouvel aliment à la maladie par les fatigues inséparables d'une campagne. On était dans cette attente quand l'ennemi, qui dominait l'armée française du haut des collines dont il était encore maître, leva tout à coup ses tentes et disparut ; différents bruits circulèrent sur les causes de cette retraite. On disait surtout que le fameux Ben-Ferrat, chef du désert, avait fait une irruption au sud de Constantine et forcé le Bey à marcher au secours de sa capitale. On résolut de profiter de ce nouvel incident, et le départ général de l'armée fut fixé au 1er octobre 1837. Mais pour compléter le nombre de troupes jugées strictement nécessaire au succès de l'expédition, et remplacer le 12e de ligne retenu en très grande partie à Bone par le choléra, et un bataillon du 26e encore en mer, on dégarnit les postes intermédiaires entre Bone et Medjez-Amar, ne conservant en arrière de ce dernier poste, base nécessaire d'opération, que les camps de Guelma et de Dréan; encore la garde nationale de Bone était-elle seule chargée du service de la place.

Le jour désigné, de très bonne heure, une force mobile de 13,000 hommes d'excellentes troupes, formant deux divisions et quatre brigades, se mit en marche par un soleil magnifique; deux brigades arrivèrent à Raz-el-Akba vers les dix heures du matin; à peine avaient-elles commencé les apprêts de la nuit, que le temps s'assombrit tout-à-coup; de larges gouttes annoncèrent le commencement d'une pluie africaine, et dans quelques heures le camp fut complétement inondé. Les voitures et les bagages, restés en arrière, cheminaient péniblement sur un terrain détrempé et argileux, et n'arrivèrent à ce premier bivouac que fort avant dans la soirée. Malgré ce début fâcheux, le mouvement continua le lendemain, et après une marche lente et prudente, sur ces plateaux accidentés où les soldats de l'expédition de 1836 reconnurent les lieux où ils avaient éprouvés tant de souffrances, le 6 octobre, de très bonne heure, la première division couronna le plateau de Mansourah, et la seconde, sous le feu des canons de la place, passa le Rummel et vint s'établir à Coudiat-Aty. Les forces extérieures de l'ennemi n'avaient contrarié que très faiblement tous ces mouvements. Cependant, comme l'année précédente, Constantine se présentait sous une apparence tout-à-fait hostile. D'immenses pavillons rouges ombrageaient les murailles; les femmes groupées sur les toits des maisons poussaient des cris aigus de défi et de menace, les tons plus graves des hommes leur répondaient du haut des remparts et le son majestueux du canon, répété par les échos, couvrait par intervalles ces milliers de voix humaines. Sans s'arrêter à cet imposant spectacle, le général en chef prit avec lui les commandants du génie et de l'artillerie et reconnut sur-le-champ l'emplacement des batteries à construire. Trois furent d'abord fixées à l'extrémité du plateau de Mansourah, pour prendre à revers et à bonne portée le front d'attaque de Coudiat-Aty, en ruiner les défenses, canonner en même temps la ville et l'engager peut-être à se rendre. L'armée se mit à l'ouvrage avec son ardeur ordinaire, mais le premier jour de travail, un temps affreux dans lequel des pluies déluviennes et de fortes raffales de vent se succédaient sans un instant de calme, vint changer les bivouacs et les communications en autant de mares boueuses où les chevaux s'enfonçaient jusqu'au ventre; un moment ont put craindre de voir se renouveler les désastres de l'année précédente. En dépit de tous les obstacles l'artillerie était parvenue à armer complètement, dans la journée du 9, les trois batteries de Mansourah. Le feu commença ce même jour, et le lendemain, il avait déjà éteint en très grande partie celui du front de Coudiat-Aty. Les habitants néanmoins ne firent aucune démonstration d'accommodement. « Les Arabes, dit M. de la Tour-du-Pin, qui nous a laissé un récit animé de la prise de Constantine, sont capables, non de tout faire, mais de tout souffrir. »

Sans consommer d'avantage ses munitions par une canonnade qui n'avait aucun résultat positif, l'artillerie entreprit en face du point d'attaque une batterie de brèche éloignée de 400 mètres des murs à battre et qui fut terminée le 11 ; le terrain était si mauvais et si détrempé, qu'on ne put y amener les pièces qu'en attelant quarante chevaux à chacune. Avant de commencer l'œuvre de destruction, le général en chef envoya aux habitants de Constantine un parlementaire pour les engager à éviter à leur ville les horreurs d'une prise d'assaut ; comme la réponse se faisait attendre, les pièces de siége de la batterie ouvrirent leur feu. Le parlementaire ne revint que le 12, sans avoir essuyé de mauvais traitement, mais annonçant l'intention de la place de se défendre à toute extrémité.

Cependant, la brèche commencé le 11, était bien avancée dans la soirée du même jour sans être tout-à-fait praticable ; on avait déjà tracé une nouvelle batterie, à 150 mètres seulement de la place, qui devait compléter l'ouvrage de la première. Terminée dans la nuit du 11 au 12, elle fut armée immédiatement par les pièces de la batterie en arrière, qui devenait inutile. A huit heures et demie du matin, le gouverneur, accompagné du duc de Nemours et du général Perrégaux, se rendait au dépôt de tranchée pour y examiner les travaux de la nuit, quand, arrivé à un point d'où l'on découvrait parfaitement la place, il s'arrêta ;

on lui fit observer combien cet endroit était dangereux. « C'est égal, répondit-il, » et au même moment, il fut atteint d'un boulet dans le flanc gauche, et tomba mort sans ajouter une seule parole ; le général Perrégaux se penchait sur le corps inanimé de celui qui était son chef et son ami, quand il reçut une balle dans la tête dont il mourut quelques jours après. Ces grandes machines vivantes, qu'on appelle des armées, sont chez les Européens si admirablement organisées, que le jeu régulier de celle de Constantine ne reçut pas le choc le plus léger, de la destruction instantanée de ces deux principaux rouages; le général Perrégaux en était le chef d'état-major. Le général Valée se trouvait le lieutenant général le plus ancien de son grade, et immédiatement après lui, venait le général Trézel; quelques officiers pensaient qu'à ce dernier revenait le commandement général, M. Valée appartenant à l'artillerie; opinion peu raisonnable, et que celui qu'elle favorisait fut le premier à désavouer avec loyauté et sans réticence; M. Vallée prit donc sur-le-champ le commandement, et la batterie, continua à charger et à compléter la brèche pendant toute la journée du 12; le soir, elle parut assez accessible pour que l'assaut put être fixé au lendemain matin.

Le nouveau général en chef reçut alors des envoyés d'Achmet-Bey, demandant la cessation des hostilités, parlant de paix, mais sans vouloir proposer rien de positif. Ces démarches ne semblaient faites que dans l'intention de gagner du temps, et le général Valée, après avoir répondu que la remise de la place était le préliminaire obligé de toute négociation, continua les préparatifs de l'assaut. Pendant la nuit, les batteries reçurent l'ordre de tirer de temps en temps sur la brèche, pour empêcher l'ennemi de la réparer ou de construire derrière un retranchement intérieur. Le 13, à trois heures et demie du matin, la brèche fut déclarée praticable par les capitaines Boutaut et Garderens envoyés pour la reconnaître, et une demi-heure après, le gouverneur se rendit dans la batterie avec le duc de Nemours qui, nommé commandant du siége, devait former et diriger les colonnes chargées de monter à l'assaut. Elles étaient au nombre de trois sous les ordres des colonels Lamoricière, Combes et Corbineau. C'est toujours un moment solennel que celui qui précède un assaut ; l'armée dans un muet recueillement, avait les yeux fixés sur cette brèche que tant de sang allait bientôt inonder ; les soldats chargés de l'honorable et périlleuse mission de l'enlever, collés contre l'épaulement qui les abritaient des feux de la place, frémissaient du retard imposé à leur ardeur ; M. de Lamoricière causait en riant avec ses officiers et semblait croire qu'il était à l'épreuve des balles. Enfin, à sept heures du matin, le général Valée juge que le moment est venu ; il en prévient le duc de Nemours, le prince donne le signal ; le chef de bataillon Vieux, commandant le génie, et M. de Lamoricière, s'élancent à la tête de leurs troupes, au pas de course, et avec cette vivacité que l'ordre dirige toujours. En un moment ils sont sur le sommet de la brèche, et s'en rendent maîtres sans difficulté et sans grande perte ; mais une fois qu'ils l'on dépassée, la colonne se trouve engagée dans un labyrinthe de passages, de murs à moitié détruits, de maisons crénélées d'où pleut un feu terrible. Un pan de mur est renversé sur les assaillants et en écrase un grand nombre ; le commandant de Serigny, le corps aux trois quarts engagé sous les décombres, sent ses os se briser à chaque effort qu'il fait pour se débarrasser, et expire après quelques minutes d'une horrible agonie ; on se bat dans les rues, on se bat sur les toits. Des canonniers turcs, renfermés dans une casemate, se font tous tuer jusqu'au dernier plutôt que de se rendre ; à mesure que la première colonne pénétre dans la ville, elle est soutenu par la deuxième et la troisième, qui assurent ses derrières et se lancent dans les rues transversales. A droite de la brèche se trouvait une espèce de cour intérieure que les Musulmans défendaient avec un acharnement extraordinaire ; à peine nos troupes y ont elles pénétré, qu'une explosion épouvantable provenant d'une mine fortement chargée, tue le commandant Vieux, blesse à mort le capitaine Leblanc, et au milieu d'un nuage de fumée enterre sous un tas de débris le colonel

Lamoricière qu'on en retire avec peine et blessé, la figure brûlée et le corps tout couvert de contusions ; d'abord on craignit pour sa vie, puis pour sa vue, qu'il ne recouvra qu'au bout de plusieurs jours. Le colonel Combes le remplaça dans la conduite des opérations ; enfin les sapeurs du génie communiquant d'une maison à une autre au moyen de percées pratiquées dans les murs mitoyens, parviennent à tourner les défenseurs et à les forcer à la retraite. Cette manœuvre détermina la reddition de la place. L'officier auquel Achmet en avait confié le commandement voyant que toute résistance était inutile, se brûla la cervelle. On se battit cependant encore durant une heure sur quelques points de la ville. Les ennemis se concentraient à la Casbah ; le général Rulhières y arrivant en même temps qu'eux leur fit mettre bas les armes ; l'épouvante régnait dans la ville ; des milliers d'habitants essayent de se sauver par d'étroits sentiers qui serpentent le long de l'enceinte de rochers entourant la place ; les premiers sont poussés par ceux qui les suivent : ce courrant d'êtres humains, égarés par la frayeur, se termine par une horrible cascade que de nouveaux flots viennent constamment alimenter, et bientôt un amoncellement de burnous et de turbans parmi lesquels on voyait s'agiter des bras et des corps se débattant dans les convulsions de la mort, encombre le pied des rochers. Au delà, sur la colline opposée, on voyait se prolonger la fuite de ceux qui avaient échappé à la catastrophe et que les boulets français atteignaient par dessus la ville. Dès qu'elle se fut rendue, on dédaigna de les écraser davantage. Les généraux donnèrent les ordres les plus sévères pour empêcher le pillage et faire respecter les mœurs et la religion des vaincus. Peu à peu, ceux des habitants qui n'avaient pu ou n'avaient pas voulu fuir, reprirent courage en voyant l'ordre admirable qui régnait dans leur cité. Le drapeau tricolore fut arboré sur les principaux édifices, et le duc de Nemours vint s'installer dans le palais du Bey, heureux de la prise d'une ville qui inaugurait une nouvelle période dans nos conquêtes africaines. Mais la victoire avait été sanglante, le génie surtout avait perdu presque tous ses officiers; le colonel Combes, blessé deux fois assez légèrement, n'avait pas voulu quitter le théâtre du carnage; il reçut un troisième coup qui, cette fois, devait être mortel; on ne put cependant l'amener à l'ambulance que lorsque l'affaire eut été tout-à-fait décidée; il rencontra alors le duc de Nemours auquel, avec une fermeté qui défiait la souffrance, il rendit compte de sa mission : « Ceux qui vivront, ajoute-t-il, jouiront de la victoire; pour moi, je vais mourir à quelques pas d'ici ; je vous recommande les officiers de mon régiment. » Le héros ne disait que trop vrai: quelques heures après, il n'existait plus.

Le premier soin du général Valée, dès qu'il se vit maître paisible de la ville, fut d'en désarmer les habitants et de faire disparaître les traces sanglantes de l'assaut qu'elle venait d'essuyer. Le général Rulhières fut nommé gouverneur de la place; sa fermeté maintint une exacte discipline parmi les soldats; l'entrée des mosquées et des maisons leur fut interdite. Les ordres du général furent exécutés sans difficulté, et l'artillerie s'occupa de recueillir toutes les armes et munitions de guerre qu'elle put y trouver, L'intendance, aidée des autorités locales que le général avait maintenues, se mit à la recherche de tous les magasins de vivres, tant publics que particuliers, et parvint à ramasser une grande quantité d'orge et de blé. Un marché fut ouvert à la porte de Bab-el-Oued, les Arabes y affluèrent et l'armée fut bientôt dans l'abondance. On cherchait à recueillir quelques renseignements sur le sort d'Achmet-Bey; on sut que du haut d'une montagne il avait vu tomber les murs de Constantine; que comme Boabdil, il avait pleuré sur le sort de sa capitale; qu'enfin, le désespoir dans le cœur, à la tête des rares partisans de sa fortune déchue, il s'était retiré à plusieurs journées de marche dans l'intérieur; l'insulte de ses anciens sujets ne manqua pas à son infortune, il fut attaqué dans sa retraite par des tribus qu'il avait opprimées durant son pouvoir; il ne lui resta plus, de toutes ses forces, qu'un millier de cavaliers avec lesquels il voulut vainement continuer de tenir la campagne; de plus en plus l'isolement se fit autour de sa personne; il disparut pour quelque temps de la scène, et nous ne le verrons y reparaître que beaucoup plus tard, lorsque de nouveaux incidents lui rendirent l'espoir de susciter des obstacles à la domination française. Elle avait fait de grands progrès à la suite du brillant fait d'armes de Constantine. Pour compléter par la justice et la douceur l'ouvrage de la force, le général Valée donna pour chef temporel, ou caïd, à la ville qu'il avait conquise, un habitant renommé par sa probité et son attachement à la foi musulmane; c'était un jeune homme du nom de Seïd-Mohammed, fils du fameux El-Beled, chef spirituel de Constantine, et appartenait à une famille puissante, et qu'Achmet-Bey lui-même avait toujours ménagée, quoiqu'il ne l'aima pas; il devait administrer et percevoir les impôts sous la surveillance et pour le compte de l'autorité française. Il se dévoua complètement à notre cause. Le grand chef du désert, Ben-Ferrat, éternel ennemi de l'ancien Bey, vint peu de jours après à Constantine, où parfaitement reçu par le général en chef, il s'entendit avec lui pour porter les derniers coups à l'ennemi commun. La plupart des Musulmans ne tardèrent pas à suivre l'exemple des deux personnages qui exerçaient le plus d'influence dans le pays; trente-et-une tribus firent immédiatement leur soumission et nouèrent avec nous des relations de commerce. Une garnison de 3,000 hommes environ devait occuper la ville sous le commandement provisoire d'un colonel; elle avait des approvisionnements en céréales, assurés pour six mois. Les environs lui fournissaient en abondance des vivres frais. Après ces premières mesures, le général Valée, qui ne regardait sa mission comme terminée que lorsqu'il aurait ramené sous les murs de Bone, l'armée et le précieux matériel d'artillerie qui lui avait été confiés, et qui redoutait avec raison que les pluies de l'automne ne rendissent les routes impraticables, reprit le chemin des bords de la mer une dizaine de jours après son entrée à Constantine. L'armée, quoique contrariée les deux premières marches par le mauvais temps, ne laissa en arrière ni malades, ni blessés, ni voitures d'aucune espèce. Les lieux que nous avions trouvés déserts en marchant sur Constantine, étaient alors couverts de nombreuses et riches tribus qui dressaient leurs tentes et faisaient paître leurs troupeaux en toute sécurité. Pas un coup de fusil ne fut tiré pendant ce retour; partout les Arabes apportaient des provisions aux Français, et la puissante tribu des Zenati, qui s'était fait remarquer depuis notre séjour à Bone par son hostilité incessante, reçut avec reconnaissance de la main du général français, le scheick qui devait la gouverner. Pour prouver à ces populations que c'était bien sérieusement que la France voulait s'établir dans le pays, et pour maintenir la sûreté des communications sur cette route maintenant d'un accès facile, grâce aux travaux de l'armée, on laissa des corps a occupation dans les camps de Medjez-Amar, de Guelma, de Neckmeya et de Dréan. Enfin, à peine de retour à Bone, le 3 novembre, le maréchal Valée, auquel une ordonnance royale venait de conférer le plus haut grade militaire, désigna un détachement pour escorter un convoi de munitions de guerre et d'approvisionnements d'hôpitaux destinés à la garnison de Constantine qu'on portait à 4,500 hommes. Le général Négrier, qui avait rempli à Alger les fonctions de gouverneur pendant que M. de Damremont marchait à la tête de l'expédition, fut désigné pour commander toute la province dont nous venions de conquérir la capitale, et en attendant qu'il fût arrivé à son poste, le colonel Bernelle, gouverneur provisoire, occupa les troupes à divers travaux ayant pour but la sûreté et l'embellissement de la ville. Dès le principe, le pays parut excessivement sain; le choléra, dont l'influence s'était prolongée longtemps dans cette partie de la régence, touchait à son terme. Achmet-Bey, dont on ignorait au juste la position, essaya quelques tardives ouvertures auprès du général pour ressaisir son pouvoir; elles furent repoussées. Malheureusement nos expéditions passagères avaient imprimé dans l'esprit des Arabes l'idée que nous finirions par évacuer toutes nos possessions africaines. Des notables de Constantine profitèrent de cette croyance généralement répandue pour former quelques intrigues et nouer des relations avec l'ancien maître du pays; l'autorité française fit saisir et évacuer sur Bone et Alger ceux qui s'étaient le plus compromis. La masse de la population, très nombreuse, car la ville s'était promptement repeuplée, resta tranquille et paraissait satisfaite de la paix dont elle jouissait, et lorsque le général Négrier vint prendre possession de son gouvernement au commencement de décembre 1837, la situation était des plus favorables. La garnison avait été successivement porté à 5,000 hommes. Les courriers qui se croisaient constamment sur la route de Bone, voyageaient à peu près en sûreté; les Arabes ensemençaient leurs terres et tenaient leurs foires ou marchés comme avant la conquête, et la majeure partie de la province pouvait passer pour pacifiée.

Le général Valée, nommé maréchal de France et gouverneur général des possessions françaises dans l'ancienne régence, était peu de jours après la prise de Constantine de retour à Alger, où l'appelaient une multitude d'affaires. La plus importante sans doute, était le règlement définitif, avec Abd-el-Kader, de plusieurs points que le traité de la Tafna n'avait fait qu'indiquer. L'Émir avait annoncé qu'il viendrait en conférer avec les autorités françaises sur les bords de la Chiffa, dans le courant d'octobre 1837; puis, occupé par une foule de projets, par une expédition au sud de Titery et dans le Sahara, d'où il ramena beaucoup de bétail et de butin, il avait renvoyé à plus tard cette entrevue, qui finit par ne pas avoir lieu. Quoique ses rapports avec les Chrétiens conservassent un vieux levain de rivalité et de défiance, il exécutait passablement tous les articles du traité, et ses relations avec les généraux d'Alger et d'Oran étaient fréquentes et indiquaient le désir de la continuation de la paix. Il vint passer une partie de l'hiver dans la province d'Alger qu'il parcourut dans tous les sens, afin que les tribus ne fussent pas tentées d'oublier qu'elles avaient un maître. Quelques intrigants, qu'il avait parmi ses conseillers, voulurent mettre à profit son ignorance des localités pour l'entraîner au-delà des limites qui lui avaient été imposées; des explications eurent lieu, et pour le moment tous les nuages se dissipèrent. Les Hadjoutes, rentrés sous la domination de l'Émir, mais dont la paix n'avait pu changer tout-à-coup les anciennes habitudes, avaient récemment volé quelques troupeaux de bœufs; ils furent forcés de les restituer et les coupables reçurent chacun 300 coups de bâton. Ordre sévère fut donné à leur caïd d'empêcher à l'avenir toute espèce de brigandage. Une maison à Mascara, venait d'être affectée au logement de l'officier chargé d'y représenter la France; il fut constamment traité avec les plus grands égards par les autorités arabes de la ville. De son côté, le chargé d'affaire musulman, était entré en fonctions à Oran. Une grande partie du tribut promis par l'Émir y était déjà arrivée. Quelques inquiétudes néanmoins ne tardèrent pas à surgir : Abd-el-Kader, en poursuivant dans la province d'Alger les populations qui ne voulaient pas lui obéir, s'était approché de très près de nos colons de l'est de la plaine; ceux-ci furent effrayés, peut-être à tort, d'un pareil voisinage ; le gouverneur envoya un corps de troupes pour les protéger à tout événement; plusieurs tribus brisèrent alors tout-à-fait avec l'Émir et vinrent se réfugier sur notre territoire; l'autorité française, tout en leur promettant et en leur donnant sûreté complète dans l'intérieur de nos limites, borna là son action et refusa constamment de s'immiscer dans les différends entre Abd-el-Kader et ses sujets. Parmi les Musulmans préférant la domination française à celle de leur coreligionnaire, on remarqua surtout les Ouled-Zeitoun, presqu'entièrement composés de Coulouglis, et par cela même hostiles aux Arabes. Ils entrèrent à la solde de la France, firent la guerre avec succès à des Arabes compris dans nos limites qui ne voulaient pas se soumettre, et finirent par se fixer à l'est de la plaine, où ils formèrent un poste avancé très utile aux colons établis plus en arrière.

La paix avait donné quelque essor au commerce de la Régence, et des objets nouveaux, tels que des plumes d'autruche, des laines parurent pour la première fois sur le marché d'Oran; cependant les exportations étaient toujours très faibles, soit que les indigènes produisissent très peu au-delà de leurs premiers besoins, soit que la guerre eût fait refluer les envois du côté de Tunis et de Maroc, d'où ils ne pouvaient reprendre tout-à-coup la route de nos ports de mer. Une marche ascendante bien plus sensible se faisait remarquer dans les importations; une partie de cette amélioration était due sans doute à l'augmentation de l'armée, mais comme elle se faisait aussi remarquer sur des objets tels que les tissus et les cotonnades à l'usage exclusif des indigènes, il en résultait que la consommation en avait réellement augmenté parmi eux, et cette marche ascendante eût sans doute continué, si la paix eut duré quelques années de plus. La prospérité d'Alger s'accroissait chaque jour, mais chaque jour aussi la concurrence des Européens en chassait davantage les Maures, incapables de lutter contre eux, avec leur routine, leur paresse et leurs faibles capitaux. Beaucoup de ces Musulmans se réfugièrent à Médéah et à Miliana, où l'Émir mettait à leur disposition des maisons abandonnées et où ils trouvaient des vivres à très bas prix ; de part et d'autre les affaires prenaient un air de calme et de stabilité; les populations, quelque fussent leur religion et leur race, s'établissaient là où elles espéraient le plus de bien-être, et de sympathie pour leurs habitudes. Tout ce qui tenait aux Turcs ou à leurs descendants, se rallia franchement à notre cause et devint pour nous des auxiliaires aussi utiles que dévoués. Ce n'était pas la première fois qu'on s'était pris à regretter ceux que nous avions expulsés de la Régence dans les premiers jours de la conquête ; rapprochés de nous par une civilisation plus analogue, par une origine différente de celle des Arabes, en contact avec ces derniers par la religion, ils semblaient devoir former le lien le plus naturel entre les nouveaux conquérants et les anciens indigènes.

Abd-el-Kader, allié ou vassal des Français, voulut trancher du prince indépendant, en envoyant un ambassadeur jusqu'à Paris ; il devait offrir des présents au roi, et rapporter quelques impressions de ce pays qui se révélait au sien d'une manière si puissante. Il choisit pour cette mission, Miloud-Ben-Arach, son confident intime, qui passait pour le plus habile diplomate des Arabes. C'était un homme d'une physionomie fine et spirituelle, d'une intelligence prompte et facile, plus administrateur que guerrier. Il s'adjoignit pour interprètes Bouderbah, maure d'Alger, intrigant et hostile à la France, et Ben-Durand, personnage ambigu et mal défini, qui semblait avoir la confiance des deux partis, probablement parce qu'il ne tenait réellement à aucun. L'ambassadeur d'Abd-el-Kader, représentant de la puissance musulmane dans la Régence, fut reçu avec des transports de joie par ses coreligionnaires d'Alger. Pendant le séjour qu'il y fit avant de s'embarquer, il ne perdit pas une occasion pour les exciter à quitter bien vite une ville souillée de la présence des infidèles et à venir grossir le nombre des sujets de son maître. L'autorité française le laissa faire, persuadée que la meilleure réponse à ses prédications était la justice de notre gouvernement et la protection qu'il accordait à tous les cultes. Le 3 mars, Ben-Arach s'embarqua sur un bateau à vapeur, qu'il remplit d'une cargaison de burnous, de tapis, de peaux de tigres et de lions, de gazelles et d'autruches vivantes, productions de l'industrie et du sol africain qui composaient le présent de l'Émir au roi des Français. Il arriva heureusement à Paris, fut reçu aux Tuileries par Louis-Philippe et sa famille, et le public parisien s'amusa un instant de son haïch blanc, de sa corde de poil de chameau, de son beau yatagan à poignée et à fourreau d'or. Il revint en Afrique plein pour la France d'une admiration que son orgueil arabe voulait en vain dissimuler, et chargé d'échantillons de la plupart des produits de nos manufactures. Par la promesse d'un fort salaire, il engagea plusieurs ouvriers à le suivre en Afrique, où ils devaient travailler aux diverses constructions projetées par l'Émir. C'était déjà beaucoup que d'avoir amené les deux peuples à se voir autre part que sur les champs de bataille; Miloud-Ben-Arach conçut dans son voyage une telle idée des forces de la France, qu'il ne cessa depuis de recommander la paix à son maître; celui-ci faillit même lui retirer toute sa faveur à cause de l'opposition qu'il rencontrait chez lui aux projets que nourrissait son ambition.

Le maréchal Valée accepta définitivement alors le titre de gouverneur général, qu'on craignait qu'une santé affaiblie par l'âge et les fatigues ne lui fit refuser; homme de travail et de réflexion, doué de l'esprit d'ordre et d'organisation, il étudia consciencieusement le pays que la paix donnait à la France pour lui assurer les lois et les règlements les plus convenables. La tâche n'était pas facile; notre territoire était occupé par des populations différentes de race, de mœurs et de religion; il était presque impossible de les soumettre toutes à un même code, dangereux et compliqué de donner à chacune une législation particulière. Parmi les indigènes, les Douairs et les Zmélas, sous leur vénérable chef Mustapha, avaient combattu dans nos rangs avec courage et dévoûment; mais Mustapha regardait sa tribu comme sa propriété et sa tribu ne voulait recevoir d'ordres que de Mustapha. On laissa aux Douairs leur vieux scheick, leur cadi, leur muphty; on les établit aux environs d'Oran, ou, quittant le mousquet pour reprendre la charrue, ils se montrèrent aussi durs au travail qu'ils avaient été braves sur le champ de bataille. Mustapha profita des loisirs que la paix lui avait faits, pour rendre, lui aussi, une visite à la France. Revêtu du grade de maréchal-de-camp, gratifié d'un traitement annuel de 12,000 fr., avec le droit de porter sur sa veste musulmane cette croix d'honneur que tant de Français désirent sans l'obtenir, il dut s'apercevoir que si la France était généreuse pour ses ennemis, elle ne manquait pas de reconnaissance envers ses alliés. Dans toutes les villes françaises qu'il traversait, il passait les troupes en revue et recevait la visite des autorités civiles et militaires, qui se chargeaient ensuite de lui faire les honneurs de leur résidence; mais l'image des combats où il avait passé sa vie le poursuivait au milieu de toutes les recherches de notre civilisation. A Périgueux, ayant entendu les cris d'une meute, et ayant appris qu'elle servait à chasser le lièvre et le renard : « ce doit être bien ennuyeux, dit-il, puisqu'il n'y a pas de danger; » puis il faisait le récit de ses chasses au lion, et donnait sur le caractère et les habitudes de ce terrible animal, des détails qui semblaient appartenir aux contes des mille et une nuits. Sa figure, ordinairement calme et stoïque, s'animait à ces souvenirs; on voyait sortir des étincelles de cet œil dont 70 ans n'avaient pu amortir l'éclat. De Périgueux il alla à Excideuil causer avec le général Bugeaud de la bataille de la Sicka, où il avait reçu une blessure qui lui avait estropié la main droite pour le reste de sa vie; singulière destinée qui rassemblait sous un même toit, dans un coin de la France, deux hommes nés dans des positions si différentes, et qui, à la première vue, s'étaient aimés et estimés parce qu'ils étaient nés tous les deux pour le même objet, la guerre; mais l'Arabe semblait la faire par passion, par instinct, pour elle-même, tandis que le Français n'y voyait qu'un moyen d'arriver à quelque chose de plus positif, de plus utile. Ce qui frappait le plus Mustapha en France, c'était de voir presque toute la population courbée sous un travail quotidien, et de pouvoir voyager jour et nuit et partout, sans armes et sans nécessité de s'en servir. Je ne sais, si dans son esprit, les avantages d'un pareil état pouvaient en compenser les inconvénients. Mustapha avait avec lui un officier arabe qui lui servait d'aide-de-camp, un secrétaire, un interprète et enfin un jeune fils âgé de 9 ans, nommé Mohammet, qui seul avait le privilége de faire éprouver au vieux scheick quelque chose qui ressemblât à de la tendresse. Toute cette suite plus jeune semblait aussi plus capable d'apprécier toutes les merveilles qui passaient sous leurs yeux et moins désireuse de revoir le plus tôt possible les toits de roseaux de ses adouars; le jeune Mohammet surtout exprimait son admiration d'une manière vive et naïve, à laquelle les grâces de son âge prêtaient un nouveau charme; dans quelques jours il avait appris la langue française et se liait très facilement d'amitié avec les jeunes enfants de son âge; mais déjà on pouvait remarquer que les idées de sa race s'étaient profondément imprimées dans son cœur; son œil étincelait de haine au seul nom d'Abd-el-Kader, l'ennemi héréditaire de sa tribu, et un jour qu'on lui demandait quel présent lui ferait le plus de plaisir, il n'hésita pas à répondre: «un sabre.» A voir l'amour des tribus arabes pour la guerre, leur dévoûment pour un chef qui semble le père commun de toute une grande famille, les haines séculaires qui les divisent et qui se résolvent en pillage à main armée, qui chez elles n'ont rien de déshonorant, on croit lire l'histoire de ces clans écossais immortalisés par la plume de Walter-Scott ; leur nom même qui commence presque toujours par Beni ou Ouled, qui signifie fils ou enfant, représente très bien le *Mac* des montagnars de l'Ecosse ; tant il est vrai qu'il est une période par laquelle tous les hommes doivent passer avant d'arriver à un état plus avancé ; tout au plus ces époques de transition peuvent-elles être plus ou moins longues suivant une foule de circonstances dépendantes de la législation, du climat et de la religion. Le vieux Mustapha rentra en Afrique à la fin de 1838, heureux de l'hospitalité de la France et de la grandeur de la nation à laquelle il avait dévoué son bras, mais plus heureux peut-être encore d'être rendu à ses farouches compagnons, qui de leur côté accueillirent le retour de leur chef avec des transports d'allégresse.

On avait beaucoup blâmé et avec raison, les promenades aventureuses de plusieurs généraux, dont les seuls résultats étaient l'incendie de quelques huttes arabes, et la ruine des chevaux de notre cavalerie. Le maréchal Valée, adoptant un système tout-à-fait opposé, mit peut-être un peu trop de prudence et de lenteur dans l'occupation des points que nous réservait le traité de la Tafna ; son but était de ne pas effaroucher les habitants de Blida et de Coléah, de les accoutumer peu à peu à notre domination, et enfin d'entrer dans leurs villes sans coup-férir ; ses plans, dès longtemps préparés, réussirent du reste assez bien quant à ce dernier objet, mais le temps ne doit pas non plus être perdu sans de puissants motifs. Le 26 mars le gouverneur partit d'Alger à 5 heures du matin, prit en route quatre bataillons, quatre pièces de campagne et cinquante chevaux chargés de former un camp à l'ouest de Coléah et s'achemina vers cette ville dont les habitants vinrent à sa rencontre, manifestant une joie ou feinte ou réelle. Défense fut faite aux troupes françaises de pénétrer dans l'intérieur de la ville. Le commandant Cavaignac, qui déjà comme capitaine avait attiré l'attention par son séjour à Tlemcen, fut chargé du commandement du camp de Coléah. Un pont fut établi sur le Massafran, pour le maintenir en communications toujours faciles avec Alger. Le lendemain trois autres bataillons vinrent couronner les hauteurs de Cara-Mustapha, à l'extrémité est de la Métidja, et dominer le défilé qui lui donne entrée de ce côté. Cette force surveillait également le marché qui se tient tous les jeudis sur les bords de l'Hamise. Nos fidèles alliés, les Ouled-Zeitoun, occupaient un poste encore plus avancé à l'est, et soutenus de quelques soldats français, éclairaient toute la vallée de l'Oued-Kaddara. Les deux extrémités de la Mitidja ainsi assurées, trente-six jours plus tard, deux nouveaux camps furent établis entre les deux premiers, à la hauteur à peu près de Blida; restait encore à occuper les environs de cette ville, où le maréchal alla faire une promenade militaire pour se montrer aux indigènes et fixer définitivement l'emploi des postes qui devaient la dominer. Il choisit deux petites hauteurs à droite et à gauche des habitations et un peu en arrière ; de ces points la vue embrassait l'enceinte de Blida, ses jardins d'orangers, presque toute la plaine, et enfin dans l'enfoncement le pays des Hadjoutes, retraite ordinaire de tous les vagabonds de la province. Le colonel Duvivier fut investi du commandement de ce point central, le plus important de tous; en même temps tous les avant-postes français firent un mouvement pour venir se placer sur la ligne jalonnée par les grands camps retranchés. Bien convaincus de notre résolution de rester dans le pays, satisfaits de la sécurité qu'ils trouvaient derrière nos lignes, beaucoup d'Arabes, anciens habitants de la plaine, revinrent s'y fixer, et approvisionnèrent les marchés qui se tenaient dans chaque camp; mais toujours constant dans son système de ménagement pour les indigènes, le maréchal défendit l'entrée de Blida, non-seulement aux militaires, mais encore aux Européens quels qu'ils fussent, bien que la plupart des maisons de la ville leur appartinssent déjà. L'armée avait peu de sympathie pour les acquisitions faites par la population civile qu'elle flétrissait du nom de spéculation d'agiotage; cependant quand on s'établit dans un nouveau pays, il faut ou s'en emparer de vive force ou l'acheter, et l'un vaut beaucoup moins que l'autre. La défense aux Européens de pénétrer dans les villes situées dans notre territoire, comme moyen transitoire, était soutenable et produisit souvent de bons effets; comme loi définitive elle serait absurde; vouloir séparer les vainqueurs et les vaincus en deux classes distinctes, dont l'une serait chargée du gouvernement, l'autre de l'agriculture et du commerce, préparerait des catastrophes pour l'avenir; l'exemple des Turcs et des Grecs est là pour le prouver. Autant l'assimilation de deux peuples est utile, autant la domination et l'exploitation de l'un par l'autre est funeste. Il y a des vices et des maux attachés au pouvoir tout aussi bien qu'à l'état de sujétion. Toutes les nations à constitution vigoureuse, sont fondées sur l'homogénéité de la population; cette condition de vigueur, si elle n'existe pas dans le principe, s'obtient de deux manières : par la fusion de plusieurs races en une, lorsqu'il n'y a pas antipathie trop forte d'origine, comme lorsque les Bretons, les Saxons, les Normands ont formé les Anglais, ou par la disparution des races les plus faibles, lorsque les répulsions mutuelles sont invincibles. Les Européens et les Peaux-Rouges de l'Amérique du nord en offrent le plus frappant exemple : l'Afrique ne sera donc réellement et complètement française que lorsqu'un peuple ayant nos goûts, nos mœurs, notre langue y dominera par le nombre, et pour cela il faut y jeter la plus grande masse possible de population européenne qui trouvera à y vivre avec aisance et prospérité.

Entre les anciens et les nouveaux habitants y aura-t-il fusion ou répulsion? C'est ce que l'avenir seul peut nous apprendre. Il y a différence de religion et de langue, analogie de couleur et des traits du visage; mais c'est à l'un ou à l'autre de ces résultats définitifs qu'il faut atteindre. Multiplions le plus possible le contact en Afrique entre les Français et les indigènes, que soumis aux mêmes lois ils jouissent des mêmes droits; comme sans nul doute notre nationalité est la plus forte des deux, au bout de quelque temps, d'une manière ou d'une autre, nous n'aurons plus que des Français; et dussent les indigènes disparaître peu à peu, comme tant de peuples qui n'ont point eu de postérité, l'humanité n'y perdra rien, puisqu'ils seront immédiatement remplacés par une race plus avancée. C'est ce que sentait bien l'Émir, qui voulait établir pour barrière un désert entre sa nation et la nôtre. La paix commençait à lui peser, et nul doute que s'il eut suivi les conseils de sa haine il n'eût commencé immédiatement la guerre. Les chefs de tribus dont l'influence s'étendait pendant les hostilités, que leur fortune mettait à même de moins souffrir des dévastations des campagnes, qui trouvaient dans leurs expéditions aventureuses un aliment à leur activité, appelaient de tous leurs vœux une rupture ; mais l'Émir, qui ne se sentait pas encore assez fort pour tenter la chance des combats, avait dit : « Malheur au musulman qui tuera un chrétien tant que je serai en paix avec eux ; » et ces mots étaient pour ces derniers une véritable sauve-garde. Avec un Arabe au service d'Abd-el-Kader, un Européen pouvait parcourir sans danger toute la province d'Oran. Plusieurs négociants profitèrent de cette sécurité pour visiter Mascara, qu'ils trouvèrent sortant de ses ruines, assez bien peuplée, et avec une police passablement faite pour une ville musulmane. Trois fois par semaine il s'y tenait un grand marché, et le bâton du chiaoux (tour-à-tour bourreau ou sergent de ville) suffisait pour maintenir l'ordre parmi les 3 ou 4,000 Bédouins qui remplissaient alors les rues. Mais le commerce extérieur qui en résultait était assez faible ; tout se bornait à un échange entre les productions de la campagne et les objets fabriqués par les citadins. Le pays des environs était très beau et très fertile ; au sud, la plaine d'Égris fournissait du blé en abondance ; elle était habitée par la tribu des Hachems, d'où était sorti Abd-el-Kader, et à laquelle il devait une grande partie de son influence.

Le maréchal profita des loisirs de la paix pour

régler différentes questions qui surgissaient à chaque instant dans un état de choses où tout était à créer. Son attention fut surtout attirée par des réunions d'indigènes habitant Alger, soumis à une loi commune, analogues aux corporations d'ouvriers du moyen-âge. Ces hommes de races différentes venaient dans la capitale de la régence pour y exercer plusieurs professions, et continuaient à s'y classer suivant les différentes tribus auxquelles ils appartenaient dans le désert. Chacune avait sa profession spéciale à laquelle elle se livrait presque exclusivement ; ainsi les ramoneurs, à Paris, sont tous des Savoyards, et les forts de la halle des Auvergnats. Ces sociétés, organisées à Alger avant la conquête, se maintinrent sous notre domination, et le maréchal leur donna des chefs nommés Amines, les soumit à une police qui pouvait les rendre utiles dans les accidents de force majeure, auxquels les grandes villes ne sont que trop sujettes. Ils se divisaient en sept classes différentes, dont les principales étaient : les Kabyles, les Mozabites, les Biskris, les Nègres, les Lagrouats et les Mzytas, comprenant en tout 3,822 âmes au mois de juillet 1838. Journellement plusieurs membres de ces réunions retournaient dans leur patrie, et leur place était bientôt prise par des individus de même origine et susceptibles des mêmes industries, et l'équilibre se maintenait ainsi de manière à satisfaire aux besoins des habitants d'Alger ; ils étaient baigneurs, bouchers, commerçants, hommes de peine, maçons, faisant tout un peu moins bien et un peu moins vite que les ouvriers d'Europe, mais aussi se contentant d'un salaire beaucoup moindre. Ils entretenaient une circulation annuelle de plus de 6,000 individus, qui retournaient chez eux après avoir vécu quelque temps au milieu de nos mœurs, et rapportaient à leurs concitoyens quelques idées nouvelles, quelques sentiments moins hostiles recueillis pendant leur séjour parmi nous. Ainsi se formaient peu à peu les liens qui doivent un jour réunir les populations française et indigène; c'était un gage de paix, un des moyens les plus actifs de civilisation; à ce titre, les corporations arabes méritaient tout l'intérêt que leur témoigna le gouverneur.

Pendant que la domination française s'affermissait par la sagesse et la modération dans les limites qu'elle s'était imposées, Abd-el-Kader, toujours inquiet et ambitieux, avait envoyé El-Barkani, son lieutenant, à l'est de Médéah, pour lui soumettre les tribus qui campent de ce côté, et étendre sa domination dans le désert de la province de Constantine, et qui en dépend ordinairement. C'était donc une violation du traité de la Tafna. El-Barkani éprouva d'abord un échec, puis il fut rejoint par Ben-Ferrat, qui, d'abord notre allié contre Achmet-Bey et nommé par nous kalifat du désert, finit par se ranger tout-à-fait sous les drapeaux de l'Émir. El-Barkani avec ce secours prit sa revanche, soumit Biscara et le pays environnant nommé le Zyban, et se préparait à des succès plus importants, lorsque les représentations du gouverneur forcèrent son maître à le rappeler. Il revint avec des troupes chargées de butin, et dont le courage était accru par l'essai qu'elles avaient fait de leur force. Leur chef trouva l'Émir mécontent des bornes que le gouverneur imposait à sa puissance, et se confirmant de plus en plus dans ses projets d'éloignement pour les Français : il ne pensait plus à faire sa capitale de Mascara, que l'expérience lui avait appris être trop rapproché de notre dangereux voisinage ; il fortifiait et embellissait Tegdempt, ville située non loin du désert, dans les montagnes, à plus de 50 lieues au sud-est d'Oran. Enfin, toujours poussé par l'idée de s'éloigner de plus en plus de cette force qu'il sentait peser sur lui, il conçut le projet de se faire une place d'armes au milieu du désert lui-même, qu'il supposait inabordable pour les Européens, et ce désir lui fit entreprendre une guerre aventureuse et injuste, où il éprouva des pertes considérables en hommes et en argent.

Au milieu des déserts du Sahara, à peu près sous le méridien de Cherchel, et à plus de 100 lieues des bords de la mer, se trouve jetée une oasis très fertile, vivifiée par une ville munie de bons remparts, que les tribus errantes des environs reconnaissent comme leur suzeraine : elle se nomme Aïn-Madhi; elle est possédée de temps immémorial par les Tedjini, famille de marabouts très vénérée dans le pays et bien supérieure en illustration à celle d'Abd-el-Kader lui-même. Il semble qu'ils exerçaient dans les environs une sorte de souveraineté religieuse, soutenue au besoin par les armes, car chez les musulmans, comme chez tous les orientaux, les fonctions de prêtre et de guerrier sont souvent réunies dans la même personne. En 1825, le chef de ces Tedjini avait essayé de s'affranchir de la domination des Turcs, et traînant à sa suite une nuée de populations fanatiques, il s'avança jusqu'à Mascara, dont il réussit même à s'emparer; ensuite, surpris et fait prisonnier par Hussein-Bey, qui commandait à Oran au nom du Dey d'Alger, il fut écorché vif et sa peau fut envoyée dans la capitale de la régence, où elle resta deux ans suspendue au-dessus de la Porte-Neuve. Le frère cadet de la victime, nommé Sidy-Mohammet-Tedjini, resté à Aïn-Madhi, fit sa soumission aux vainqueurs et parvint à se maintenir dans sa principauté jusqu'en 1838, qu'Abd-el-Kader se prit à penser que nulle position ne lui convenait mieux qu'Aïn-Madhi pour l'exécution de ses projets. Tedjini voulait bien le reconnaître comme son suzerain; il lui envoya même des présents en signe de soumission, mais il refusa constamment de le recevoir dans ses murailles ou d'aller le trouver à Tegdempt, comme plusieurs fois il en avait été invité;

il connaissait trop la politique arabe pour se confier à un rival qui pouvait avoir intérêt à sa perte; il était soutenu dans ses projets de résistance par l'Empereur de Maroc, avec lequel il entretenait une étroite alliance. Déjà dans le courant de juin 1838 l'Émir avait essayé une excursion dans le désert. A son retour, résolu d'en finir de gré ou de force avec Tedjini, il organisa une grande expédition se composant de 2,000 fantassins, 1,500 chevaux, 4 pièces de canon de campagne, et enfin de 1,500 chameaux pour porter de l'eau au travers du désert, où l'on ne rencontre pas une seule source dans une longueur de route de plus de 50 lieues. Tedjini, de son côté, averti de l'orage qui se préparait à fondre sur lui, fit avec sang-froid et habileté tous ses préparatifs de défense; il arma tous les habitants d'Aïn-Madhi sur lesquels il pouvait compter, et appela les tribus du désert à la défense de leur capitale. L'armée de l'Émir arriva harassée devant ses formidables murailles : elles étaient, dit-on, si épaisses, que trois cavaliers pouvaient aisément galoper de front sur leur terre-plein, et si dures, que les petits canons d'Abd-el-Kader usèrent vainement leur poudre et leurs boulets à vouloir les entamer. Son camp était constamment harcelé par les cavaliers du désert; plusieurs arrivaient comme la foudre, montés deux à deux sur une espèce de chameau nommé Méhari en arabe, d'une vitesse prodigieuse; ils tuaient du monde à l'Émir et disparaissaient avant qu'on eût songé à les repousser. Abd-el-Kader éprouvait les désastres de cette guerre d'escarmouches qu'il avait si souvent employée avec succès contre nous. Une fois, Tedjini profitant d'un moment favorable fit une sortie, tomba sur le camp arabe, et y massacra 5 ou 600 hommes avant de rentrer dans ses murs. L'Émir fut enfin forcé de quitter le siége d'Aïn-Madhi et de se retirer à quelque distance pour soigner une blessure qu'il avait, disait-on, reçue à la cuisse; cette inaction répandit même le bruit de sa mort dans le désert. Il reparut cependant bientôt après avec de nouvelles forces, et essaya cette fois le sape et la mine pour renverser les murailles d'Aïn-Madhi : il échoua de nouveau, et fut réduit à ne plus compter que sur la famine pour s'en rendre maître. Tedjini, à bout de vivres et de munitions, amusa l'Émir par des promesses de soumissions, lui envoya même son fils comme gage de ses intentions pacifiques, et le décida enfin à s'éloigner pour quelques jours. Tedjini profita de ce répit pour renforcer la garnison, ravitailler la place; et quand le frère de l'Émir se présenta, comme c'était convenu, pour l'occuper, il le fit prisonnier et le garda comme ôtage de la sûreté de son fils. Abd-el-Kader, exaspéré, fit tomber son ressentiment sur des villes moins fortes ou moins bien défendues qu'il ruina de fond en comble. Il rentra à Mascara chargé de butin, mais avec le regret d'avoir échoué dans sa principale entreprise. Une autre version disait, que la guerre avait fini par un traité qui laissait Tedjini maître d'Aïn-Madhi. Quel que fut l'issue des expéditions d'Abd-el-Kader dans le désert, elles étaient une garantie de paix pour le reste de la régence; la sécurité avait d'abord été complète dans l'ouest, où les limites fixées par le traité de la Tafna étaient bien connues de ceux qui l'avait signé; aussi les commissaires nommés de part et d'autre pour les rapporter sur le terrain n'avaient-ils trouvé aucune difficulté à remplir leur tâche. Le général Rapatel, qui commandait à Oran depuis le commencement de 1838, profita du loisir des troupes pour pousser rapidement tous les établissements qui devaient faire de la capitale de la province une ville tout-à-fait européenne. Les Douairs et les Zmélas contenus dans nos limites, et d'ailleurs fatigués de la guerre, continuaient paisiblement leurs travaux agricoles. Le camp formé à Miserghin fut occupé par les spahis, auxquels on concéda les terres fertiles qui l'entourent; ils étaient commandés par Youssouf, qui avait vu le beylick de Constantine lui échapper une première fois par nos revers, une seconde fois par nos succès. On commençait à mieux apprécier les services que nous pouvions attendre des indigènes, que notre désintéressement français avait peut-être trop exaltés dans le principe; leur bravoure brillante et indisciplinée, leur fougue sauvage, leurs qualités originales, tout en attachant à leurs personnes un intérêt romanesque, n'étaient de mise que sur le champ de bataille et les laissaient bien loin, pour l'administration et le gouvernement, de l'officier français, auquel une éducation complète avait appris l'art de modérer ses premiers mouvements, de généraliser ses idées, de les appliquer avec ordre, méthode et persévérance. Nos alliés arabes sont d'excellents instruments de guerre, mais qui devront être maniés par une main française, jusqu'à ce que l'instruction qu'on puise dans une société avancée ait développé les talents naturels qu'on reconnaît facilement chez eux.

La question des limites était plus difficile à décider aux environs d'Alger, surtout du côté de l'est, où le traité de la Tafna ne fournissait aucune donnée positive. Assoupie pendant que l'Émir faisait la guerre dans le désert, à son retour elle se réveilla plus palpitante que jamais; il s'en suivit une correspondance entre le chef arabe et le gouverneur, dans laquelle ce dernier proposa une adjonction au traité qui réglait définitivement tous les points en litige; Abd-el-Kader ne se pressa point d'y accéder; mais comme la paix existait de fait, l'été de 1838 fut une époque de prospérité et d'accroissement remarquables pour l'agriculture et les établissements de toute espèce que notre seule présence avait fait naître en Afrique. Dans un rayon de douze lieues, les environs d'Alger offraient un mouvement et une circulation qu'on n'aurait pu trouver dans les provinces les plus florissantes de la France; sur des routes à peine tracées, au travers des broussailles de lentisques et de jujubiers, on était à chaque pas heurté par des voitures chargées de matériaux pour bâtir des maisons, de bois pour les couvrir, de meubles pour les rendre habitables. Un recensement, exécuté au 31 décembre 1838, donna une population de plus de 20,000 Européens pour les cinq ports de mer d'Alger, d'Oran, de Bone, de Bougie et de Mostaganem. En vain le maréchal Valée avait interdit l'entrée de Blida aux Européens; on ne pouvait retenir une population désireuse de visiter les sites gracieux dont le nom avait retenti tant de fois à ses oreilles où elle avait acquis des habitations et des fermes, et qui, cependant, lui étaient presque aussi inconnus que les déserts de Sahara. Une seule alerte vint donner un moment d'inquiétude : le bruit se répandit tout-à-coup que Mohammet-ben-Allah, califat de l'Émir à Miliana, venait de faire une irruption sur notre territoire, à l'ouest de la plaine. Le général Guingret qui commandait alors les camps de Coléah et de Blida partit avec un corps de troupes capable de repousser les Arabes en cas de besoin; mais ceux-ci s'étaient arrêtés devant nos limites et la colonne française respecta les leurs. Cette excursion servit du moins à faire connaître un pays riche, bien cultivé, peuplé de gibier, et jusqu'alors tout-à-fait inconnu, quoique appartenant à la domination française; malheureusement il était sujet aux brigandages des Hadjoutes, et un pareil voisinage était bien fait pour empêcher les colons de s'y établir. Quelquefois même ces intrépides voleurs s'aventuraient plus près de nos camps et un troupeau de 100 bœufs fut enlevé à un colon, non loin de Bouffarick, par des Arabes armés jusqu'aux dents; cette fois on se plaignit au Bey de Milianah, qui fit restituer le troupeau volé; mais des propriétaires vivant sous la domination de la France ne pouvaient pas voir leurs intérêts constamment soumis à la justice précaire d'un chef arabe.

Parmi les diverses créations que vit naître en Afrique l'année 1838, une des plus intéressantes sans doute fut l'érection d'un siége épiscopal dans la patrie de saint Augustin. Deux ordonnances du 25 août et du 13 octobre, approuvées par le Pape, avaient établi à Alger le siége du nouvel évêché, et appelé à le remplir, M. Dupuch, grand-vicaire de Bordeaux, bien digne par ses vertus d'une pareille mission. Ce ne fut pourtant qu'au mois de janvier suivant qu'il prit terre en Afrique; son arrivée fut saluée par les transports de joie des Musulmans non moins que des Chrétiens, et la mosquée que nous avions consacrée au culte catholique, agrandie et restaurée, devint digne de recevoir le nouveau siége épiscopal. L'évêque d'Alger commença son apostolat par une visite de tous les cantons de son vaste diocèse, où la guerre avait laissé bien des ravages et causé bien des infortunes; le prélat fit tous ses efforts pour les soulager, sans distinction de race ni de religion, et l'on put dire de lui, que jaloux d'imiter celui dont il prêchait la doctrine, il traversait le pays en faisant le bien.

Le maréchal Valée avait employé tous les ménagements possibles pour accoutumer les habitants des villes musulmanes à voir sans crainte au milieu d'eux les troupes et les populations européennes; des soldats français étaient restés pendant un an campés aux portes de Blida, sans avoir la permission de les franchir; ce but cependant ne fut qu'en partie rempli, car quand on voulut enfin occuper la ville elle-même, il fallut user d'adresse pour en retenir les habitants. Le 5 février, des soldats s'emparèrent tout-à-coup des portes, et ordre fut donné de ne laisser sortir aucune femme pendant que le reste des troupes envahissait les rues; on arrêta ainsi la population qui déjà se préparait à fuir; elle s'accoutuma peu à peu à notre présence. Cependant plusieurs familles s'échappèrent et se réfugièrent sur le territoire de l'Émir. Bientôt il fallut lever une prohibition qui ne pouvait se maintenir plus longtemps, et ce fut l'occasion d'une nouvelle émigration. Maître de la ville, le génie militaire se mit sur-le-champ à construire une citadelle et des casernes dont le projet était arrêté d'avance ; on choisit pour cet objet un assez vaste emplacement, dans la partie nord de la ville, où se trouvaient quelques vieilles maisons que les soldats firent disparaître comme par enchantement. Enfin, le colonel Duvivier qui commandait le camp de l'ouest vint s'établir à Blida, avec l'état-major sous ses ordres ; mais la circulation dans les rues resta longtemps encore interdite aux Européens, n'appartenant pas à l'armée.

Abd-el-Kader, de retour d'Aïn-Madhi, s'était fixé pour quelque temps à Miliana qu'il faisait réparer et embellir ; il y établissait des forges, mues par un courant d'eau ; il songeait même, disait-on, à y organiser une fonderie de canons ; il avait déjà réussi passablement à Tlemcen, en y consacrant, il est vrai, des sommes énormes. Le maréchal voulut profiter de ce voisinage, pour terminer quelque chose relativement aux limites à l'est d'Alger ; son projet de règlement avait déjà été accepté le 5 juillet 1838, par Milou-ben-Arach ; mais il fallait la ratification d'Abd-el-Kader, et ce dernier ne voulait pas la donner.

M. de Salles, gendre du maréchal et officier supérieur d'état-major, vint trouver l'Émir à Miliana, pour essayer si une intervention personnelle aurait plus de succès qu'une correspondance ;

il en fut parfaitement reçu, mais ne put rien obtenir. Le but de l'insistance du maréchal était moins une extension de territoire, que la possibilité d'établir une communication par terre entre la province d'Alger et celle de Constantine par le fameux passage des Bibans ou des Portes-de-Fer, qu'il voulait reconnaître sans plus tarder. Abd-el-Kader prétendait qu'on ne pouvait le faire sans violer le territoire qu'on lui avait concédé, et s'y refusait obstinément. Irrité de l'opiniâtreté de l'Arabe, le gouverneur fit saisir, dans le mois d'avril 1839, les munitions de guerre en dépôt à Alger, que nous devions vendre à l'Émir d'après le traité de la Tafna. Ce dernier, à cette nouvelle, ordonna à ceux de ses sujets qui se trouvaient momentanément sur nos possessions, de régler leurs affaires dans une quinzaine et de rentrer dans ses limites avec tous leurs effets, menaçant de la peine de mort quiconque, passé ce terme, aurait les moindres relations avec les Chrétiens; quelques mouvements se manifestèrent même parmi les tribus soumises à l'Émir les plus rapprochées de la frontière française, comme si les hostilités allaient recommencer. De son côté, le gouverneur fit renforcer le camp de Bouffarick au centre de la ligne de défense, mais ces démonstrations n'eurent pour le moment aucune suite; l'Émir parut se radoucir. En attendant une rupture ouverte, la guerre de plume recommença. Ben-Durand, un des premiers auteurs du traité de la

Tafna, en était le principal intermédiaire; il passait sa vie sur la route d'Alger à Miliana, porteur de lettres, de promesses, de menaces alternatives ; quelques brigandages continuaient à désoler la plaine, mais il était probable que l'Émir n'aurait pu les empêcher entièrement quand bien même il l'aurait voulu, et l'on n'y faisait pas grande attention. Dans le mois de juillet 1839, il vint établir son camp chez les Issers, au centre du territoire contesté, il se rapprocha même encore des postes français, manifestant toujours des intentions pacifiques ; le bruit courut qu'il avait pris son parti de l'expédition des Bibans, qu'il devait même fournir des vivres aux troupes qui, parties d'Alger, franchiraient le fameux défilé. Le gouverneur pressait tous les préparatifs de l'expédition, la plus longue et la plus importante de celles qui avaient jusqu'alors signalé la présence des armes françaises en Afrique; le prince Royal devait en faire partie ; le maréchal croyait-il à la réalité des intentions pacifiques de l'Émir, ou voulait-il trancher la question par le fait, supposant qu'une fois accompli, l'Arabe en prendrait son parti ? Il est probable que sa résolution était le résultat du mélange de ces deux idées.

Le duc d'Orléans s'embarquant à Port-Vendres devait être le 19 septembre 1839, à Oran, où le gouverneur comptait aller le rejoindre; mais la mer et le mauvais temps empêchèrent ce dernier de quitter Alger, et prolongèrent jusqu'au 24 l'arrivée du duc d'Orléans à Oran. Il ne fit dans cette ville qu'un très court séjour dont il profita pour visiter l'établissement naissant de Miserghin. Pendant ce temps, Ben-Durand, qui semblait le lien entre les Arabes et les Français, mourut après trois ou quatre jours de maladie à Miliana : les uns disent d'une fièvre pernicieuse, qui désolait cette ville, les autres d'un poison donné par les chefs arabes qui voulaient recommencer la guerre; son domestique qui connaissait tous ses regrets, ne lui survécut que de quelques heures. On ignore jusqu'à quel point cette mort influa sur les affaires de la régence; ce qui est certain, c'est que le duc d'Orléans arrivant à Alger le 27 septembre, trouva les projets du gouverneur entièrement modifiés; il ne s'agissait plus de conduire le prince directement d'Alger à Constantine par terre, mais bien de continuer son voyage comme il l'avait commencé, par la voie de la mer. Après les visites obligées aux avant-postes, dans lesquels il fut accompagné par le gouverneur et par M. Blanqui, professeur d'économie politique qui venait étudier l'Afrique, ils s'embarquèrent tous ensemble le 4 octobre 1839, et quelques jours après, ils prenaient terre à Stora.

Près de deux ans féconds en grands résultats, s'étaient alors écoulés depuis le jour où le drapeau tricolore avait été planté sur les murs de cette ville, que le duc d'Orléans allait visiter pour la première fois. Le colonel Bernelle, son premier gouverneur français, en était parti le 28 décembre 1837, laissant le commandement au général Négrier. Celui-ci avait trouvé notre nouvelle conquête dans un état de prospérité qui suivit depuis une marche constamment ascendante. Les 5,000 hommes de toutes armes qu'offrait le corps d'occupation étaient commodément établis dans les casernes que renfermait la place ; leur état sanitaire était si bon qu'elles ne comptaient que 60 ou 80 malades, proportion inférieure à ce qu'offraient la plupart des garnisons de France. Les tribus environnantes avaient fait leur soumission et presque tous les anciens habitants de Constantine y étaient rentrés. Des marchands essayèrent même de se rendre de cette dernière ville à Medjez-Amar, sans escorte, témérité que l'événement justifia. Le maréchal Valée en partant avait interdit l'entrée de la ville à la population civile Européenne. Cette mesure qui, du reste, ne pouvaient être que provisoire, avait eu pour résultat de conserver à Constantine ses habitants indigènes, mais en la privant de l'élément de prospérité bien plus actif qu'elle aurait trouvé dans l'industrie française. Cette population musulmane à laquelle on montrait tant d'égards, n'en fut pas longtemps satisfaite ; elle fit entendre quelques plaintes qui pénétrèrent jusqu'aux oreilles du lieutenant général de Castellane, en résidence à Bone, et qui commandait toute la province. Il vint à Constantine le 20 janvier 1838, pour faire lui-même une information sur les lieux; son esprit conciliateur parvint à tout apaiser; il repartit pour Bone, laissant à Constantine la domination française aimée et respectée. Il avait emmené avec lui un grand convoi composé de plus de 4,000 mulets arabes qui portaient leurs charges jusqu'à Medjez-Amar, d'où elles étaient transportées à leur destination par les voitures du train des équipages stationnés à Constantine, tous ces mouvements avaient eu lieu sans apparence d'hostilités.

Les premiers jours du commandement du général Négrier furent employés à châtier quelques tribus qui avaient refusé de se soumettre; la confiance dans les dispositions des Arabes avait amené des imprudences de la part des Français, les imprudences des assassinats. La punition des coupables fut réservée à une tribu alliée, qui se mit en campagne sous les ordres de son caïd. Elle revint bientôt à Constantine, escortant de nombreux troupeaux enlevés aux ennemis; un tiers lui fut laissé à titre de récompense, un autre tiers fut donné au chef qui l'avait dirigée dans son expédition, et enfin le reste fut livré à l'administration des vivres pour servir à la nourriture des troupes. Le 10 février 1838, le général partit lui-même à la tête d'un corps de troupes françaises pour visiter Milah, petite ville située au nord-ouest de Constantine, à une journée de marche. Le caïd et les habitants reçurent très bien les

Français et leur apportèrent en abondance les vivres que fournit le pays; on trouva que Milah était située dans une jolie position, peuplée de 2,000 habitants, avec des murs d'enceinte passablement bons, et une mosquée assez élégante; le territoire environnant était fertile et bien cultivé, quoique le manque d'arbres lui donnât cet aspect triste et désert qu'on remarquait aux environs de Constantine; quelques rares orangers ou oliviers ombrageaient les jardins qui entourent la ville. Le général Négrier reçut à Milah la soumission d'un des principaux officiers d'Achmet-Bey nommé Ben-Amelaoui. C'était un homme d'une intelligence et d'une fermeté d'esprit remarquable, et qui sembla depuis lors se dévouer entièrement aux intérêts de la France, mais la suite fit voir qu'il ne fallait pas se fier entièrement aux promesses des indigènes; les Turcs, au contraire, nous furent toujours et constamment dévoués. Des restes de cette nation trouvés à Constantine, on avait formé un bataillon de 500 hommes qui entrèrent avec plaisir au service de la France; ils devaient nous servir d'avant-garde dans toutes nos expéditions. Peu de jours après leur formation, le général Négrier se mit à leur tête et, soutenu par 2,000 cavaliers des tribus alliées, sans troupes françaises pour l'accompagner, il parcourut toute la province et reçut une foule de soumissions. Ben-Aïssa, le fameux lieutenant d'Achmet-Bey, qui avait si vaillamment défendu sa capitale lors de la première expédition française, fit ses offres de service au général ; son exemple entraîna plusieurs tribus kabyles dont il était l'idole ; il demanda à être envoyé à Alger où il voulait traiter, disait-il, pour son ancien maître avec le gouverneur ; mais après plusieurs conférence avec ce dernier, il paraît qu'il ne fut pas aussi heureux pour les autres qu'il l'avait été pour lui-même ; Achmet resta dans une position hostile, et son ancien favori eut part bientôt à toutes les faveurs de la France. Malgré l'heureux usage que venait de faire le général Négrier des seules forces musulmanes, pour leur donner plus de fermeté, il leur joignit 600 fantassins et 100 cavaliers français, et en forma ainsi une colonne mobile chargée de maintenir l'ordre dans les environs de la capitale ; elle eut bientôt occasion d'entrer en campagne. Au sud-ouest de Constantine s'étendent de grandes et riches plaines habitées par la puissante tribu des Abd-el-Nours, qui peuvent, dit-on, mettre sur pied 7 ou 800 cavaliers ; elle avait profité de sa force pour piller les Ouled-Salem, et malgré les menaces du général, elle avait constamment refusé de leur rendre le fruit de ses brigandages. Un exemple était nécessaire ; la colonne mobile envahit le pays des ravisseurs, les Abd-el-Nours osèrent soutenir un combat qui nous coûta quelques hommes, mais qui finit par leur entière défaite ; après avoir payé leur révolte du ravage de leur territoire, les Abd-el-Nours effrayés demandèrent la paix; leurs chefs se rendirent à Constantine et rentrèrent en grâce, à condition qu'ils dédommageraient les Ouled-Salem des pertes qu'ils avaient éprouvées.

Pendant ces excursions qui établissaient peu à peu la domination française dans la province, le gros de la garnison, cantonné dans les murs de Constantine, s'y livrait à différents travaux. Le génie avait commencé par étudier la ville, qu'on avait trouvé assez bien bâtie, avec des maisons en briques, très hautes, couvertes en tuiles, formant presque toutes un saillant en pointe sur les rues, afin que les femmes pussent jouir du spectacle qu'elles offrent sans mettre la tête à la fenêtre. Cette construction appartient à plusieurs villes musulmanes, entre autres à Constantinople. Les rues de Constantine étaient beaucoup plus larges que celles d'Alger, assez bien pavées, mais remplies d'immondices et de décombres; les mains françaises eurent bientôt porté partout l'ordre et la propreté. On répara ensuite la brèche par laquelle on avait pénétré dans la ville, on y ajouta de nouvelles fortifications, qui seraient de reste si nous ne devions jamais avoir affaire qu'à des Arabes. Les habitants, témoins impassibles de ces changements, n'éprouvaient pas tous néanmoins les mêmes sentiments à notre égard; ils se divisaient en trois classes, les Turcs ou leurs descendants, les Maures et les Juifs; les premiers nous aimaient et nous estimaient, nos armes avaient trouvé chez eux d'utiles auxiliaires, et nul doute que dans le cas très peu probable d'une révolte, leur influence et leurs bras ne nous eussent été complètement dévoués ; les Maures nous évitaient sans vouloir paraître nous craindre ou nous détester ; enfin les Juifs, méprisés comme partout, étaient toujours prêts à flatter le vainqueur quel qu'il fût. Toute cette population montant à 25 ou 30,000 âmes était de mœurs douces et paisibles, de traits nobles et réguliers ; les enfants surtout étaient charmants, très gais, très vifs, très confiants, se plaisant à jouer avec les soldats français dont le caractère facile leur plaisait davantage que les mœurs un peu retirées de leurs parents. C'est surtout sur la jeunesse que nous devons fonder l'espoir de notre domination en Afrique ; elle y montre généralement une vivacité, une intelligence que dans les pays chauds les mœurs ou le poids de l'âge étouffent plus vite que partout ailleurs. Cependant plusieurs des principaux chefs que nos généraux français trouvèrent à Constantine, les étonnèrent par la finesse de leur esprit, la facilité de leur conception et l'énergie de leurs caractères ; l'éducation et les idées positives manquaient seules à leurs talents naturels.

La ville elle-même, bâtie sur un terrain inégal, élevée de 656 mètres au-dessus du niveau de la mer, balayée par tous les vents, entourée par des cimes plus élevées encore, est d'une température plus froide que la latitude ne semblerait le promettre. Il y tombe quelquefois jusqu'à trois pieds de neige, mais la force du soleil et la longueur des jours même au cœur de l'hiver lui permettent rarement de séjourner plusieurs jours sur la terre ; comme partout, les équinoxes y sont accompagnés d'orages et de grandes pluies ; les terrains des environs, quoique montagneux, produisent en abondance tout ce qui est nécessaire à la vie. Le bois seul y manque ; à peine une lisière d'arbres et de broussailles marque-t-elle les divers cours d'eau qui l'arrosent. Le principal en est le Rummel, qui semble prendre à tâche d'épuiser, sous les murs de Constantine, tous les jeux capricieux de la nature, dont un seul suffit quelquefois pour faire la célébrité d'une autre rivière. On l'y voit tour à tour et à plusieurs reprises se précipiter en cascades majestueuses, s'enfoncer dans des cavernes de rochers, reparaître un instant après, s'étendre en nappes d'eau pareilles à des lacs, puis il se décide enfin à suivre une marche tranquille et régulière pour arroser une plaine fertile située au nord-ouest de la ville, et où les habitants ont leurs jardins et leurs maisons de campagne ; il va se jeter dans la mer entre Gigely et Stora.

L'influence française avait fait plus de progrès aux environs de Constantine au bout de quelques mois d'occupation que dans des années entières sur d'autres points de la Régence ; la longueur seule et la difficulté des communications avec le port de Bone rendaient un état si prospère onéreux à la France et pénible pour l'armée. Toutes les fois que les troupes faisaient le trajet de Medjez-Amar à Constantine, elles étaient forcées d'ajouter au poids ordinaire de leurs armes et de leurs sacs une charge de bois pour cuire leurs aliments le long de la route. On pensa bientôt à remédier à ces difficultés en établissant une communication entre Constantine et la mer au moyen de la vallée du Safsaf, petite rivière qui tombe dans la Méditerranée, près des ruines d'une ancienne ville romaine nommée jadis Rusicada, à une lieue de Stora, sous le méridien même de Constantine ; on pouvait réduire ainsi à trois jours de marche, les six ou sept nécessaires au parcours de la route passant par Guelma ; restait à reconnaître les difficultés que les hommes ou les choses pourraient apporter à ce projet. Déjà les troupes avaient travaillé à un chemin dirigé de ce côté, quand le 7 avril, une colonne comprenant 1,600 hommes, sous les ordres du général, partit de Constantine dans l'intention de pousser jusqu'au port de Stora ; dès le matinée du second jour on franchit le col qui sépare les eaux de Rummel de celles du Safsaf ; alors les arbres reparurent, la campagne parut riante et bien peuplée, les habitants pacifiques. Les troupeaux paissaient paisiblement le long de la colonne, et leurs maîtres apportaient des fruits et des provisions ; mais bientôt l'on entra chez les Kabyles, très jaloux de leur indépendance et qui n'avaient pas vu de force armée profaner leur territoire depuis plus de quarante ans. Ils accompagnèrent les Français à coups de fusil jusqu'aux bords de la mer. Ces hostilités n'empêchèrent pas cependant la reconnaissance géographique du pays et le but principal de l'expédition fut rempli. A son retour, la colonne fut attaquée plus vigoureusement encore ; la cavalerie exécuta plusieurs charges et sabra bon nombre de Kabyles. Ces petits combats nous coûtèrent trois hommes tués et dix-sept blessés ; on rentra dans les murs ds Constantine après une absence de six jours. Satisfait du résultat de son voyage, le général Négrier en rendit compte au gouverneur en lui démontrant les avantages qu'offrait l'occupation définitive de Stora ; en attendant, deux bataillons d'infanterie, campés à 4 lieues de Constantine, travaillaient sans relâche à la route qui devait nous y conduire.

A peine rentré dans les murs de la ville, le général reprit la campagne le 27 avril, et la tint presque constamment jusqu'au 31 mai. Dans ces nouvelles excursions, il parcourut toute la partie sud de la province, faisant reconnaître l'autorité de la France, déjouant les intrigues d'Achmet-Bey, réglant les différends entre les tribus ; pas un coup de fusil ne fut tiré, pas un homme ne périt dans cette expédition toute pacifique ; la colonne ne ramena même qu'un assez petit nombre de malades, eu égard aux fatigues continuelles et à la chaleur excessive qu'elle avait eue à supporter ; elle avait reçu presque constamment des vivres que les indigènes lui fournissaient en abondance ; on approchait des moissons, époque pendant laquelle on est toujours sûr de la tranquillité des Arabes, mais jamais du temps des Turcs, la sécurité n'avait été aussi grande ; le commerce avait repris son cours, et toutes les productions du désert affluaient à Constantine ; des constructions nouvelles s'élevaient rapidement. Les bois de charpente arrivaient de Bone et divers indices faisaient espérer que même pour cet objet, l'Afrique pourrait bientôt se suffire elle-même. Au milieu de cette prospérité, le général Négrier quitta un commandement dans lequel il avait amené et surtout préparé d'heureux résultats ; appelé à un autre poste dans la province d'Alger, il fut remplacé par le général Galbois, au commencement de juillet. Peu de jours après, le maréchal Valée annonça que l'occupation de Stora était définitivement résolue pour l'automne prochain et qu'il viendrait lui-même y présider ; il devait dans le même voyage régler le gouvernement du pays qui reconnaissait les lois de la France. Débarqué à Bone dans le courant de septembre 1838, il s'achemina bientôt pour Constantine, rencontra en route le commandant de la province qui la parcourait avec un corps de troupes ; les deux généraux entrèrent ensemble dans la ville le 23, à 3 heures du soir, au bruit du canon et des fanfares militaires. Bientôt le gouverneur passa la revue de toutes les troupes sur le plateau de Sidy-Mabrouk, où il reçut les félicitations des autorités indigènes, des muphtys et des principaux habitants de la ville. Ces derniers parurent déconcertés en voyant à ses côtés Ben-Aïssa, l'ancien lieutenant d'Achmet-Bey, revenu d'Alger avec lui, qu'ils étaient accoutumés à ne regarder qu'en tremblant ; le maréchal s'aperçut bien vite du mauvais effet que produisait sa présence : « je vous présente Ben-Aïssa, leur dit-il, il vient vivre avec vous en simple particulier; vous devez oublier tous les torts qu'il a eus à votre égard et les attribuer à Achmet-Bey, dont il exécutait les ordres; j'entends et au besoin j'ordonne que vous viviez avec lui en bonne intelligence ; je vous le répète, il ne sera parmi vous qu'un simple particulier ; quant à Achmet, je vous jure, au nom du Roi des Français, que jamais il ne rentrera dans Constantine. » Le maréchal faisait allusion par là, à quelques bruits qui s'étaient répandus que la France traitait avec Achmet-Bey et allait le remettre en possession de son ancien gouvernement, bruits qui avaient répandu la crainte et la méfiance parmi les indigènes qui s'étaient déclarés partisans du nouveau pouvoir.

Peu de jours après parurent les ordonnances réglant le gouvernement de tout le territoire français; il était divisé en cercles ou arrondissements, dont le nombre devait s'augmenter à mesure que notre domination ferait de nouveaux progrès. Chaque cercle était gouverné par un caïd ou kalifat indigène, titre qui représentait la plus grande autorité de la province, après celle du général gouverneur. Tous les kalifats étaient égaux en droits et correspondaient directement avec le gouverneur résidant à Constantine; ce dernier avait le commandement de toute la force armée de la province, et les kalifats ne recevaient d'ordres que de lui. Il était aussi seul chargé de toutes les affaires extérieures; mais dans ce qui concernait l'intérieur, on lui avait donné un conseil d'administration dont il avait la présidence, et qui était composé en outre de l'intendant militaire chargé de tous les services administratifs de l'armée, vice-président, du payeur général des troupes, secrétaire, enfin de tous les kalifats ou des fonctionnaires indigènes qui en avaient le rang. Le hakem de la ville de Constantine, titre qui représente à la fois celui de maire et de préfet en France; le scheick-el-arab, c'est-à-dire le chef du désert dépendant de la province; les caïds, ou chefs des Hannechas, des Haractas, des Amers-Cheraguas, avaient le rang et les insignes de kalifats, et comme tels devaient être membres du conseil d'administration. Les fonctions de ce conseil consistaient principalement dans la levée des impôts; il dressait procès-verbal de toutes les sommes versées à ce titre par les kalifats ou leurs représentants; il administrait les propriétés du Beylick, les louait aux enchères et en versait le produit au trésor; il pouvait, sous l'autorisation du général-gouverneur président, pourvoir, sur les sommes qu'il recevait, aux dépenses d'utilité publique dont il reconnaissait l'urgence, et pour lesquelles des fonds n'avaient pas encore été alloués par l'autorité extérieure à la province. Enfin, tous les procès-verbaux des séances du conseil d'administration devaient être signés par les membres présents, et adressés par le gouverneur de Constantine au gouverneur général de toutes les possessions françaises en Afrique.

Indépendamment de ce conseil général d'administration, dont l'autorité s'étendait ou devait s'étendre plus tard sur toute la province, Constantine avait un conseil municipal pareil à celui d'une ville française, et dont la composition et les attributions ne subirent aucune modification. Les environs de Bone furent également divisés en quatre cercles gouvernés par des kalifats; mais ceux-ci devaient avoir chacun auprès d'eux un officier français pour les guider, et sans l'autorisation duquel ils ne pouvaient rien faire. Dans ces quatre cercles, l'autorité française était reconnue et appréciée depuis plus longtemps, et cette mesure, qui tendait à la consolider encore, pouvait être admise. On avait ainsi deux systèmes qui allaient fonctionner séparément, et l'on jugerait lequel des deux mériterait la préférence.

Le 4 octobre, les kalifats et les caïds nommés par le gouverneur furent définitivement investis de leurs fonctions et de leurs gouvernements respectifs dans le palais du gouvernement, et en présence des notables de Constantine. Chacun d'eux avant de revêtir la gondoura, espèce de veste, marque de sa dignité, jura sur le Coran fidélité au Roi des Français et obéissance au commandant supérieur de la province.

Pendant que le maréchal s'occupait des soins du gouvernement, le général Galbois était parti de Constantine, le 29 septembre 1838, pour établir les deux camps qui devaient servir d'étapes entre cette dernière ville et la mer. Il n'éprouva aucun obstacle de la part des Arabes, qui commençaient à comprendre que nous voulions nous établir définitivement chez eux. Le camp de l'Arrouch, dont il jeta les premiers fondements, n'est qu'à sept lieues de Stora ; c'est le point où une route de Bone à Constantine, longeant le grand lac Fetzara, et tout-à-fait différente de la ligne que nos troupes avaient suivie dans leurs expéditions précédentes, rencontre celle de Stora à Constantine, que nous voulions rendre praticable à nos voitures. Par ce motif, ce camp, centre commun des communications des trois villes de Bone, de Constantine et de Stora, acquerrait une importance majeure; il était du reste dans une position très avantageuse, non loin du Safsaf, entouré de terres fertiles, avec de l'eau et du bois en abondance. Ainsi, de toute manière la route de Bone à Constantine par Medjez-Amar devait être abandonnée, le camp de ce nom évacué, et tout son matériel transporté à l'Arrouch et à Guelma, qu'on se proposait de conserver encore de ce côté pour avoir une action sur les populations voisines.

De retour à Constantine, M. de Galbois rendit compte de sa mission au maréchal, qui venait d'installer le gouvernement de la province; celui-ci résolut alors de se transporter lui-même jusqu'à la mer, pour y choisir le point de débarquement à occuper. Déjà la route était terminée jusqu'au camp de Smendou, première étape en quittant Constantine; le reste était bien avancé et n'offrait aucune difficulté comme on s'en était assuré dans l'expédition du mois d'avril dernier. Le gouverneur partit de Constantine le 6 octobre, emmenant avec lui les troupes qui devaient passer l'hiver sur les bords de la mer, et qui se composaient de quatre bataillons d'infanterie et de deux escadrons de cavalerie. Les Kabyles des environs, depuis longtemps prévenus de nos projets, ne leur opposèrent aucune résistance ; la colonne parvint sans brûler une amorce jusqu'aux bords de la mer; seulement, dans le bivouac de la nuit qui suivit, quelques centaines de fanatiques, voulant faire acte de dévoûment à la cause du Prophète, vinrent dans les ténèbres, tirer des coups de fusils qui ne blessèrent personne ; la masse de la population du pays resta calme. L'armée s'établit à une lieue sud-est de Stora, sur les ruines de Rusicada qui, situées sur un mamelon, offraient encore quelques moyens de défense, et des matériaux superbes et abondants pour construire tous les établissements nécessaires. Le quartier-général fut fixé dans l'enceinte de l'ancienne forteresse romaine, occupant le point culminant et qui, réparée et agrandie, reçut le nom de fort de France; à droite et à gauche de la hauteur qu'il domine, et seulement séparées par deux petits vallons, s'étendent deux crêtes assez élevées, qui se rapprochent ensuite à mesure qu'elles s'avancent dans le sud, de manière à former une gorge étroite, et en ceignent un espace nivelé assez étendu pour recevoir une jolie ville. Les deux extrémités, nord et sud de ces crêtes, furent occupées par des forts reliés entre eux par des retranchements pour lesquels on n'eut qu'à suivre le tracé des Romains, très apparent encore sur le sol. L'ensemble de ces fortifications abritait complètement l'espace intérieur où devaient se développer les constructions futures; l'hôpital militaire, les fours de la manutention furent renfermés dans le fort de France et construits avec des briques romaines que les soldats n'avaient que la peine de ramasser ; bientôt on découvrit d'anciennes voûtes très bien conservées et qui, une fois déblayées des décombres qui les obstruaient, formèrent de beaux magasins où les vivres et les munitions étaient parfaitement à l'abri. Sous un rideau d'arbustes et de broussailles, on trouva une immense citerne, remplie d'une eau excellente ; nos prédécesseurs avaient travaillé à rendre notre tâche plus facile, et l'armée se trouva tout-à-coup beaucoup mieux qu'on n'eût osé l'espérer. Le Sphinx, arrivé de Bone avec des blockaus et des bois, avait jeté l'ancre à deux encablures du quai Romain, et maintenait une communication par mer entre le corps français et les autres points de la Régence ; malheureusement, dès que le temps devenait un peu mauvais, le mouillage était intenable et les bâtiments devaient aller chercher un refuge à Stora, où la rade était assez sûre ; c'était le seul inconvénient d'une position aussi heureuse. Pour y remédier autant que possible, on travaillait sans relâche à la route d'une lieue de longueur qui devait relier ces deux points ; les blockaus débarqués par le Sphinx servaient de points d'appui et de défense aux travailleurs ; la route de Rusicada au camp de l'Arrouch était également poussée avec activité ; enfin la vieille cité romaine sortant de ses ruines, reçut le nom français de Philippeville.

Quelques tribus des environs avaient fait leur soumission au maréchal Valée, le jour même de son arrivée sur les bords de la mer ; elles offrirent même des otages pour sûreté de leurs promesses ; mais derrière elles, existaient d'autres populations qui, plus éloignées de nos postes, redoutaient moins le poids de nos armes. Parmi elles, les Ouled-Lakal, qui occupent les monts Zerdeza, à la première nouvelle de l'arrivée des Français, parcoururent tout le pays prêchant la guerre sainte ; trouvant peu d'échos à leurs prédications, ils commencèrent eux-mêmes les hostilités en attaquant un convoi de mulets qui retournait de Philippeville au camp de l'Arrouch, sous l'escorte de quelques Turcs ; ceux-ci se défendirent vaillamment, mais accablés par le nombre, ils perdirent une douzaine d'hommes et le convoi fut enlevé.

Ces mêmes ennemis croyaient avoir bon marché du camp de l'Arrouch, qui, dégarni par l'occupation de Philippeville, n'était gardé que par le bataillon turc et quarante chasseurs. Les travaux de fortification à peine ébauchés, n'étaient d'aucune défense, même contre la cavalerie, et l'intérieur était encombré de 300 mulets, dont les conducteurs, presque tous Kabyles des environs, pouvaient bien être tentés de se joindre aux agresseurs ; enfin les munitions manquaient, et les deux compagnies de Turcs qui avaient accompagné la veille le convoi, n'avaient plus une seule cartouche. Heureusement, dès le 8 octobre, le capitaine Molière, qui commandait le camp, fut prévenu par un scheick allié, qu'il serait attaqué dans la journée du lendemain par 4,000 fantassins et 300 cavaliers. Il se disposa dès-lors à les bien recevoir, fit presser les travaux commencés, encouragea ses hommes et surtout les engagea à bien ménager la poudre qui leur restait. Le lendemain, dans la matinée, toutes les hauteurs de l'est et du sud se couvrirent de fantassins Kabyles mêlés de quelques cavaliers. Ces derniers restaient en vedette sur les hauteurs pour prévenir les combattants du secours qui pouvait arriver au camp. Les fantassins s'embusquèrent dans la vallée profonde et boisée du Basa, à 500 mètres du camp; vers les 9 heures du matin, ils commencèrent à sortir les uns après les autres de leurs broussailles, pour venir faire le coup de fusil, puis ils y rentraient alternativement pour se mettre à l'abri. Une pareille attaque n'était guère dangereuse; aussi les Turcs dédaignèrent-ils d'y répondre, ils n'avaient que quatre cartouches par homme; mais quand l'ennemi, enhardi par leur inaction, osa s'approcher davantage, les chasseurs fondirent tout-à-coup sur lui, le culbutèrent et le jetèrent dans les broussailles, où les Turcs allèrent le chercher et d'où ils le chassèrent avec une rare intrépidité; il était alors 3 heures de l'après-midi. Toutes les troupes rentrèrent dans le camp, et les Kabyles ne se montrèrent plus que pour enlever leurs morts, qui se montaient à une trentaine.

Les pertes que les Kabyles avaient essuyées dans la journée du 9 octobre, les dégoûtèrent de nouvelles attaques. La sécurité était si grande peu de jours après, que le gouverneur, repartant pour Constantine, après avoir laissé tous les travaux de Philippeville en activité, ne prit qu'une escorte de 30 chasseurs. Il arriva sans encombre le 19 octobre dans la capitale de la province où il séjourna encore 8 jours consacrés à quelques soins de gouvernement et à mettre en jeu l'administration qu'il avait établie avant son départ. Une autre route à ouvrir et bien plus importante que celle de Stora, l'occupait déjà; c'était celle qui devait relier par terre les deux villes d'Alger et de Constantine. La première étape, à partir de ce dernier point, était la ville de Milah, déjà visitée dans le mois d'avril dernier. Le général Galbois l'occupa le 22 octobre avec un détachement de 1,200 hommes. Protégée par les armes françaises, cette petite ville devint le chef-lieu du cercle de la Ferzonia, dont le kalifat était ce même Ben-Amélaoui, que le général Négrier y avait recueilli au mois d'avril dernier. Le kalifat put dès-lors résider dans son gouvernement, qui, tout entier, reconnut son autorité; par là nous prenions à revers le territoire si hostile de Bougie, où notre influence avait fait si peu de progrès et celui de Gigelly que nous devions envahir bientôt; satisfait de l'état dans lequel il laissait le pays qu'il avait conquis à la France, le maréchal revint par mer à Alger, méditant avant l'hiver son retour à Constantine, par le défilé des Bibans ou des Portes de Fer.

La portion ouest de la province de Constantine, appelée la Medjana, contient une ville assez importante du nom de Sétif; le maréchal voulut d'abord la faire occuper, afin qu'une force française put donner la main au corps qui, partant d'Alger déboucherait des Portes de Fer; il fit part de ses projets au général Galbois, qui alors parcourait le pays des Haractas, grande tribu au sud de Constantine qu'on voulait forcer à payer l'impôt, et à reconnaître le chef que nous lui avions donné; le général remit à une autre fois l'entière soumission des Haractas, et rentra au siége de son gouvernement pour organiser le corps d'armée qui devait remplir les ordres du maréchal. Outre la reconnaissance de la route jusqu'aux Bibans, et sa jonction avec le corps partant d'Alger, les instructions du général Galbois consistaient à montrer le drapeau tricolore aux populations de la Medjana, et à installer parmi elles une autorité soumise à la France; à peine si une partie de ce plan put-il alors être remplie.

Le général Gallois partit de Constantine dans les premiers jours de décembre 1838, et arriva par une seule marche à Milah, où la colonne devait compléter son organisation et son convoi ; des pluies continuelles l'y retinrent plusieurs jours ; mais bravant tous les obstacles pour ne pas manquer au rendez-vous donné par le maréchal dans la Medjana, il se remit en marche le 10 décembre. Il n'éqrouva aucun obstacle de la part des populations indigènes ; il en reçut même presque constamment des vivres ; mais les chemins étaient détestables, à cause des pluies antérieures, et l'on ne pouvait faire que quatre ou cinq lieues par jour. Il n'arriva que le quinze à Sétif, avec des troupes excessivement fatiguées et une centaine de malades ; le Hakem de la ville était sorti à sa rencontre pour faire sa soumission. Les habitants furent d'abord un peu effarouchés, en apercevant pour la première fois les troupes françaises ; l'exacte discipline qu'elles observèrent les rassura bientôt et la meilleure intelligence ne cessa de régner de part et d'autre pendant tout le temps que la colonne séjourna à Sétif.

Le lendemain de son arrivée dans cette ville, le général Galbois reçut, par un courrier arabe, des dépêches du maréchal, annonçant qu'il avait ajourné sa marche vers les Portes de Fer. Le premier objet de l'expédition se trouvant alors manqué, le commandant français ne s'occupa plus pendant les deux jours de repos qu'il passa encore à Sétif, qu'à convoquer tous les chefs des environs, à faire prêter à ceux qui voulurent bien se rendre à son appel, serment de fidélité à la France et enfin à leur présenter Sidy-Achmet-Ben-Mohamet-el-Mokrany, qui devait les gouverner comme leur Kalifat. Tous le reconnurent en cette qualité et promirent tout ce qu'on voulut ; mais Mokrany ne se sentait assez fort pour saisir les rênes de son gouvernement et résider à Sétif qui devait en former la capitale, qu'autant qu'on lui donnerait un corps de 1,000 français pour le soutenir. Les pouvoirs du général n'allaient pas jusque là ; il ramena donc notre Kalifat avec lui dans la retraite qu'il effectua sur Djimmilah, huit lieues en arrière de Sétif, sur les ruines de l'ancienne ville romaine de Gemella, où il établit un camp retranché ; la garnison devait travailler à une route dans la double direction de Sétif et de Milah, dont ce dernier poste était éloigné d'une quinzaine de lieues. Les avantages de cette nouvelle position étaient reconnus depuis longtemps ; elle dominait une grande vallée arrosée par un affluent du Rummel, et prenait à revers les montagnes des bords de la mer, peuplées de Kabyles constamment hostiles ; enfin elle formait la troisième ou quatrième étape de la route de Constantine aux Portes de Fer. Les tribus des environs entretinrent des relations constamment amicales avec nous durant tout le cours de cette expédition ; des courriers arabes expédiés par le général Galbois arrivaient sans obstacles à Alger et à Constantine et lui apportaient même des munitions de cette dernière ville; l'autorité de la France quoique bien nouvelle dans ces contrées y semblait déjà sans rivale; mais nous avions des ennemis acharnés dans la puissante tribu de Mouzaïa (1), établie aux environs de Bougie. A la nouvelle de l'apparition des Français dans son voisinage, elle s'ébranla et vint attaquer le général Galbois dans sa retraite, entre Djimmilah et Milah; il s'en suivit un combat où nous perdîmes deux ou trois hommes. Quelques jours après, cette même tribu vint fondre tout entière sur le camp de Djimmilah, occupé par le 3ᵉ bataillon de tirailleurs d'Afrique; cette petite garnison se couvrit de gloire en repoussant avec perte un ennemi cinq ou six fois supérieur en nombre. Au premier bruit de l'attaque des Mouzaïas, le Scheick du canton de Djimmilah vint s'établir dans le camp français et combattit vigoureusement avec nos soldats, pour leur prouver qu'il ne prenait aucune part aux hostilités des Kabyles étrangers au pays. Mais les obstacles qui surgissaient de ces nouveaux ennemis, ceux qui naissaient de la difficulté des routes défoncées pendant l'hiver, et presque impraticables aux convois qui devaient fournir les travailleurs de vivres et de matériaux, difficultés que le général Galbois avait encore mieux reconnues durant sa retraite, le décidèrent à faire évacuer le poste de Djimmilah après douze jours d'occupation. Le 3ᵉ bataillon d'Afrique exécuta,

---

(1) Entièrement différente de celle qui occupe les montagnes entre Blida et Médéah.

sans être inquiété, sa retraite sur Milah et s'établit quelques lieues en avant de cette dernière ville; ce fut là qu'il passa l'hiver à travailler sur la route.

Cette expédition avortée eut du moins l'avantage de fournir quelques données sur des contrées et des villes où nos troupes n'avaient jamais paru. Sétif, point extrême de la route du général Galbois, est bâtie sur les bords d'un immense plateau qui sous des noms différents traverse presque toute la régence; la plaine environnante est la Medjana. Elle est fertile et bien cultivée, quoique située sous un climat très froid à cause de son élévation de 1,110 mètres au-dessus du niveau de la mer; la ville est deux fois plus grande que Milah et pouvait contenir 5 à 6,000 habitants; les rues et les maisons en ressemblaient beaucoup à celles de Constantine; elle est entourée d'un mur d'enceinte en assez mauvais état, et possédait une Casbah pouvant contenir de 5 à 600 hommes; tout dans ce pays a gardé les traces de la domination romaine; les murs de la ville, même ceux des maisons particulières sont construites avec des pierres chargées d'inscriptions latines. Le premier objet qui frappa les yeux de l'armée en arrivant, fut une citadelle en ruines ayant la forme d'un carré long, dont le grand côté avait une longueur de 200 mètres et le petit de 150. Des tours en saillie disposées d'espace en espace se flanquaient réciproquement; en examinant les pierres qui entraient dans le monument, on s'apercevait que, comme celles des murs de la ville, elles avaient dû servir antérieurement à des constructions romaines ; il fallait donc l'attribuer à une époque postérieure à celle de la première conquête. Peut-être était-il le résultat de l'invasion de Bélisaire ; au milieu de cette enceinte en ruines les Beys avaient bâti une écurie pour leur cavalerie, également en ruines; ainsi trois générations de ruines se pressaient sur ce coin de terre ignoré ; fasse le ciel qu'une quatrième ne ressorte pas bientôt de ces monuments, dont nous couvrons cette vieille terre d'Afrique, où tout jusqu'à présent parle de la faiblesse de l'homme et presque rien de sa puissance !

Des débris de constructions romaines jalonnent continuellement la route de Sétif à Djimmilah ; mais c'est peut-être dans ce dernier lieu qu'elles sont les plus considérables et les mieux conservées. Les principales sont un magnifique arc de triomphe, dédié jadis, d'après son inscription encore intacte, à Caracalla et à sa mère Julia Domna, ensuite les ruines d'un temple avec quatre piédestaux et leurs statues encore debout, et un peu plus loin un cirque assez entier pour qu'on en reconnaisse facilement la façade et la distribution intérieure. Les pierres tumulaires abondent à Djimmilah comme partout où l'on voit apparaître quelques débris ; il est remarquable que les tombeaux disparaissent presque toujours les derniers dans les grands naufrages des villes, et que de ce qu'il y a de plus vivant dans les ouvrages des hommes soit précisément ce qui est chargé de perpétuer le souvenir de la mort.

Le commencement de l'année 1839 fut signalé à Constantine par un fait bien remarquable et qui prouve combien notre influence avait déjà jeté de profondes racines dans la province. Quelques Kabyles avaient assassiné des soldats isolés sur la route de Philippeville, entre les camps de Smendou et de l'Arrouch; Ben-Aissa nommé par le maréchal Kalifat du Sahel (1) fit arrêter les coupables, les remit à l'autorité française au camp de l'Arrouch, d'où ils furent conduits à Constantine. Le général Galbois convoqua un conseil de guerre indigène, sous la présidence du Kalifat du Sahel; il se réunit au palais du Gouvernement, et les accusés traduits à sa barre furent interrogés publiquement par le président et purent faire valoir leurs moyens de défense. Sept des accusés furent reconnus coupables et condamnés à mort et le huitième acquitté ; alors les portes de la salle, fermées pendant la délibération, furent de nouveau ouvertes au public et le Kalifat du Sahel prononça

---

(1) On appelle généralement Sahel, dans la Régence, un terrain montagneux et boisé situé sur les bords de la mer.

la sentence avec calme et dignité. La séance levée, le gouverneur fut prévenu du jugement; sur-le-champ le crieur public l'annonça par toute la ville, et le lendemain sur la place du marché, au milieu d'une foule immense, eut lieu l'exécution des coupables, par les mains du chiaoux ou exécuteur des hautes œuvres de la ville de Constantine. C'était peut-être la première fois que des musulmans étaient punis de mort par leurs coreligionnaires pour avoir tué des chrétiens.

Bien que la province offrît les apparences les plus tranquilles, cependant plusieurs tribus, sans se livrer à aucun acte d'hostilité, n'avaient pas voulu recevoir les chefs que nous leur avions donnés. De ce nombre était la grande confédération des Hannechas, à l'est de Constantine, qui pourtant avait été une des premières à faire alliance avec nous lorsque nous étions encore en guerre avec Achmet-Bey. Une expédition fut organisée à Guelma pour les soumettre à l'obéissance de leur Caïd. La colonne composée de 700 hommes rencontra un pays affreux, défendu par des forces tellement supérieures, qu'après quelques combats soutenus avec valeur et succès, elle fut cependant forcée de revenir sur ses pas sans avoir rempli l'objet de sa mission; il ne paraît pas, du reste, que ce non succès ait eu d'autres suites.

La ville de Bone, privée de l'importance que

lui donnait le transit de Constantine, ne devait plus compter sur que l'industrie de ses habitants et la richesse de son sol pour s'avancer dans les voies de la prospérité. Elle était, il est vrai, richement dotée de la nature sous ce dernier aspect, aussi jouissait-elle sous les Deys d'une grande prospérité. Centre des pêcheries de corail et des opérations commerciales des européens, elle était alors la résidence d'un consul français, qui de là surveillait tous les établissements de la compagnie d'Afrique. Malheureusement ce point de la côte manquait du premier de tous les avantages, la salubrité; cependant on pouvait se convaincre que les causes d'infection étaient purement locales, en examinant l'état sanitaire des garnisons de Philippeville et de Stora. Elles avaient eu, il est vrai, bien assez de malades durant les pluies glaciales de l'hiver, qui assaillaient des hommes presque sans abri; mais à mesure que le beau temps était revenu et que les demeures des troupes s'amélioraient, les fièvres avaient disparu, et ces nouveaux établissements n'offraient dans le milieu du printemps de l'année 1839, qu'une quantité de malades très ordinaire. Espérant procurer à Bone un semblable avantage, le général Guingret qui y commandait faisait pousser activement les travaux d'assainissement déjà entrepris autour de la ville, qu'aucun bruit de guerre ne venait les troubler. Son administration aussi juste qu'intelligente maintenait partout l'ordre et la paix; le commerce avait pris quelque activité par suite de l'établissement d'un marché aux grains où plusieurs tribus de l'intérieur venaient s'approvisionner, la guerre de l'année précédente les ayant empêchés d'ensemencer leurs terres. Constantine elle-même et les environs avaient éprouvé une espèce de famine, et malgré les nombreux convois expédiés de Stora, Bone leur fournissait encore une grande partie de leurs subsistances; indépendamment des blés récoltés sur son territoire, Bone en recevait par la voie de mer, ce qui lui permettait de soutenir pour le moment la nouvelle et redoutable rivalité de Philippeville dont la prospérité faisait de rapides progrès. C'était sans contredit le point de la Régence qui offrait alors le plus de mouvement et d'activité. Comme tout y était à créer, de nouvelles constructions s'y élevaient avec une rapidité sans égale. Les Kabyles des environs étaient assez tranquilles, quoique la perception des impôts fût loin d'être facile; les Kalifats avaient nommé des chefs inférieurs chargés d'en opérer la levée. Un d'eux nommé Bourouby, dans une de ses tournées, tomba dans une embuscade qui faillit lui coûter la vie; son serviteur fut tué et tout ce qu'il avait avec lui fut pillé. Sous peine de voir toute notre autorité détruite, il ne fallait pas laisser longtemps impuni un si perfide guet-à-pens. Profitant d'un changement de résidence d'un bataillon d'infanterie, le général Galbois le détourna de sa route et le fit partir de manière à se trouver au point du jour au milieu des coupables. Ils n'opposèrent aucune résistance ; on s'empara de 1,500 têtes de bétail qui dédommagèrent Bourouby de ses pertes, et le reste servit à nourrir les troupes. Le lieutenant-colonel de Bourgon châtia encore avec habileté et bonheur une fraction des Haractas, dont quelques membres avaient assassiné un chef qui voulait rétablir l'ordre momentanément troublé parmi eux. On s'étonne de voir des populations entières payer pour des crimes particuliers, mais il faut bien entendre que les mots, ordre et paix, n'ont pas en Afrique la même signification qu'en Europe. En Algérie, l'unité n'est point l'individu, mais la tribu. Tous les Gouvernements qui s'y sont succédé ont respecté cette organisation intérieure. Il en est résulté que la tribu est restée solidaire de la conduite de ses membres ; ainsi ces châtiments collectifs pour la faute d'un seul, qui nous semblent injustes, sont pourtant au fond très logiques et très nécessaires ; une tribu est coupable du moment qu'elle n'a pas puni un crime commis dans son sein. C'est un fonctionnaire qui n'a pas rempli sa tâche. Un pareil ordre de choses est loin de valoir l'organisation européenne, mais il est beaucoup moins compliqué et par cela même moins dispendieux, et peut-être le seul que comporte l'état de civilisation des Indigènes. Longtemps en Europe l'unité a été non pas l'individu, mais le seigneur, qui lui aussi exerçait le droit de justice. Les petites expéditions à main armée seront encore longtemps les moyens ordinaires de justice dans l'Algérie. Les tribus arabes résistent, il est vrai, quelquefois au châtiment. On doit aussi se souvenir que la punition des seigneurs du moyen-âge n'était pas non plus toujours facile. Jamais du temps des Turcs la province de Constantine n'avait été plus paisible qu'elle ne l'était sous la domination française en 1839. La ville seule fut agitée de quelques bruits de conspirations en faveur de l'ancien Bey, conspirations plus apparentes que réelles, car quand on en vint au fond des choses, on trouva que tout se bornait à une correspondance de quelques habitants avec Achmet, correspondance criminelle sans doute, mais dont les auteurs n'avaient ni la prétention, ni peut-être même le désir de rétablir le Gouvernement déchu. Les coupables jugés et condamnés par un conseil de guerre, furent plus tard graciés à l'occasion de l'arrivée du duc d'Orléans à Constantine.

Le beau temps qui reparut les premiers jours d'avril 1839 permit aux troupes de reprendre la campagne. Les premières sorties eurent pour but de reconnaître la route de Bone au camp de l'Arrouch. Les deux généraux Guingret et Galbois, partant chacun d'un de ces points extrêmes, marchèrent à la rencontre l'un de l'autre, pour se réunir sur la Rajetta, petite rivière qui marquait le milieu de l'espace à parcourir. Malheureusement ce cours d'eau, ordinairement sans importance, était alors tellement grossi par les pluies de l'hiver, que les deux corps d'armée, ne pouvant le traverser, furent réduits à s'arrêter chacun sur une rive; mais la reconnaissance de la route n'en fut pas moins complète, et l'on trouva qu'elle serait praticable aux voitures, dès que les grandes eaux seraient écoulées. Ces deux courses, sur une ligne tout-à-fait nouvelle, nous firent connaître un pays d'une richesse et d'une fertilité étonnantes. C'était une contrée pittoresque, accidentée, coupée de petits vallons d'une fraîcheur et d'une verdure admirables, arrosés par de jolis ruisseaux qu'ombrageaient des arbres séculaires. Les prairies émaillées de fleurs étalaient tout le luxe d'un printemps d'Afrique; l'armée en revint enthousiasmée, et conçut une nouvelle ardeur, s'il était possible, pour l'exécution d'une tâche si digne de ses efforts. Tout le territoire était habité par les Kabyles, race active et guerrière, qui ne pouvaient voir qu'avec peine les Français fouler un sol vierge depuis si longtemps de tout contact étranger; cependant pas un coup de fusil ne fut tiré sur nos troupes; ce résultat, presque inespéré, était dû en grande partie à l'influence de Ben-Aïssa, kalifat du Sahel, qui semblait se dévouer aux intérêts de la France, avec toute l'énergie d'une nature puissante et sauvage.

L'expérience de l'année dernière avait prouvé au maréchal Valée que la ligne de Constantine à Sétif, jetée seule à travers la province, sur une longueur de plus de trente lieues, avait besoin d'être soutenue, surtout du côté de ces terribles Kabyles, habitant les bords de la mer. Il résolut donc d'occuper Gigelly, l'ancienne Ygelgilis, petit port à douze lieues est de Bougie, et à vingt-cinq lieues ouest de Stora. Les garnisons de ces deux dernières villes reçurent l'ordre de pousser une pointe sur la place dont on voulait s'emparer. Le général Galbois devait aussi l'envahir de Milah, à travers un pays presque inconnu, et envoyer en même temps une colonne reprendre possession de Djimmilah, abandonné l'hiver dernier; enfin une expédition maritime, portant le corps futur d'occupation, forte de 500 hommes, fut organisée à Stora, sous les ordres de M. de Salles. Après un voyage à Constantine, pour se concerter avec le général Galbois, M. de Salles revint à Stora, où tout fut prêt pour le 12 mai. On prit le large le jour même, et le 13, à sept heures du matin, on mouilla devant Gigelly; le débarquement s'opéra, sur-le-champ, avec beaucoup d'ordre. Les expéditions par terre, ou ne devaient pas arriver jusques là, ou trouvèrent en route des difficultés telles qu'elles furent forcées de rebrousser chemin, de sorte que toute la gloire et tout le danger de ce beau fait d'armes échurent aux troupes de débarquement.

Les bateaux à vapeur fournirent chacun une compagnie de marins pour soutenir les soldats de terre. Les habitants avaient abandonné la ville, et elle fut occupée sans résistance. Un maître du Cerbère arbora le premier le drapeau tricolore sur la grande mosquée; le reste de la journée ne fut marqué que par quelques coups de fusil tirés des broussailles environnantes. Mais le lendemain tous les Kabyles du voisinage ayant eu le temps de se réunir, vinrent assaillir les troupes dans leurs nouvelles positions. Les marins combattirent constamment au premier rang, et contribuèrent puissamment à repousser l'ennemi; l'artillerie des bateaux à vapeur le prenait à revers et l'écrasait de ses feux. Les jours suivants furent plus tranquilles; M. de Salles en profita pour donner plus de forces à sa position, perfectionner et armer les ouvrages commencés et mettre la Casbah en état complet de défense. Ces précautions ne furent pas longtemps inutiles; le 17, vers les dix heures du matin, une masse considérable d'ennemis parut devant nos postes, qu'ils attaquèrent avec audace et vigueur. M. de Salles les laissa avancer jusqu'à vingt pas, puis l'artillerie ouvrit un feu de mitraille, et 200 grenadiers s'élancèrent sur les lignes des ennemis, le chargèrent à la baïonnette, le précipitèrent le long des pentes qu'il venait de gravir, et dans ce moment, l'artillerie tirait par-dessus leurs têtes sur des masses de Kabyles qui fuyaient sur le revers opposé du vallon; ils revinrent pourtant à la charge, pour essayer d'enlever le corps d'un scheick et de ses fils tués par la mitraille, mais ils furent enfin forcés de les abandonner, et le terrain resta jonché de cadavres. Une attaque qui avait eu lieu d'un autre côté fut de même repoussée par le capitaine de Saint-Arnaud, dont les troupes chargèrent aussi à la baïonnette, occasion rare dans les guerres d'Afrique. Notre perte en hommes fut peu nombreuse, mais au nombre des morts fut le comte Thadée Horain, noble polonais qui, après avoir bravement combattu pour l'indépendance de sa patrie, avait servi la France avec un égal dévoûment. Blessé d'un coup de feu à travers la poitrine, reçu presque à bout portant, on le transporta à Bougie, où il expira huit jours après; son corps fut rapporté à Gigelly et son tombeau élevé dans cette place que sa valeur avait donnée à la France. Etrange destinée de ce guerrier du nord, qui, après la vie la plus aventureuse, vient expirer sur une côte que le sort avait placée si loin de son berceau.

Les expéditions par terre de Bougie et de Stora, sans parvenir jusqu'à Gigelly, avaient néanmoins contribué à la prise de la place, en attirant l'attention des peuplades kabyles des environs. Elles soutinrent aussi quelques petits combats, où périrent 5 ou 6 hommes, de sorte qu'en définitive la possession de ce nouveau poste nous coûta une douzaine d'hommes de tués et une soixantaine de blessés.

Le général Galbois n'avait eu à lutter que contre le mauvais temps dans sa pointe sur Djimmilah ; la route était déjà connue, et les populations alliées de la France. La colonne arriva le 19 mai au but de sa marche et se mit sur-le-champ à travailler à un camp retranché, qui fut établi à quelque distance de la position qu'avait occupée le 3e bataillon de tirailleurs sur laquelle on éleva une colonne pour perpétuer le souvenir du beau fait d'armes dont elle avait été le théâtre. Huit jours après, le général passa une revue générale, à laquelle se joignirent 2 ou 300 cavaliers des tribus soumises, qui voulurent défiler avec nos troupes. Bientôt, à la porte du camp, s'établit un marché bien pourvu de toutes les productions du pays; quelques Kabyles, race essentiellement industrieuse et économe, se chargèrent même, moyennant un médiocre salaire, de transporter des vivres depuis Milah jusqu'au nouveau camp; ils l'approvisionnèrent en même temps de bois de chauffage, dont le pays était entièrement dépourvu; le service du nouveau poste se trouva ainsi parfaitement organisé. De Djimmilah le général Galbois se porta sur Sétif, où il établit notre kalifat, qui, cette fois, soutenu du corps français établi à huit lieues, et du bataillon turc qu'on lui donna pour servir immédiatement sous ses ordres, osa prendre enfin les rênes de son gouvernement ; il avait pour compétiteur Ben-Salem, kalifat d'Ad-el-Kader, dans le Sébaou; mais toute l'influence de l'Émir ne put empêcher que Ben-Salem, poursuivi jusqu'au-delà de Zamourah, par la petite colonne française que le général Galbois avait lancée à sa poursuite, ne fut forcé d'abandonner tout-à-fait la partie. Ainsi se préparait peu à peu l'exécution du projet favori du maréchal; l'inauguration de la communication d'Alger à Constantine était réservée au duc d'Orléans. Ce dernier, après avoir visité les postes de Bougie et de Gigelly, débarqua le 8 septembre 1839 à Philippeville, où les autorités françaises et indigènes de la province étaient venues le recevoir. Entouré de cette escorte brillante et pittoresque, le prince inspecta les établissements français des bords de la mer et ceux jalonnant la route de Stora à Constantine, et fit son entrée solennelle dans cette capitale, le 12, à 11 heures du matin.

La population indigène était sortie, pour lui, de son calme et de son indifférence habituelle ; plus de 10,000 personnes de tout âge et de tout sexe se portèrent à sa rencontre sur l'esplanade de Coudiat-Aly; des acclamations bruyantes, des cris de triomphe partaient de cette foule serrée autour du prince et de son état-major. Le silence se rétablit tout-à-coup, lorsqu'à peu de distance de l'Arc-de-Triomphe élevé sur l'esplanade, le scheick vénéré El-Beled, vieillard de 90 ans, et qui depuis cinquante ans n'avait pas franchi les portes de Constantine, vint, porté par ses fils, offrir au prince des actions de grâce pour les bienfaits que le gouvernement français répandait sur cette population dont il était le pasteur spirituel. De ses propres mains, le prince lui remit la croix d'honneur, et la même distinction fut accordée à plusieurs de nos kalifats. Après quelques paroles prononcées en souvenir des braves morts devant la ville en 1836 et 1837, et une marque d'attention accordée au monument élevé en leur mémoire, le prince entra dans la ville, dont les rues étaient pavoisées de riches tapis; son séjour n'y fut qu'une suite de fêtes. La sécurité était si grande alors dans la province, qu'un officier de chasseurs, M. Peragallo, accompagné d'un seul Français et de sept ou huit indigènes, parcourut tout le pays dans un rayon de 40 lieues, et acheta sans obstacles des chevaux pour son régiment.

Ce fut sous ces heureux auspices que le corps expéditionnaire partit de Constantine, le 16 octobre, par un temps magnifique. Après avoir traversé Milah et Djimmilah, dont le duc d'Orléans admira le bel Arc-de-Triomphe, qu'il proposa de transporter en France, pierre par pierre, on arriva à Sétif. Le kalifat de la Medjana avec les Turcs réunis aux notables de la ville vinrent à la rencontre de la colonne; plusieurs scheiks des environs de Bougie, qui jusqu'alors s'étaient tenus à l'écart, accoururent pour voir le prince et faire leur soumission entre ses mains. L'occupation définitive de Sétif par un corps permanent français fut dès lors résolue, et l'on travailla de suite à réparer la vieille citadelle romaine, dont les épaisses murailles avaient cédé sur quelques points à l'action du temps. Bientôt elle devint une excellente place d'armes et reçut le nom de fort d'Orléans. Satisfait de tout ce qui l'entourait, voyant que le temps s'annonçait au beau fixe, le maréchal se décida enfin à pénétrer cette fois dans la vallée de l'Isser, et de là au sahel d'Alger. Ce projet n'avait été jusqu'alors qu'une éventualité, et même le secret en fut conservé jusqu'au moment où l'on s'engagea dans les Portes-de-Fer; pour ne pas laisser la Medjana dégarnie de troupes, le maréchal appela de Constantine le général Galbois, qui avec un renfort rejoignit Sétif à marches forcées. A son arrivée toutes les troupes furent partagées en deux divisions, la première, sous les ordres du duc d'Orléans, devait franchir le fameux défilé; et la deuxième, commandée par M. de Galbois, accompagner la première jusqu'à l'entrée des montagnes, puis revenir compléter l'établissement de Sétif et l'organisation de la Medjana. Ordre fut immédiatement expédié au général

Rulhières, qui commandait la division d'Alger, de se porter sans retard au camp du Fondouck, sur l'Oued-Kaddara, de manière à donner la main en cas de besoin au corps expéditionnaire, lorsqu'il déboucherait dans la vallée de l'Isser.

L'armée ainsi organisée séjourna encore à Sétif pour laisser passer quelques jours de pluie. Le 25 octobre les deux divisions partirent ensemble, se dirigeant sur Zamourah, petite ville au nord-ouest qui jusqu'alors ne s'était pas encore soumise, et bivouaquèrent à Aïn-Turco, sur les bords du Bousselam. Dans la nuit le kalifat de la Medjana, El-Mokrani, vint au camp annoncer que Zamourah avait reconnu son autorité, et que les Turcs de cette ville et des environs demandaient à entrer à la solde de la France. Le maréchal Valée confia alors au général Galbois le soin de compléter toute cette affaire à son retour, et se dirigea au sud-ouest vers une citadelle appelée le fort Medjana et bâtie à la source d'un cours d'eau qui se jette dans l'Adjédid. C'était la première fois que les Français foulaient le bassin de cette grande rivière; le maréchal visita le fort, et le général Galbois reçut l'ordre de le réparer à son retour et d'y installer une garnison de cinquante Turcs pour servir de poste avancée à la position de Sétif. Dans les marches suivantes, l'armé passa en vue des petites villes arabes de Callaa et de Slissa dont elle aperçut les minarets; les habitants avaient fait acte de soumission ; enfin, le 28 octobre eut lieu la séparation des deux divisions ; la deuxième, avec le général Galbois, rebroussa chemin ; et la première, conduite par des chefs arabes connus sous le nom de scheicks des Portes-de-Fer, marcha droit vers le passage qu'elle atteignit vers midi. « La chaîne à travers laquelle il est pratiqué est formée, dit le maréchal Valée, par un immense soulèvement qui a relevé verticalement les couches de roches, horizontales lors de leur formation. L'action des siècles a successivement corrodé les parties de terrain autrefois interposées entre les bancs de rochers, de telle sorte que ces derniers présentent aujourd'hui une suite de murailles verticales impossibles à franchir. Un seul passage a été ouvert par l'Oued-Biban ou l'Oued-Bouketon, ruisseau salé, à travers les énormes remparts formés d'un calcaire noir; leurs faces verticales s'élèvent à plus de cent pieds de haut, et se réunissent par des déchirements inaccessibles à des murailles analogues qui couronnent le sommet de la chaîne. Le passage, dans trois endroits, n'a que quatre pieds de large ; il suit constamment le lit du torrent qui l'a formé ; le sol en est composé de masses de cailloux roulés lors des grandes crues, et qui rendent très pénible la marche des hommes et des chevaux. Le passage devient tout-à-fait impraticable pendant les grandes pluies. Alors, le courant arrêté par le retrécissement auquel on a donné le nom de portes élève quelquefois son niveau jusqu'à 30 pieds au-dessus du sol, et les eaux, s'échappant ensuite avec violence, inondent entièrement l'étroite vallée qui les reçoit en aval. » Ordinairement l'imagination peint les objets beaucoup plus terribles qu'ils ne le sont, mais ceux qui voient ce passage pour la première fois s'étonnent de le trouver encore plus difficile qu'ils ne l'avaient supposé. Les Romains, dont on retrouve presque partout la trace dans la Régence, ne paraissent pas avoir jamais suivi cette route ; peut-être de leur temps était-elle tout-à-fait impraticable ; les travaux qu'on a faits depuis pour l'élargir ne remontent pas au-delà de deux ou trois siècles, comme le prouvent les traces de mine qu'on y aperçoit encore.

A peine l'armée avait-elle franchi les Bibans qu'elle fut assallie par un violent orage, qui retarda sa marche ; le 29 octobre elle traversa, en observant la plus exacte discipline, un grand bourg nommé Beni-Mansour, appartenant à une tribu puissante dont les chefs reconnaissaient l'autorité de notre kalifat El-Mokrany ; aussi les Arabes parurent-ils nous voir sans répugnance, et plusieurs même vinrent apporter des provisions aux soldats. On marchait rapidement parce qu'on avait hâte d'arriver à l'Oued-Sidy-Mansour, la seule rivière d'eau douce qu'on trouve dans ces montagnes ; depuis cinquante heures les chevaux n'avaient pas bu, et ils étaient exténués. Les Arabes appellent ce passage le chemin de la soif, et jamais nom ne fut mieux donné. Après un repos de deux heures auprès des eaux bienfaisantes du Sidy-Mansour, l'armée remonta les bords de cette rivière, qui change plusieurs fois de nom, comme la plupart de celles de la Régence, ce qui introduit un peu de confusion dans le récit. A six heures du soir le bivac fut établi sur la rive droite, sur l'extrême limite de la province de Constantine.

Le lendemain on pénétrait sur le territoire où dominait Ben-Salem, kalifat de l'Émir, qui s'annonçait avec des intentions hostiles. L'armée française foulait précisément la contrée pour la possession de laquelle on avait tant négocié, depuis le traité de la Tafna, sans pouvoir s'entendre; au 30 octobre, Ben-Salem veillait en armes sur cette frontière qu'il regardait comme la sienne. Afin de déjouer ses projets, le maréchal Valée fit partir le duc d'Orléans du bivac une heure avant le jour, pour occuper avec un corps de troupes une position avantageuse dont on craignait que l'ennemi ne s'emparât; ce mouvement fut exécuté sans obstacles. Dans la matinée, l'armée cheminait sur une rangée de collines quand on aperçut Ben-Salem couronner avec ses troupes les crêtes opposées; puis sur un mouvement offensif, exécuté par la colonne française, il se retira sans tirer un coup de fusil, comme s'il n'avait voulu que constater la violation de son territoire. L'armée française arriva vers le milieu du jour à Hamza, vieille forteresse construite jadis pour barrer la route, mais alors complètement abandonnée, n'ayant que des revêtements tombant en ruines, et quelques mauvaises pièces de canon en partie enclouées et incapables de tout service. On se reposa deux heures sous ses murailles, puis la colonne traversa un pays coupé et difficile, mais où l'on ne trouva point d'ennemis. Le lendemain on entra dans le territoire des Beni-Djaad, grande tribu entièrement hostile; le maréchal redoubla de précautions; il fit marcher les troupes en colonnes serrées pour offrir moins de prise à l'ennemi. On descendait alors la rive droite de la difficile vallée de l'Isser; vers les 10 heures quelques coups de fusil furent tirés sur l'arrière-garde, qui ne s'en inquiéta guère. Pendant la grande halte les coureurs ennemis devinrent plus nombreux ; ils finirent par s'établir en face sur un mamelon dominant la route que l'on devait suivre. Le duc d'Orléans les fit attaquer par un petit détachement de cavalerie et d'infanterie ; les Arabes disparurent et se bornèrent dès lors à tirailler avec l'arrière-garde, jusqu'au moment où deux obus lancés sur un groupe les arrêtèrent tout-à-fait. La colonne, quelques heures après, passa l'Isser sur le pont Benhini et vint établir son bivac sur la rive gauche, au confluent du Zeytoun ; restait encore à gravir les limites occidentales de la vallée formées par le massif des Monts-Ammours, dernier obstacle à vaincre pour arriver aux bords du Kaddara, où la division Rulhières attendait le maréchal. L'arrière-garde formée du 17ᵐᵉ léger, commandé par le colonel Corbin, continua d'occuper les bords de l'Isser, pendant que le convoi gravissait péniblement la route incommode, tracée par les Turcs sur les flancs déchirés de la montagne. Attaquée plusieurs fois par les Arabes, elle les maintint à distance, et ne se retira que lorsqu'un plus long retard eut été tout-à-fait inutile ; l'ennemi continua à tirailler, mais assez faiblement, jusqu'à la hauteur d'Aïn-Sultan, où les coups de fusil cessèrent entièrement. A quatre heures la colonne passait le Kaddara, et mise en communication avec le corps du général Dampierre, elle s'établissait sous le canon du camp de Fondouck.

TABLE

DES MATIÈRES CONTENUES DANS LE PREMIER VOLUME.

LIVRE PREMIER.

PRISE D'ALGER.

Pages.

Considérations générales. — Coup d'œil sur l'Afrique et l'Algérie. — Précis de son histoire avant 1830. — Causes de la guerre. — Hussein Dey, sa cour, son gouvernement. — Préparatifs de la France. — Le général en chef et l'amiral. — Embarquement des troupes. — Départ de France. — Naufrage des bricks le Sylène et l'Aventure. — Séjour à Palma. — Arrivée en Afrique. — Débarquement. — Bataille de Staouëli. — Deuxième bataille gagnée par les Français. — Siége et prise du fort l'Empereur. — Capitulation d'Alger. — Attaque par mer 1

LIVRE DEUXIÈME.

LES GÉNÉRAUX BOURMONT, CLAUSEL, BERTHEZÈNE, ROVIGO, GOUVERNEURS.

Les Français à Alger. — Le trésor de la Casbah. — Les Turcs bannis de la Régence. — Hussein Dey en Europe, sa mort. — Les Beys de Tittery et de Constantine. — Organisation provisoire du gouvernement d'Alger. — Révolution de Juillet. — M. de Bourmont remplacé par le maréchal Clausel. — Les Indigènes sous la domination française. — Expédition du nouveau gouverneur sur Médéah. — Il rentre en France. — Les jeunes parisiens en Afrique. — Administration et combats de M. de Berthezène. — Commencement de colonisation. — M. de Rovigo en Afrique.—Extermination des El-Ouffias. — Amélioration de la ville et travaux de M. Genty de Bussy. — La légion étrangère. — Nouvelle irruption des Arabes. — Exécution de deux Scheiks de Blida. — Occupation et abandon de Bone à deux reprises différentes.— Beau fait d'armes qui nous assure définitivement cette place. — M. Monck d'Uzer.— Occupation d'Oran. 89

LIVRE TROISIÈME.

LES GÉNÉRAUX WOIROL ET DROUET D'ERLON, GOUVERNEURS.

Le général Woirol, gouverneur provisoire. — Prise de Bougie. — Commission d'enquête en 1834. — Discussions de tribune. — Le général Drouet-d'Erlon, gouverneur général avec une nouvelle organisation du pouvoir. — Essai du système pacifique. — Commencements d'Abd-el-Kader. — Sa paix avec le général Desmichels. — Affaire funeste de la Macta. 181

LIVRE QUATRIÈME.

LE MARÉCHAL CLAUSEL, UNE SECONDE FOIS GOUVERNEUR.

Le maréchal Clausel revient commander en Afrique.— Projets d'évacuation de Bougie. — Le choléra en Afrique. — Un nouveau Bey nommé à Médéah. — Expéditions de Mascara et de Tlemcen. — Le général Perregeaux parcourt la vallée du Bas-Chélif et la soumet. — Le général d'Arlanges à la Tafna. — Le général Bugeaud une première fois en Afrique. — Bataille de la Sicka. — Le général l'Estang commande à Oran et ravi-

Pages.

taille le Méchouar. — Le maréchal Clausel de retour à Alger. — Projets manqués sur Médéah et Miliana. — Le maréchal et le cabinet. — Première expédition sur Constantine. — Le maréchal remplacé. 237

LIVRE CINQUIÈME.

Le général DAMREMONT, et le maréchal VALÉE, GOUVERNEURS.

Le général Damremont remplace le maréchal Clausel. — Le général Bugeaud une seconde fois en Afrique. — Traité de la Tafna, son appréciation.— Préparatifs de la seconde expédition de Constantine. — Mort du gouverneur et prise de la ville. — Le maréchal Valée à Alger. — Ses rapports avec Abd-el-Kader.— Il occupe Blida et Coléah. — L'Émir devant Aïn-Madhi. — Le gouverneur se rend à Constantine avec le duc d'Orléans pour franchir les Portes-de-Fer. — Événements dont la province de Constantine avait été le théâtre depuis la prise de la capitale. — Administration du général Négrier. — Il étend l'influence française. — Il est remplacé par le général Galbois. — Le Gouverneur général organise la province. — Occupation de Rusicada, aujourd'hui Philippeville.— Tentative avortée sur Sétif. — Prise de Gygelly. — Le duc d'Orléans et le gouverneur à Constantine.— Passage des Bibans. 311

FIN DE LA TABLE DU PREMIER VOLUME.

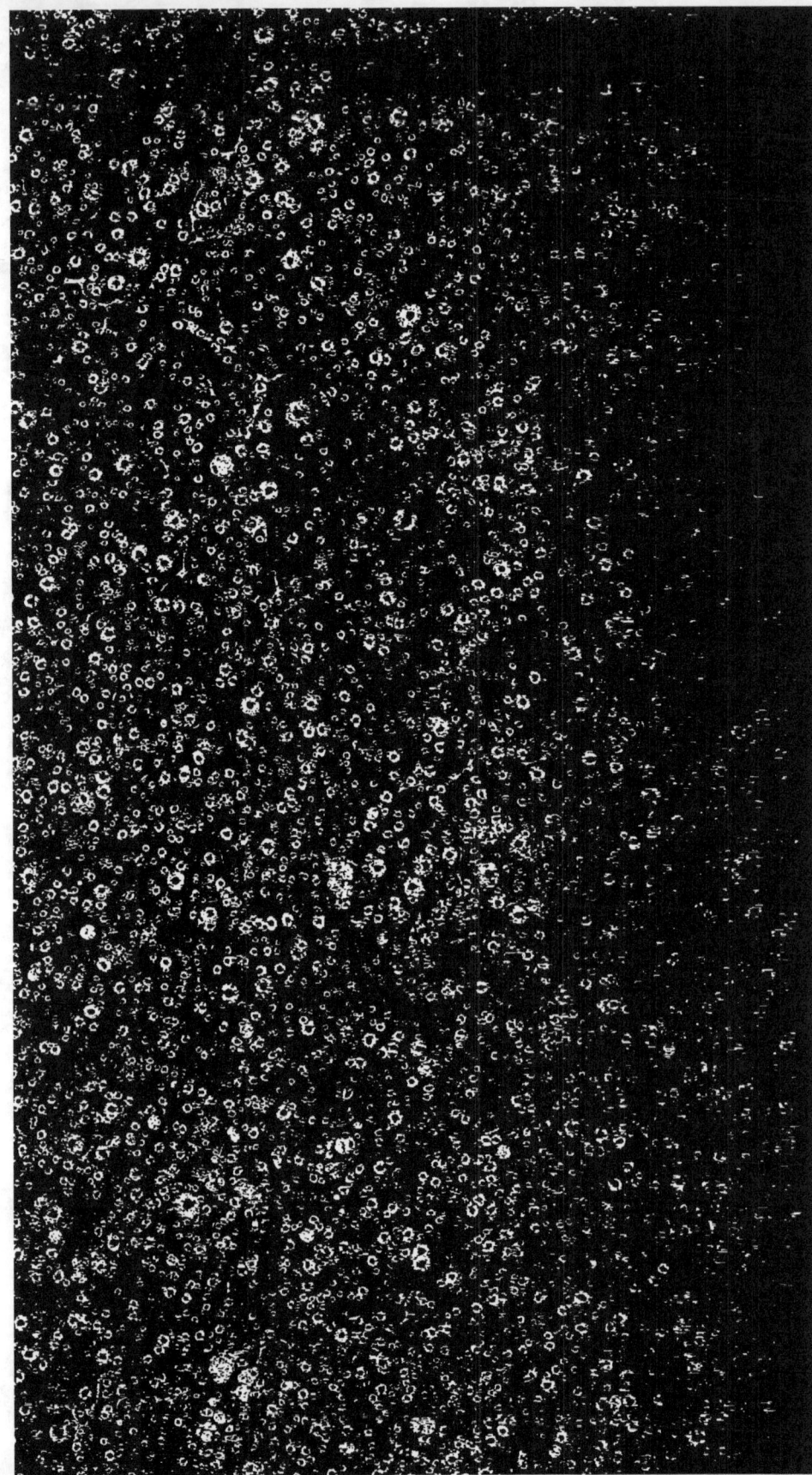

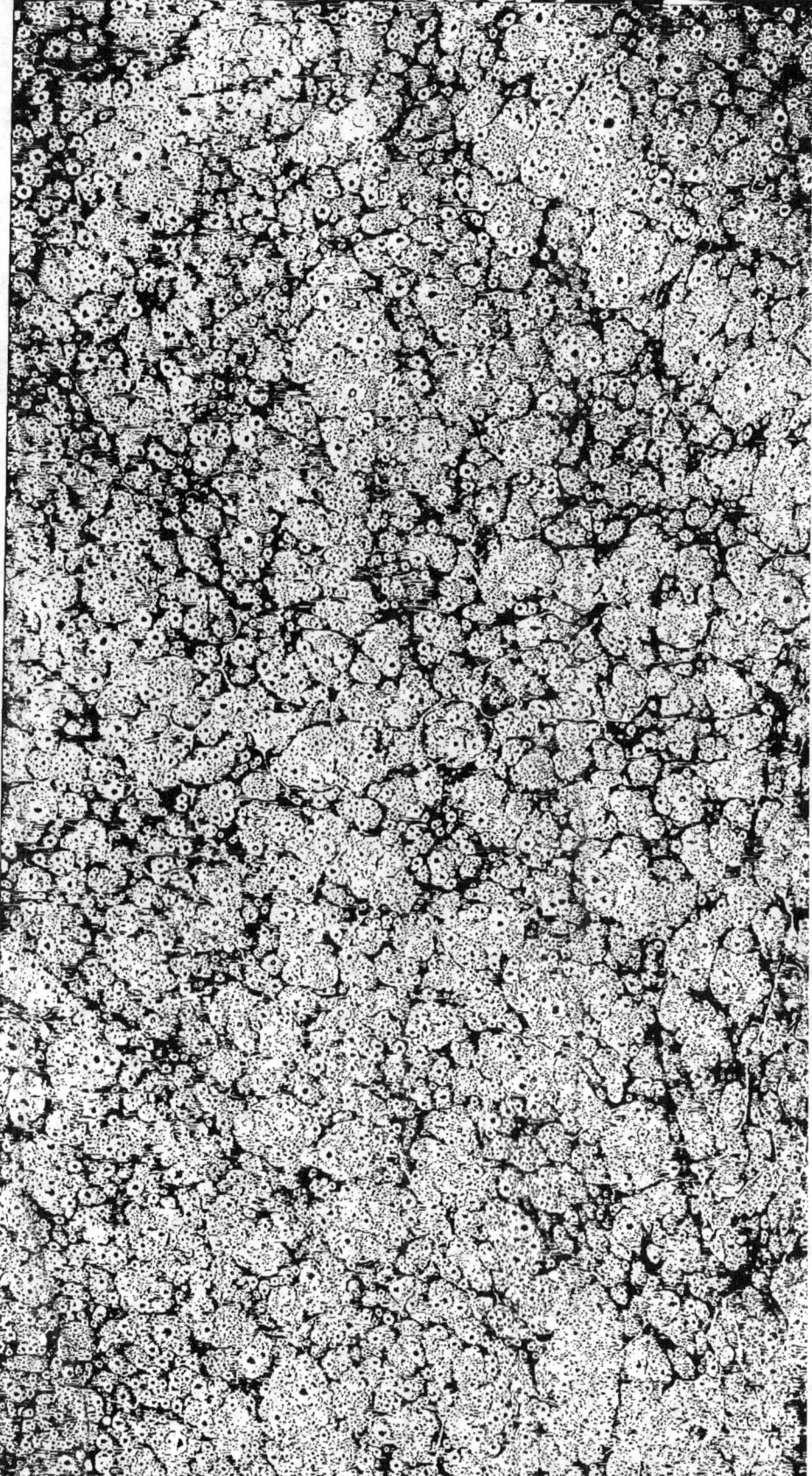

www.ingramcontent.com/pod-product-compliance
Lightning Source LLC
Chambersburg PA
CBHW060928230426
43665CB00015B/1875